Plan Para Proteger™
ISBN: 978-1-4866-2422-5
Todos los derechos reservados.
2023

Carol Wiebe
Melodie Bissell
Jane Cates

Plan para Proteger™
117 Ringwood Drive
Unit 11
Stouffville, ON
L4A 8C1

Tel:	905-642-4693
Toll Free:	1-877-455-3555
Correo Electrónico:	info@plantoProteger.com
Página de Internet:	www.plantoProteger.com

WORD ALIVE PRESS

Impreso por Word Alive Press
119 De Baets St.
Winnipeg, MB Canadá R2J 3R9
www.wordalivepress.ca

Diseño de Portada: Lindy Brown

Felicitaciones en la compra de Plan para Proteger™ para su Iglesia.

Además de la compra de este manual, nos complace poner a su disposición una versión descargable de los Apéndices. Puede acceder a estos archivos a través de nuestro sitio web siguiendo las instrucciones proporcionadas a continuación.

¿Cómo acceder a las descargas gratuitas?

1. Ingrese a www.plantoProteger.com y haga click en el enlace de Descargas en la parte inferior de la página.

2. Haga click en la imagen de la portada del Manual para la Iglesia de EEUU.

3. El usuario y la contraseña son los mismos (incluyendo los guiones): **S&Pm23-kmes-071622**

4. Descargue el archivo y guárdelo en su computadora. Una vez que lo haya descargado en su computadora, puede
   personalizar los documentos en los cuales refleje las políticas dentro de su organización.

Mientras que esté en nuestro sitio web, tome un tiempo para revisar los diferentes servicios y opciones de capacitación.
  • Lea nuestra amplia lista de artículos y Preguntas y Respuestas
  • Familiarícese con todas las herramientas, recursos y opciones de capacitación

Plan para Proteger™ proporciona el ESTÁNDAR para la prevención y detección de abuso para organizaciones que brindan servicios a niños y jóvenes en todo el mundo. El ESTÁNDAR cumple con las demandas de las compañías de seguro de cobertura de abuso y demuestra el deber de cuidado. Una vez que una organización logre el ESTÁNDAR, exhibirá con orgullo el sello de excelencia de Plan para Proteger™. Los padres y tutores pronto buscarán escuelas, iglesias, guarderías, campamentos y centros recreativos que demuestren con orgullo que han logrado el ESTÁNDAR de Plan para Proteger™ proporcionando la tranquilidad de que sus niños y jóvenes están en buenas manos.

Plan to Protect™

Plan para Proteger™

- Carta de Plan para Proteger™
- Llamado a la Acción
- Alianza Plan para Proteger™
- Tabla de Contenido
- Estudio de un Caso
- Definiciones del Documento

Carta de Plan para Proteger™

Joni Eareckson Tada dijo: "Si realmente crees en el valor de la vida, te preocupas por todos los miembros más débiles y más vulnerables de la sociedad". Una forma en que las iglesias eligen demostrar esta atención es con Plan para Proteger™. Con la compra de este manual, ¡están demostrando su cuidado! ¡Gracias!

En Plan para Proteger™, estamos comprometidos a crear lugares de adoración seguros. ¡Junto a ti estamos comprometidos a ser misioneros! Podemos hacer esto uniéndonos a nuestras comunidades para combatir el abuso y reconstruir los muros de protección. También nos comprometemos a ayudarlo a prevenir abusos en iglesias, escuelas, campamentos, guarderías, clubes y deportes. Finalmente, estamos comprometidos a ayudarlo a planificar su protección.

En 1996, cuando aparecieron los artículos sobre abusos contra niños en instituciones religiosas, se hizo evidente que los niños no podían hablar por sí mismos. La necesidad de proporcionar una política y un modelo integral de protección infantil se hizo más evidente.

Magistrada Francis T. Murphy, Juez que Presidía (Jubilada), de la Corte Suprema de Justicia, dijo: "Los niños no tienen poder ni posesiones. Las voces que no sean las suyas deben hablar por ellos. Si esas voces son silenciosas, estos niños, apoyando sus cabezas contra el cristal de la ventana, pueden saborear el amargo vacío de una infancia perdida". [2]

Cuando implementamos el Plan para Proteger™ dentro de nuestras iglesias, le estamos dando una voz a aquellos que son vulnerables al abuso dentro de nuestras comunidades. ¿Están siendo escuchadas nuestras voces? ¿Son lo suficientemente audibles?

Solo se necesitan una o dos voces para comenzar a marcar la diferencia. Carol Wiebe (antes Rice) era una de esas voces. Representando a la Alianza Cristiana y Misionera en Canadá, Carol estaba decidida a crear ambientes seguros para los niños, ¡ella creía que los niños son importantes! Su compromiso y sacrificio de su tiempo resultó en la investigación y redacción de Plan para Proteger™, para ser utilizado e implementado por las iglesias. El impulso siguió creciendo y en 2007 incorporamos Winning Kids Inc. (Ganando a los Niños Inc.), (ahora haciendo negocios como Plan para Proteger™) una organización comprometida a proporcionar herramientas, capacitación e impulso para ayudar a las iglesias y organizaciones comunitarias a lograr un alto nivel de protección y prevención del abuso. Hasta la fecha, 15,000 iglesias y organizaciones han adoptado Plan para Proteger™ para ayudar a crear lugares seguros para el sector vulnerable.

Me gustaría agradecer a las muchas personas que hicieron posible esta traducción del manual Plan para Proteger™ en español, incluido un generoso patrocinio para la traducción de la Alianza Cristiana y Misionera en EE. UU. Gracias a Lindy Brown, por su diseño creativo y diagramación; Luis Gaytan MacDonald and Kate McCullough por su traducción inicial y revisión; Laura Garg por su colaboración en la 2ª revision y traduccion; a Josué y Sofía Izquierdo por su colaboración en la última revision; y M. Esperanza Sztrimbely por terminar la traducción, revisión y diseño. Finalmente, estoy agradecido por Ken Hall y Judi Smeltzer de Robertson Hall Insurance. Gracias a Dianne Roblin-Lee por la publicación de esta versión de Plan para Proteger™ Que Dios se sienta honrado, ¡realmente creemos que nos ha llamado a esta tarea!

En nombre de Plan para Proteger™,
Melodie Bissell, MDiv, DMin
Presidente

---

1. Abuse Prevention Newsletter 2005,3
2. Zarra 1997, 42

Llamado a la Acción

¿Estamos protegiendo a nuestros niños?

Cuando tenía cinco años, adolescentes del barrio me violaron durante un año. Invitaron a sus amigos. Amenazaron a mi familia si yo decía algo. Y a pesar de que me atreví a contarle a mi niñera lo que sucedió (varios meses después de haber sido abusada repetidamente), ella optó por no hacer nada. Hoy en día su inacción me sigue pareciendo malvada.

Mientras que mi propio abuso sexual ocurrió fuera de los muros de una iglesia, he escuchado demasiadas historias de sobrevivientes adultos que han tenido una experiencia diferente, por lo que tenemos que trabajar duro para no solo convertirnos en un lugar seguro donde los niños estén protegidos de los perpetradores, sino también para convertirlo en un refugio para aquellos que siguen trabajando con el trauma del abuso.

La iglesia debería ser el lugar más seguro del mundo para una víctima de un crimen; un refugio establecido por pastores que protegen las ovejas de los lobos, reconocen las amenazas al bienestar del rebaño y toman las medidas necesarias para mantener a raya a los depredadores hambrientos. Por desgracia, este no es siempre el caso. La iglesia a menudo le falla a las víctimas, particularmente víctimas de abuso sexual. En lugar de proteger a las personas que se atreven a hablar de sus abusos, a veces anuncia y alberga a los que perpetraron contra ellos.

Debido a que el evangelio de Jesucristo tiene la gracia en su núcleo, las iglesias y su liderazgo tienden a creer rápidamente lo mejor sobre aquellos que parecen arrepentirse de crímenes sexuales graves. Sin embargo, son demasiado cautelosos al creer el informe de una víctima que a pesar de las estadísticas del FBI muestran que los informes falsos representan menos del 5,4% de las violaciones denunciadas.

La iglesia ha demostrado una ingenuidad en su comprensión de los depredadores que no se ven como personas espeluznantes que ofrecen caramelos en camionetas blancas.

- Ellos parecen ser como nosotros.
- Tienden a ser encantadores y amigables.
- No usan un uniforme de depredador, y a menudo hay pocos indicadores que nos anuncien sus formas desviadas.

Parece más fácil racionalizar que "fulano", el ciudadano honrado, no podría tener inclinaciones criminales a creer en una víctima cuya voz tiembla y que apenas puede mirar a los ojos.

Judith Lewis, en su libro Trauma y Recuperación, revela cuán fácil puede ser creerle más al perpetrador que a la víctima:

"Es muy tentador tomar el lado del perpetrador. Todo lo que este pide es que el espectador no haga nada. Él apela al deseo universal de ver, oír y hablar mal. La víctima, por el contrario, le pide al espectador que comparta la carga del dolor. La víctima exige acción, compromiso y que no se olvide".

Durante demasiado tiempo hemos tomado el camino más fácil creyéndole a los perpetradores y marginando a las víctimas como mentirosos.

¿Por qué?

- Tal vez, no queremos creer que vivimos en un mundo donde los monstruos se disfrazan de personas normales que salpican nuestras bancas. Entonces elegimos mirar para otro lado. De lo contrario, tenemos que enfrentar la verdad

muy real de que el mal está más cerca de lo que pensamos.
- O probablemente, la persona que perpetra está tan entrelazada en nuestro medio congregacional, que salir de él dañaría la reputación de nuestra institución. Es mejor manejarlo en casa, cubrirlo, mantenerlo en silencio.
- O quizá, el abuso fue parcialmente nuestra culpa por no realizar una verificación de antecedentes adecuada o crear políticas y procedimientos sólidos en torno a esta triste inevitabilidad. A la luz de esta negligencia, no podemos permitirnos la reacción negativa pública.

Cualesquiera que sean las razones de la iglesia, ninguna de estas racionalizaciones nos excusa de actuar como Jesucristo, quien, cuando caminó sobre la tierra, a menudo se puso del lado de los marginados. Richard Rohr, en su libro Simplicidad, afirma: "Creemos que el Evangelio nos ha dado una dirección clara para estar del lado de los que son víctimas. Llamamos a esto el 'sesgo hacia el fondo'".

Los caminos de Jesús confundieron a otros debido a este prejuicio. Él dignificó a las prostitutas (que probablemente fueron esclavizadas por una industria del sexo). Tenía niños pequeños en su regazo y amenazaba con piedras de molino para aquellos que los hicieran tropezar. Él cargó con el peso de cada pecado sexual no solo por el perdón del perpetrador, sino también por la eventual curación de la víctima.

Y ese camino a la sanidad lleva mucho tiempo, más tiempo si la víctima es marginada o aquellos que deberían representar a Cristo para ellos no le creen. Aun así, las víctimas necesitan tanto de fe como de justicia para superar los horrores de la violación.

Sí, la iglesia debería ser un refugio donde las víctimas se sientan seguras al compartir sus historias, pero también debe ser un conducto para la verdadera justicia, donde los delitos de abuso sexual se denuncian a las autoridades correspondientes, no solo a través de canales internos.
Aun así, hay esperanza.

Aunque en las generaciones pasadas, las familias y las iglesias vivieron bajo un código de silencio cuando se trataba de abusos, la generación actual se inclina con razón, por la divulgación y la autenticidad. Debido a esta nueva apertura, más personas se atreven a contar sus historias, historias que otorgan permiso a otras víctimas para arrojar luz sobre sus propios secretos oscuros.

El abuso sexual es una plaga en el cuerpo de Cristo particularmente porque ha prosperado bajo este manto de secreto durante demasiado tiempo. Con más y más personas divulgando su abuso,
- que la iglesia escuche, dignifique y crea a las víctimas.
- puede buscar la justicia civil, eligiendo la verdad sobre la reputación.
- pueda arrepentirse abiertamente cuando ocurre abuso sexual dentro de sus límites.

Otros dentro de la iglesia en los EE. UU. están comenzando a prestar atención a este importante mandato. NetGrace.org creó una declaración de arrepentimiento hacia las víctimas de abuso sexual. Escribieron: "Cuando elegimos la ignorancia voluntaria, en la acción o la neutralidad frente al mal, participamos en la supervivencia de ese mal". La carta, firmada por muchos líderes evangélicos, marca un comienzo hermoso y valioso para sacar a la luz el abuso sexual y exponerlo por lo que es pura maldad.

La declaración continúa: "Debemos enfrentar la verdad de nuestras propias enseñanzas: ser un pastor en el cuerpo de Cristo y estar ciego al conocimiento de que tus ovejas están siendo abusadas por lobos en medio de ti es ser un pastor desatento".

Ignorar a los lobos no hace que se vayan ni borra sus crímenes. Ignorar a las víctimas no las cura mágicamente. Es hora de que tomemos en serio los caminos del Buen Pastor que entregó Su vida, Su consuelo, Su reputación, Su voluntad, por sus ovejas heridas.

Es por eso por lo que agradezco recomendar este recurso cuidadosamente creado por Plan para Proteger™. Aquí encontrará la información y la sabiduría necesarias no solo para proteger a los niños, sino también para ayudar a cada iglesia a convertirse en un hermoso lugar de sanación y redención.

Mary DeMuth,

Autor de 31 libros incluyendo
Sin Marca
Encontrando Esperanza y Curación Después del Abuso Sexual

Alianza Plan para Proteger™

Plan para Proteger™ no se trata de lo que tenemos que hacer para ejecutar programas y actividades, y no se trata de poner en aprietos a su personal y voluntarios. La prevención y protección de niños y jóvenes no es algo que tenemos que hacer, sino algo que tenemos el privilegio de hacer. Es un privilegio crear un entorno seguro para que nuestras comunidades confíen en nosotros con los miembros de su familia.

Al implementar Plan para Proteger™ sus esfuerzos son un ministerio en sí mismo para:

- proteger a los niños
- proteger a personas jóvenes
- demostrar nuestro cuidado para nuestro personal y voluntarios
- cuidar a los padres y a los miembros de la familia
- empoderar y nutrir la sanidad de las víctimas sobrevivientes
- demostrar gracia, restauración y bienvenida al ofensor que llega a su iglesia
- demostrar responsabilidad e integridad
- dar Gloria a Dios

Nos agrada lo que dijo un pastor a los miembros de su congregación: "Plan para Proteger™ no se trata de que no confiemos en usted, sino de que nuestra comunidad confíe en nosotros".

Usted tiene la oportunidad de unirse a otros en su comunidad que se esfuerza por combatir el abuso infantil. Como comunidad misionera, asociémonos para alcanzar estos nobles objetivos.

La protección de nuestros niños y nuestros jóvenes debe ser estratégica. "Es un programa que toda iglesia necesita y cada niño merece".[5]

Dado que cada iglesia y ministerio para niños y jóvenes es único, es imposible tener un enfoque único para todos. Este manual simplemente pretende ser una herramienta que lo ayude a comenzar a desarrollar y personalizar una política de protección que funcione para usted, sus ministerios y su iglesia.

Plan para Proteger™ está diseñado para ser una alianza. Comience con un paso y construya sobre su éxito. Queremos ayudarle a lograr sus metas mientras planea proteger a sus hijos, a sus jóvenes, a los líderes de su ministerio y a su iglesia.

---

[3] Volunteer Canada, "Have You Risk-Proofed Your Operations?" (July 2014): 1, http://prrd.bc.ca/services/community/groups/documents/haveyouriskproofed.pdf

[4] Volunteer Alberta, "Alberta Municipal Toolkit: A Guide for Municipalities on Volunteer Involvement," (October 5, 2012): 32, http://volunteeralberta.ab.ca/wp-content/uploads/2011/09/Municiple-Toolkit-2011.pdf

[5] James F. Cobble Jr., Richard R. Hammer and Steven W. Klipowicz, *Reducing the Risk II - Making Your Church Safe from Child Sexual Abuse*, (Indianapolis: Christian Ministry Resources, 2003).

Tabla de Contenido

Caso de Estudio

Plan para Proteger®

El campamento de día estaba en su tercera semana, y todo había ido muy bien. Corine no sentía que tuviera el mismo nivel de energía que sus dieciocho trabajadores jóvenes. Ella se estaba cansando, pero solo por hacer el bien. El campamento estaba lleno, y los niños se estaban divirtiendo mucho. Todos los trabajadores estaban haciendo un esfuerzo adicional para trabajar juntos y asegurarse de que los niños pasasen un gran momento. Incluso se quedaron treinta minutos adicionales cada noche para limpiar.

Corine estaba trabajando en su oficina cuando Sarah, su directora de personal, llamó a su puerta. Inmediatamente, Corine pudo ver que algo estaba mal, Sarah tenía una expresión sombría en su rostro. Sentada en el brazo del sofá, Sarah le explicó a Corine que una de las nuevas jóvenes en el campamento había informado a su amiga Amanda que Alex, de diecisiete años, la había tocado inapropiadamente. Sarah pareció aterrada, pero Corine le aseguró a Sarah que se habían tomado todas las precauciones necesarias. Plan para Proteger™ se implementó en todos los programas de su organización y siguieron todos los procedimientos de reclutamiento y selección, capacitación y desarrollo de programas.

Inmediatamente Corine entró en acción. Ella sabía qué hacer y qué no hacer. Primero, Corine encontró al pastor Mike y le contó lo que había pasado.

Luego encontró a Alex y le contó lo que se había informado. La expresión de asombro en el r,ostro del joven y su insistencia en que esto no era cierto solo presionaron a Corine. Ella le pidió que se sentara en su oficina hasta que llegaran la policía y los Servicios Sociales.

Amanda y su familia estaban muy involucradas en el centro y lo habían estado durante años. Cada año, Amanda traía a muchos de sus amigos vecinos al campamento de día. Muchos de ellos nunca habían estado dentro de una iglesia. Corine y Sarah invitaron a las chicas a la biblioteca de la iglesia y anotaron los detalles que informaron. Con cara triste, Bethany informó que Alex la llevó al baño y la tocó. Ella informó que estaba muy enojada por lo que él le hizo.

Después de lo que parecieron horas, pero solo fueron minutos, la policía y los Servicios Sociales vinieron con Bethany y los padres de Amanda. Parecía que el mundo estaba paralizado. Alex se sentó solo en la oficina hasta que llegó la policía y tomó un informe.

El pastor Mike ofreció té a los padres de Bethany y les aseguró que la organización había tomado todas las precauciones para proteger a los niños en el campamento diurno.

Los niños restantes se prepararon para ir a casa, pero cuando llegaron los padres, el miedo reemplazó las sonrisas en sus rostros mientras saludaban a sus hijos. ¿Por qué estaba la policía allí?

¿Cómo podría haberse evitado esto? Después de todo lo que se había puesto en marcha para garantizar un entorno seguro.

continuación del Estudio de un Caso ...

Fue casi cuarenta y ocho horas después. Se sintieron como las cuarenta y ocho horas más largas en la vida de Alex, compartidas por muchos otros. A medida que se desarrollaba la historia, salió a la luz la verdad: nunca hubo abusos. El plan funcionó. A medida que los Servicios Sociales y la policía investigaron más detalles de la historia, cuestionaron cómo pudo haber ocurrido realmente este incidente, con todas las garantías vigentes. Siguieron interrogando a Bethany y a Alex, y la verdad finalmente salió a la luz: Alex nunca la tocó.

Bethany había visto como el equipo rojo ganaba los Juegos Olímpicos. Ella había visto como se entregaban los premios, y ella quería uno de esos premios a pesar de que estaba en el equipo azul. Ella le pidió a Alex uno, pero él la rechazó, diciéndole que era para la otra. Bethany estaba enojada, así que pensó en un plan para meterlo en problemas.

La Retrospectiva es 20/20:

Este estudio de caso es cierto, al igual que el resultado. El incidente fue devastador en la vida de Alex y en la de todos los implicados. Sin embargo, Plan para Proteger™ hizo lo que debía de hacer y para lo que fue diseñado: proteger a nuestros niños, nuestros trabajadores y nuestras organizaciones.

Preguntas para responder:

¿Qué hicieron bien Corine y su equipo?

¿Cómo se pudo haber evitado este incidente?

¿Qué tan importante es para un equipo de oración orar por la protección y guía de Dios durante el campamento y otros ministerios?

¿Cuáles crees que serían los próximos pasos en la vida de Alex?

¿En la vida de Bethany?

"Y aún más, yo estimo como pérdida todas las cosas en vista del incomparable valor de conocer a Cristo Jesús, mi Señor, por quien lo he perdido todo, y lo considero como basura a fin de ganar a Cristo, y ser hallado en Él, no teniendo mi propia justicia derivada de la ley, sino la que es por la fe en Cristo, la justicia que procede de Dios sobre la base de la fe, y conocerle a Él, el poder de su resurrección y la participación en sus padecimientos, llegando a ser como El en su muerte, a fin de llegar a la resurrección de entre los muertos". Filipenses 3:8-11 (LBLA).

Definiciones del Documento

Plan para Proteger™ está diseñado para ayudar a los líderes de la iglesia local a desarrollar políticas y procedimientos claros que ayudarán a proteger a nuestros niños, jóvenes, personal del ministerio y nuestras iglesias. Las iglesias son de diferentes tamaños, estructuras y diversos títulos ministeriales. Por lo tanto, para el propósito de esta herramienta de recursos, se han seleccionado los siguientes títulos.

Iglesia
Una congregación de iglesia individual.

Liderazgo de la Iglesia
Junta de ancianos de la iglesia, diáconos, ministros y personal superior.

Personal Designado para la Selección del Personal
La(s) persona(s) designada(s) y entrenada(s) para seleccionar al posible personal del ministerio. Las tareas incluyen el procesamiento de aplicaciones, las comprobaciones de referencia, la realización de entrevistas cara a cara y el mantenimiento de los archivos del personal del ministerio.

Debida Diligencia
El cumplimiento y la documentación requeridos para demostrar que el liderazgo de la iglesia ha hecho razonablemente todo lo que está en su mano para evitar que ocurran abusos.

Líder del Ministerio
Las personas que han completado con éxito el proceso de reclutamiento y selección y se les ha otorgado la responsabilidad de dirigir programas o ministerios para niños o jóvenes. El término incluye a los voluntarios y todos los miembros del personal de tiempo completo, a corto plazo o por contrato que reciben estipendio o salario.

Candidato para el Ministerio
Estudiantes o adultos asociados con la congregación de la iglesia, ya sea por membresía o asistencia regular como adherentes, y en espera de la aprobación para el servicio por parte del equipo de Plan para Proteger™ o el liderazgo de la iglesia.

Personal del Ministerio
Las personas que han completado con éxito los procedimientos de reclutamiento y selección de Plan para Proteger™ y ahora son consideradas para su colocación en una a posición de confianza con los niños y jóvenes. El personal en ministro incluye voluntarios seleccionados, personal contratado de tiempo completo o de medio tiempo, corto plazo y personal pastoral, reciban o no un estipendio/salario.

Archivo Individual del Personal del Ministerio
Un archivo en el que se guardan todos los documentos desde que es aspirante para el personal del ministerio donde se incluyen: el formulario de solicitud del ministerio, verificación de antecedentes penales, verificación de referencias, evaluación del don espiritual (si está disponible), áreas de servicio anteriores y registro de la entrevista por parte del líder del ministerio.

Observador Ocasional
Individuos que visitan y observan programas ministeriales en ocasiones muy raras. Este término incluye padres que ayudan a sus propios hijos. Los observadores ocasionales no necesitan ser seleccionados ni entrenados. Sin embargo, su acceso a menores será limitado, y nunca se colocarán en una posición de confianza con niños que no son los suyos. Eso significa que no se les pedirá que asuman la responsabilidad de otros niños, ni se les permitirá ni se les pedirá que lleven otros niños al baño.

Equipo de Plan para Proteger™
Un grupo de personas responsables de coordinar, seleccionar y colocar al personal del ministerio aprobado en los ministerios de la iglesia. En cualquier iglesia local, este comité puede ser nombrado de manera diferente y puede asumir responsabilidades adicionales.

Posición de Confianza
El papel en que los padres y/o tutores han confiado sus hijos o jóvenes a su cuidado.

Proteger a Través de la Concientización

- Respuesta del Pastor General
- Comprendiendo la Necesidad
- Comprendiendo el Abuso Infantil
- Comprendiendo la Responsabilidad de la Iglesia
- Comprendiendo las Perspectivas Jurídicas
- Comprendiendo las Normas de las Compañías de Seguros

Respuesta del Pastor Principal

La cuestión del abuso parece estar todos los días en nuestros periódicos y canales de noticias locales. Algunos de nuestros titulares más recientes y deslumbrantes han involucrado a personas de fe. La verdad es que el abuso infantil es mucho más frecuente y está más cercano al hogar de lo que cualquiera de nosotros quisiéramos admitir. Prevenir el abuso y proteger a los niños que Dios ha puesto bajo nuestro cuidado, puede ser una de nuestras mayores responsabilidades como líderes de la iglesia.

Hoy en día con todas las demandas y presiones sobre los pastores, es fácil ver por qué se descuidan o se pasan por alto algunos aspectos del ministerio, pero nunca se debe descuidar la prevención sobre abuso infantil. Jesús tiene un plan especial en su corazón para los niños. En Mateo 18 y Lucas 17, Él advierte a todos aquellos que abusarán o dañarán a los niños, que confrontarán consecuencias severas por sus acciones. Ciertamente, también habrá una rendición de cuentas para los líderes de la iglesia. ¿A caso hemos hecho todo lo posible para evitar los abusos?

Para ayudar a prevenir el abuso, necesitamos tener buenas y claras políticas en todas nuestras iglesias. Plan para Proteger™ es uno de los programas de capacitación más completos que existen para la prevención del abuso. Pero Plan para Proteger™ es mucho más que solo políticas. Se trata de educar a las iglesias y organizaciones sobre el tema del abuso y alienta a todos los asistentes a tomar en serio el tema del abuso. Se trata también de cambiar nuestros corazones y actitudes con respecto al abuso.

Es mucho más fácil prevenir el abuso que tener que lidiar con las consecuencias del abuso.

Dale Ingraham
Pastor General
Iglesia Bautista de Curtois

Director Ejecutivo
Hablando la verdad en amor
Autor
Derribar este muro de silencio:
Lidiando con el abuso sexual en nuestras iglesias

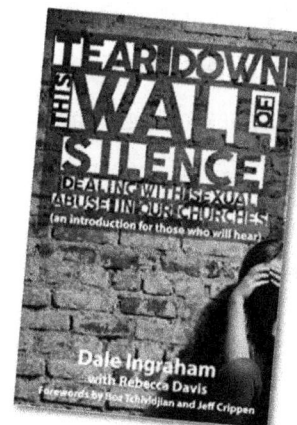

Comprendiendo la Necesidad

"El abuso infantil ocurre cada minuto de cada día y ocurre en todas las comunidades. El abuso infantil ocurre en cada grupo demográfico económico, racial, étnico, religioso u otro. Ningún segmento de nuestra sociedad es inmune. Como cristianos, estamos llamados a estar atentos para proteger a los niños en nuestro medio y para prevenir el abuso infantil en la comunidad de fe".[1]

"El alcance del problema es en verdad enorme ... Estamos al comienzo de descubrir un mal social para el cual tenemos que trabajar mucho más para entender la mejor manera de atender a estos niños".[2] Según Maltrato Infantil 2012, aproximadamente 686,000 niños fueron víctimas de abuso o negligencia en los Estados Unidos durante 2012. Afortunadamente, esta cifra se redujo a los 716,000 niños en el 2008, y es la cifra más baja desde 1995, cuando el Departamento de Salud y Servicios Humanos de EE. UU. comenzó a publicar anualmente los informes de Maltrato Infantil.[3]

> Esta cuestión de los abusos no tiene un alcance ilimitado. Afecta a las organizaciones independientemente de su tamaño, función o geografía. Y lamentablemente también está presente en nuestras iglesias

A pesar de esta disminución en el número de víctimas infantiles, podemos estar todos de acuerdo que más de dos tercios de un millón de niños que son maltratados o descuidados en un año, son demasiados. De las aproximadamente 794,000 víctimas reportadas en el 2007, "59.0% de las víctimas experimentaron negligencia, 10.8% fueron abusadas físicamente, 7.6 % fueron abusadas sexualmente, 4.2 % fueron psicológicamente maltratadas, menos de 1% fueron médicamente descuidadas, y 13 % fueron víctimas de múltiples maltratos".[4]

La cuestión de los abusos no tiene un alcance limitado. Afecta a las organizaciones independientemente de su tamaño, función o geografía. Lamentablemente, también está presente en nuestras iglesias. "Hace unos años, tres de las principales compañías de seguros de la iglesia protestante informaron que recibieron un total de aproximadamente 260 denuncias de menores sexualmente abusadas por el clero o el personal/voluntarios de la iglesia".[5]

Según un estudio reciente, los adultos que sufrieron maltrato cuando eran niños pierden al menos dos años de calidad de vida con relación a su salud. Esto no incluye la calidad de vida perdida de cuando ocurrió el abuso. El estudio afirma: "El maltrato infantil aumenta la probabilidad de conductas poco saludables como fumar, abuso de substancias y la promiscuidad sexual. Y estudios recientes sugieren que la exposición repetida al estrés causado por el maltrato altera los circuitos cerebrales y los sistemas hormonales, lo que pone a las víctimas en mayor riesgo de problemas crónicos de salud".[6]

---

[1] Joy Thornburg Melton, *Safe Sanctuaries - Reducing the Risk of Child Abuse in the Church* (Nashville: Disipleship Resources, 1998), 18.
[2] Andrew Mills, "Cases of Child Abuse, Neglect Soar," Toronto Star, October 4, 2005, www.thestar.com.
[3] U.S. Department of Health and Human Services, Administration for Children and Families, Administration on Children, Youth and Families, Children's Bureau, *Child Maltreatment 2012*, (2013): ii, http://www.acf.hhs.gov/programs/cb/research-data-technology/statistics-research/child-maltreatment.
[4] U.S. Department of Health and Human Services, Administration on Children, Youth and Families, Child Maltreatment 2007, (Washington, DC: U.S. Goverment Printing Office, 2009): 25-26, http://www.archive.acf.hhs.gov/programs/cb/pubs/cm07/cm07.pdf
[5] Boz Tchividjian, April 10, 2016 "Child Abuse Prevention Month: Awareness to Action," *The Rhymes with Religion Blog,* June 22, 2016, http://boz.religionnews.com/2016/04/10/child-abuse-prevention-month-awareness-action/.
[6] University of Georgia, "Child Maltreatment Victims Lose 2 Years of Quality of Life," ScienceDaily, May 29, 2008, http://sciencedaily.com/releases/2008/05/080528152124.htm.

"Además del impacto en el niño, el abuso y la negligencia infantil afectan varios sistemas, incluyendo la salud física y mental, aplicación de la ley, servicios sociales jurídicos y públicos, y las agencias sin fines de lucro que responden al incidente y que apoyan a las víctimas. Un análisis del impacto económico inmediato y a largo plazo del abuso y negligencia infantil sugiere que el maltrato infantil le cuesta a la nación hasta $258 millones por día, o aproximadamente $94 mil millones cada año".[7] La prevención del abuso es la mejor manera de reducir los costos tanto a nivel humano como económico. "Por cada dólar que se gasta en prevención, se ahorra al menos dos dólares que de otro modo podrían haberse gastado en servicios de bienestar infantil, servicios de educación especial, atención médica, acogimiento temporal, asesoramiento y alojamiento de delincuentes juveniles".[8]

"Las consecuencias de largo plazo sobre el maltrato infantil son muy reales y preocupantes. Todos los niños deben tener entornos seguros, estables y confiables en los que crecer y desarrollarse. Para que los niños y los adultos desarrollen todo su potencial, debemos apoyar los programas que detienen el maltrato infantil antes de que comience y trabajar para ayudar a quienes ya lo han experimentado".[9]

Las iglesias deben reconocer la necesidad de creerles a los niños cuando ellos les cuenten las historias de su abuso. Un estudio mostró que "el 33% de los participantes creyeron que los niños inventaron las historias de su abuso". Un 23% más no pudo decidir si creerles o no sus historias de cuando fueron abusados. Los niños necesitan que los adultos les protejan de los abusos. Debido a su inmadurez y su dependencia con las relaciones adultas, los niños simplemente no están en posición de detener o prevenir su abuso. Ellos pueden, y, de hecho, a menudo se les anima a que le digan a un adulto que los apoye ya que están siendo maltratados o descuidados. Habiendo hecho esto, este hallazgo sugeriría que 1 de cada 2 adultos o no creerían sus historias de abuso o no estarían seguros de si creer en ellos o no. Alarmantemente, este nivel de incredulidad e incertidumbre por parte de los adultos se produce siendo plenamente consciente de que las respuestas negativas de los adultos hacia los niños cuando éstos revelan los abusos provocarán más traumas y daños psicológicos".[10]

> **Las políticas proporcionan una hoja de ruta para la organización y sus miembros.**

"Los líderes de la iglesia locales tienen la obligación espiritual, moral y legal de proporcionar un entorno seguro para los niños, los jóvenes y los voluntarios que participan en los ministerios de la iglesia. El abuso infantil es un delito penal y una violación de la conciencia y dignidad humanas. Es una violación de la ley moral de Dios dentro del contexto de confianza de la relación. El trauma emocional, físico y espiritual a las víctimas, las consecuencias destructivas para los abusadores y los efectos devastadores sobre la credibilidad del ministerio de la iglesia y el nombre de Cristo hacen que sea esencial que la iglesia tome todas las medidas apropiadas para ayudar a prevenir el abuso".[11]

"Las políticas proporcionan una hoja de ruta para la organización y sus miembros. … Además de proporcionar continuidad en las actividades de la organización a lo largo del tiempo a medida que el personal entra y sale, también se aseguran de que los asuntos se traten de manera coherente". [12]

---

[7] Child Welfare Information Gateway, "Mandatory Reporters of Child Abuse and Neglect: Summary of State Laws," *U.S. Department of Health and Human Services, Administration on Children, Youth and Families*, 2008.
[8] Rebecca Pinkley, *Advocacy Guide* (Chicago: Prevent Child Abuse America, 2001), 11.
[9] University of Georgia, "Child Maltreatment Victims".
[10] Joe Tucci, Janise Mitchell, and Chris Goodard, *Do not turn away* (Australian Childhood Foundation, May 2004): 14.
[11] David Freeman, "Letter to Pastors," (2007), http://www.cmalliance.ca.
[12] Judi Fairholm and Gurvinder Singh, *Ten Steps to Creating Safe Environments* (Canadian Red cross, 2011), 51-53.

Comprendiendo el Abuso Infantil

Como adultos, tenemos la responsabilidad de hablar por aquellos que no pueden hablar por sí mismos. Las consecuencias del abuso a un niño duran toda la vida y, en muchos casos, les roban a los niños por completo sus vidas.

- Tres niños mueren todos los días en los Estados Unidos por abuso infantil.
- Una de cada cuatro niñas y uno de cada seis niños serán abusados sexualmente antes de los 18 años.
- Los niños que crecen en una familia donde hay violencia doméstica tienen ocho veces más probabilidades de ser abusados sexualmente dentro de esa familia.
- Los niños maltratados tienen un 50% más de probabilidades de ser arrestados por crímenes juveniles y un 40% más de probabilidades de ser arrestados por crímenes violentos cuando se convierten en adultos.[13]

> **Como adultos tenemos una responsabilidad de hablar por aquellos que no pueden hablar por sí mismos.**

La Ley Federal de Prevención y Tratamiento del Abuso Infantil (CAPTA), según enmendada por la Ley de seguridad de Conservando a los Niños y Familias de 2003, define el abuso infantil y descuido como el siguiente:

- Cualquier acto u omisión reciente de un progenitor o cuidador que provoque la muerte, daño físicos o emocionales graves, abuso sexual o explotación; o
- Un acto u omisión que suponga un riesgo inminente de daño grave.[14]

Para comprender claramente el maltrato es fundamental conocer las definiciones que se utilizan para referirse a el abuso. Como las definiciones varían de un estado a otro, es posible que desee ponerse en contacto con el Departamento de Servicios Sociales y/o las agencias policiales locales. "Dentro de los estándares mínimos establecidos por CAPTA, cada estado es responsable de proporcionar sus propias definiciones de abuso y negligencia infantil. La mayoría de los estados reconocen cuatro tipos principales de maltrato: negligencia, abuso físico, abuso sexual y abuso emocional".[15] El Portal de Información sobre el Bienestar de la Infancia proporciona definiciones de abuso infantil, así como leyes locales, para cada estado. Asegúrese de consultar estas definiciones antes de escribir su política de protección infantil:

http://www.childwelfare.gov/systemwide/laws_policies/state/

- **Abuso Físico:** "Lesiones físicas (desde hematomas leves hasta fracturas graves o muerte) como resultado de puñetazos, cachetadas, patadas, mordiscos, sacudidas, lanzamientos, puñaladas, estrangulamiento, golpes (con la mano, un palo, una correa u otro objeto), quemar o dañar a un niño. Tal lesión se considera abuso independientemente de si el cuidador intentó lastimar al niño".[16]

"Muchas veces, el maltrato físico es consecuencia de una disciplina física inadecuada. Un padre o cuidador enfadado puede no ser consciente de la magnitud de la fuerza con la que golpea al niño".[17]

---

[13] Pinkley, *Advocacy Guide*, 5.
[14] U.S. Department of Health & Human Services, *The Child Abuse Prevention and Treatment Act* (Washington, DC: U.S. Government Printing Office, 2003): 44, http://www.acf.hhs.gov/sites/default/files/cb/capta2004/pdf.
[15] Child Welfare Information Gateway, "Mandatory Reporters," 2008.
[16] Ibid.
[17] "Questions and Answers About Child Physical Abuse," The National Child Traumatic Stress Network, 2008, http://www.nctsn.org/sites/default/files/assets/pdfs/qa_kolko_final.pdf.

- **Abuso Sexual**: "Todo contacto sexual entre un adulto y un niño es abuso sexual ... El abuso sexual no tiene que implicar fuerza, dolor o incluso tocarse. Si un adulto se involucra con un niño en cualquier comportamiento sexual (mirar, mostrar o tocar) para satisfacer el interés o las necesidades sexuales del adulto, se trata de abuso sexual".[18] "Abuso sexual incluyen actividades por parte del padre o cuidador como: el acariciar los genitales del niño, penetración, incesto, violación, sodomía, exposición indecente y explotación mediante la prostitución o la producción de material pornográfico".[19]

  "El abuso sexual infantil explota y perjudica a los niños al ser involucrarlos en un comportamiento sexual para el que no están preparados, por lo que no pueden dar su consentimiento, y del cual no se pueden proteger".[20]

- **Abuso Emocional**: "Un patrón de comportamiento que afecta el desarrollo emocional de un niño o su sentido de autoestima. Esto puede incluir críticas constantes, amenazas o rechazo, así como negar el amor, el apoyo o la orientación. El abuso emocional a menudo es difícil de probar y, por lo tanto, los Servicios de Protección Infantil pueden no ser capaces de intervenir sin la evidencia del daño ocasionado al niño. El abuso emocional casi siempre está presente cuando se identifican otras formas de abuso". [21]

- **Negligencia**: "Dejar de proporcionar las necesidades básicas de un niño. La negligencia puede ser:

  - Física (por ejemplo, la falta de suministro de comida o refugio necesarios, o la falta de supervisión apropiada).
  - Médica (por ejemplo, la falta de proporcionar tratamiento médico o mental necesario).
  - Educativa (por ejemplo, el no educar a un niño o el no atender necesidades educativas especiales).
  - Emocional (por ejemplo, la falta de atención a las necesidades emocionales del niño, la falta de atención psicológica o el permitirle al niño el consumo de alcohol u otras drogas).

Estas situaciones no siempre significan que un niño es descuidado. A veces, los valores culturales, los estándares de cuidado en la comunidad o la pobreza pueden ser factores contribuyentes, lo que indica que la familia necesita información o asistencia. Cuando una familia no puede usar información y recursos, y la salud o seguridad del niño está en riesgo, entonces se puede requerir una intervención de bienestar infantil".[22]

Si bien este documento aborda específicamente el abuso de niños y jóvenes, también existe una vulnerabilidad creciente de los discapacitados y los ancianos. Si los ministerios de la iglesia se extienden a estos grupos demográficos, es necesario desarrollar pautas para su protección.

"En la gran mayoría de los casos, los abusadores sexuales son conocidos por sus víctimas. Más de la mitad de todos los abusos sexuales ocurren dentro de la familia. Los delincuentes provienen de todos los orígenes económicos, étnicos, raciales y educativos, así como de todas las tradiciones religiosas. Pueden ser miembros respetados de la comunidad, la iglesia o la sinagoga".[23] Según el Reporte de Abuso Infantil 2012, reportó que casi el 80% de los aproximadamente 512.040 perpetradores únicos durante el 2012 fueron los padres de la víctima. Otros agresores fueron familiares sin contar a los padres, una de las parejas de novios de los padres, vecinos, amigos, servidores de guarderías infantiles, padres adoptivos y otros tutores legales y personas de otras profesiones.[24] Los servidores del cuidado infantil en nuestras iglesias deben estar conscientes de los riesgos inherentes al trabajo con niños, deben evitar el abuso y deben saber cómo responder cuando se descubre un abuso infantil.

---

[18] "Defining Child Sexual Abuse," Stop It Now!, http://www.stopitnow.org/ohc-content/defining-child-sexual-abuse.
[19] Child Welfare Information Gateway, "Mandatory Reporters," 2008.
[20] Thornburg Melton, *Safe Sanctuaries*, 13-14.
[21] Child Welfare Information Gateway, "Mandatory Reporters," 2008.
[22] Ibid.
[23] "Child Abuse Awareness Month," Faith Trust Institute, 2006, http://www.faithtrustinstitute.org.
[24] U.S. Department of Health and Human Services, *Child Maltreatment 2012*.

Comprendiendo la Responsabilidad de la Iglesia

"Todas las organizaciones deben abordar los riesgos que son inherentes a sus operaciones, especialmente las que se relacionan con los niños, y deben tomar todas las medidas razonables para reducir esos riesgos. Además, para que se pueda obtener un seguro se requieren a menudo políticas de abuso sexual y abuso infantil. Sin embargo, esto debería ser una práctica estándar e impulsada por la compasión hacia las víctimas y un sentido de responsabilidad hacia la sociedad en general. El abuso infantil es un crimen, el cual es un delito grave especialmente cuando se produce bajo los aparentes auspicios de una iglesia, caridad u organización sin fines de lucro, y mediante la conducta de un sacerdote, consejero u otro empleado que se coloca en un puesto de autoridad sobre los niños".[25]

> **Todas las organizaciones deben abordar los riesgos inherentes a sus operaciones, especialmente las que se relacionan con los niños, y deben tomar todas las medidas razonables para reducir esos riesgos.**

"Las iglesias pueden ser lugares vulnerables porque son... lugares de confianza, que a menudo carecen de un proceso de selección para el reclutamiento de los voluntarios y brindan así la oportunidad a los depredadores de estar en contacto con los niños".[26] Las iglesias son un blanco natural para los depredadores sexuales. Tienen un gran número de niños; una escasez de trabajadores dispuestos, y una cultura de confianza que asume que ningún cristiano podría ser sospechoso de tal explotación".[27] Algunas iglesias y por varias razones pueden hacer excepciones especiales en el reclutamiento de voluntarios, como una necesidad continua y urgente de voluntarios. Otra razón puede ser que los voluntarios en la mayoría de las Iglesias sean los mismos padres de los niños participantes. Naturalmente, ellos no serían sospecha de causar un daño o abuso a los niños del programa. La falta de normas estandarizadas hace que sea fácil para los depredadores infiltrarse en tales organizaciones. Por esta razón, es esencial que las iglesias desarrollen "...políticas claras y procedimientos que sirvan para proteger no solo a los niños y jóvenes, sino también a quienes trabajan con ellos y con la iglesia en su conjunto".[28]

A. La Responsabilidad Espiritual y Moral de la Iglesia

En la iglesia, reconocemos que somos un reflejo del amor de Dios hacia aquellos que están a nuestro cuidado. Tomamos nuestra responsabilidad con seriedad.

Miqueas 6:8 nos presenta este reto: "¡Ya se te ha declarado lo que es bueno! Ya se te ha dicho lo que de ti espera el Señor: Practicar la justicia, amar la misericordia, y humillarte ante tu Dios". (NVI)

Miqueas sugiere que el Señor requiere tres cosas de nosotros:

- Practicar la justicia -Nosotros debemos trabajar por la justicia, buscando promover la verdad y hablar en nombre de los vulnerables.

---

[25] Mervin F. White, "Supreme Court of Canada Bring Clarity to Vicarious Liability of Churches in Canada," *Charity Law Update* (May 2006).
[26] Rev. Marilyn McCormick and Dr. Lois Mitchell, "Preventing Child Abuse," United Baptist Convention of the Atlantic Provinces, (1999), http://www.baptist-atlantic.ca.
[27] Bob Harvey, "Cleaning Up our Churches from Sexual Abuse," *Faith Today*, (July/August 2002), http://www.christianity.ca.
[28] McCormick and Mitchell, "Preventing Child Abuse".

- Amar la misericordia -La compasión debe ser la base de todo nuestro trabajo.
- Caminar humildemente ante nuestro Dios -Nuestras vidas personales y profesionales deben estar marcadas por la humildad y la rectitud. Todos cometemos errores y necesitamos estar preparados para admitirlo. Necesitamos reconocer nuestras limitaciones, pero hacemos nuestro mejor esfuerzo para actuar con integridad.

Sobre todo, no debemos temer al involucrarnos en estas áreas difíciles, más bien confiar en el Dios que camina con nosotros como animador, amigo y guía".[29]

La Palabra de Dios describe nuestra responsabilidad espiritual con los niños y los jóvenes:

• "Pero al que haga pecar a uno de estos pequeñitos que creen en Mí, mejor le sería que le colgaran al cuello una piedra de molino de las que mueve un asno, y que se ahogara en lo profundo del mar". (Mateo 18: 6 NBLA)

• "Empezaron a llevarle niños a Jesús para que los tocara, pero los discípulos reprendían a quienes los llevaban. Cuando Jesús se dio cuenta, se indignó y les dijo: «Dejen que los niños vengan a mí, y no se lo impidan, porque el reino de Dios es de quienes son como ellos. Les aseguro que el que no reciba el reino de Dios como un niño de ninguna manera entrará en él". Y después de abrazarlos, los bendecía poniendo las manos sobre ellos".
(Marcos 10: 13-16 NVI)

• "Eviten toda clase de mal". (1 Tesalonicenses 5:22 NVI)

• "Entre ustedes ni siquiera debe mencionarse la inmoralidad sexual... porque eso no es propio del pueblo santo de Dios". (Efesios 5: 3 NVI)

• "Hermanos, si alguien es sorprendido en pecado, ustedes que son espirituales deben restaurarlo con una actitud humilde... Ayúdense unos a otros a llevar sus cargas, y así cumplirán la ley de Cristo". (Gálatas 6: 1-2 NVI)

• "Porque procuramos hacer lo correcto, no solo delante del Señor, sino también delante de los demás". (2 Corintios 8:21 NVI)

> "Pero al que haga pecar a uno de estos pequeñitos que creen en Mí, mejor le sería que le colgaran al cuello una piedra de molino de las que mueve un asno, y que se ahogara en lo profundo del mar".
> (Mateo 18:6 NBLA)

Las pautas en este manual están escritas para ayudar a las iglesias mientras trabajan para cumplir con sus responsabilidades de proporcionar un ambiente seguro y enriquecedor para niños y jóvenes. En asociación con los padres, las iglesias deben tratar de proporcionar una atención e instrucción de calidad a la familia. De esta manera, promueves el crecimiento espiritual en todos los niveles de edad. Plan para Proteger™ está diseñado para ayudar a los líderes de la iglesia a reclutar al personal para sus ministerios, y, en la mayor medida posible, proporcionar la seguridad de los que reciben servicios, así como de los que sirven.

Se recomienda encarecidamente a los líderes de la iglesia que adapten y sigan estas pautas y procedimientos y que los consideren como "... un componente necesario del ministerio de la iglesia y de la salud general de la misma".[30] Las iglesias independientes necesitan personalizar y desarrollar pautas adicionales que sean apropiadas para su iglesia local y vayan de acuerdo con las leyes de su estado.

---

[29] Dr. Peter Sidebotham, "Child Protegerion," *Triple Helix*, (Spring 2004): 11.
[30] Ernest J. Zarra III., *It Should Never Happen Here: A Guide for Minimizing the Risk of Abuse in Ministry* (Grand Rapids: Baker Books, 1997), 22.

B. La responsabilidad Civil y Legal de la Iglesia

Asegurarse que su iglesia sea un lugar seguro para los niños no es solo una buena idea, es la ley. Las iglesias tienen la responsabilidad legal de garantizar que exista un plan de protección. Las compañías de seguros también requieren este mismo nivel de diligencia para proporcionar cobertura de reclamos.

> Asegurarse de que su iglesia sea un lugar seguro para los niños no es solo una buena idea, es un requisito legal.

> El abuso infantil es un delito especialmente grave cuando se produce bajo los auspicios aparentes de una iglesia, organización benéfica u organización sin fines de lucro, y a través de la conducta de un sacerdote, consejero u otro empleado que ocupa un puesto de autoridad sobre los niños.
>
> Mervyn F. White, B.A., L.L.B.

Descargo de Responsabilidad:

El desarrollo, la preparación y la publicación de este manual se han llevado a cabo con gran cuidado. Sin embargo, el editor, los editores, los empleados y los agentes de Plan para Proteger™ no son responsables de los errores contenidos en este documento ni de las consecuencias o reclamaciones que puedan surgir del uso de su contenido. Este manual no es una política, sino es más bien información para ayudar a establecer su propia política de prevención de abuso. Solo es tan actual como la fecha de publicación y no refleja los cambios posteriores en la ley. Este manual se distribuye en el entendimiento de que es solo para fines de información general. La información presentada no pretende transmitir o constituir asesoramiento u opiniones legales, y no se debe actuar como tal. Se recomienda encarecidamente a su organización que busque asesoría legal independiente, así como asesoramiento de su compañía de seguros, ya que pueden brindar asesoramiento profesional sobre su asunto específico al establecer una política de prevención de abuso.

Con respecto a los estudios de casos contenidos en este manual, se han cambiado algunos detalles con respecto a las identidades y las circunstancias para proteger la confidencialidad.

Comprendiendo las Perspectivas Jurídicas

Cada vez más, los tribunales están responsabilizando a organizaciones benéficas y sin fines de lucro por las acciones de sus voluntarios. Si su organización ha creado o permitido una situación que daña, usted puede ser considerado responsable. Si un tribunal determina que su grupo podría haber hecho más para garantizar la seguridad de las personas en sus programas, se lo puede considerar 'responsable indirecto' por las acciones de un miembro del clero, un laico o un voluntario. Su mejor protección contra la responsabilidad indirecta es el proceso de selección.[31]

La responsabilidad indirecta es un tipo de responsabilidad que permite a los terceros (es decir, víctimas de abuso, sus familias, etc.) hacer responsable a un superior por los actos de su(s) subordinado(s) basándose en su relación legal. Los líderes de la iglesia pueden ser considerados responsables indirectos de las acciones de sus agentes, como los conductores de autobuses o animadores.

> Cada vez más, los tribunales están responsabilizando a organizaciones benéficas y sin fines de lucro por las acciones de sus voluntarios. Si su organización ha creado o permitido una situación que daña, usted puede ser considerado responsable.

"A menudo, los ministros quieren resolver estos asuntos [de abuso] internamente a travéz de la consejería con la víctima o el presunto delincuente, sin contactar a las autoridades civiles. Tal respuesta puede tener serias consecuencias legales, incluyendo las siguientes: (1) Los ministros que son legalmente responsables de informar/notificar bajo la ley estatal se enfrentan a un posible enjuiciamiento penal por no cumplir con la ley de denuncia de abuso infantil de su estado; (2) algunas legislaturas estatales han promulgado leyes que permiten a las víctimas de abuso infantil demandar a los ministros por no informar el abuso infantil; y (3) algunos tribunales han permitido que las víctimas de abuso infantil demanden a los ministros por no informar el abuso infantil".

La responsabilidad indirecta se extiende al trabajo de voluntarios en organizaciones sin fines de lucro. Esta se puede imponer, aunque el acto ilícito sea contrario a los deseos y las políticas de la organización. Si una acusación de abuso va al tribunal, este determinará si la iglesia ejerció suficiente control sobre sus operaciones.

Las iglesias serán responsables subsidiarias por los actos de su personal, ya sea remunerado o voluntario. Por lo tanto, la iglesia debe tener mucho cuidado y asegurarse de tener los procesos de selección y contratación adecuados, así como un plan continuo para la supervisión de su personal y voluntarios.

Es imperativo que cada iglesia entienda que la falta de un plan de protección preventiva tiene implicaciones legales. Los líderes de la iglesia deben ser proactivos en el establecimiento de políticas de seguridad y del cumplimiento de los estándares legales. Para garantizar que se ha realizado la debida diligencia y se ha protegido con responsabilidad, consulte a un abogado estatal para obtener una opinión escrita sobre su política. Así mismo consulte a su representante de la compañía de seguros. La política debe representar y comprender sus obligaciones legales y un conocimiento de los requisitos legales de información de su estado. Es importante que las iglesias y los ministros conozcan las leyes de su estado con respecto a lo que constituye abuso infantil, a quién se considera como responsable legal de informar, y otras leyes relacionadas con la responsabilidad de las iglesias en casos de abuso infantil. Después de buscar asesoramiento legal, los líderes de la iglesia deben revisar y adoptar las pautas establecidas como política oficial de la iglesia.

---

[31] J. Michael Martinez, "Liability and Volunteer Organizations: A Survey of the Law", Nonprofit Management & Leadership, vol. 14, no. 2, Winter 2003.
[32] Richard R. Hammar, "Appendix 4: Child Abuse Reporting Laws," Church Law and Tax Report, (2008): 1.

Comprendiendo las Normas de las Compañías de Seguros

El abuso es uno de los problemas de responsabilidad más importantes a los que se enfrentan las compañías de seguros en Norteamérica.

"A la luz de los recientes escándalos de la iglesia, templo, y la mezquitas, muchas compañías de seguros han limitado o excluido por completo la cobertura de los abusos sexuales y acoso sexual, así como la responsabilidad civil profesional".[33] "Muchas compañías de seguros han excluido el abuso a menores en sus coberturas, o si los cubren, las cantidades por daños y perjuicios son muy inferiores a las que pueden ser otorgadas por un tribunal".[34] Iglesias locales deberían examinar la cobertura de sus seguros para ver si se abordan o no las cuestiones de abuso. Algunas compañías de seguros si ofrecen cobertura de abuso. Sin embargo, la iglesia debe demostrar que ha sido diligente en la selección y contratación del personal /voluntarios, así como de su supervisión.

"El seguro no cubre todas las eventualidades; hay excepciones significativas en cualquier póliza de seguro. Entonces también, si una comunidad religiosa ha sido negligente, las compañías de seguros pueden no proporcionar cobertura. Algunas compañías de seguros hacen ahora preguntas explícitas en los formularios de solicitud de responsabilidad civil sobre el proceso de selección y contratación del personal y voluntarios de la comunidad religiosa. En cualquier caso, nuestra principal obligación es proteger a las personas, no compensarlas después de que se hayan lesionado".[35]

> Nuestra principal obligación es proteger a las personas, no compensarlas después de que se hayan lesionado.

Es posible que su iglesia desee considerar la posibilidad de agregar un seguro de responsabilidad pastoral, que brinde cobertura para asuntos tales como mala práctica de asesoramiento, mala conducta sexual e información sobre abuso infantil.[36] Es importante conocer las leyes de su estado con respecto al "Privilegio del Clero" y el informe obligatorio del abuso infantil. "Privilegio del Clero" es similar al privilegio abogado-cliente, en el que un clérigo no puede revelar a terceros lo que alguien le ha dicho en confianza.

La siguiente lista de verificación ayudará a su iglesia al iniciar el proceso de creación de un ambiente seguro y que cumpla con las normas de las compañías de seguro.[37] Los expertos reconocen generalmente que estos elementos son esenciales para establecer un plan eficaz de prevención del abuso formal. Son requeridos por las compañías de seguros para poder calificar para la cobertura de abuso. Este manual proporcionará pautas y procedimientos recomendados para abordar estos artículos.

- Declaración de Política
- Definición de Abuso
- Proceso de Selección del Personal y Voluntarios
- Procedimientos Operativos
- Modificación de las Instalaciones
- Capacitaciones Anuales y Periódicas
- Protocolo de Notificación y Respuesta al abuso

Hacer que su iglesia sea un lugar seguro para los niños y jóvenes requerirá cierto esfuerzo de su parte, pero los beneficios superarán con creces los costos. ¿Quién puede poner precio en un ambiente de confianza y seguridad en el que los niños y jóvenes puedan crecer en su fe, y sin ningún tipo de obstáculos que les hagan tropezar? Este es el tipo de entorno el que Plan para Proteger™ trata de ayudarles a crear en su iglesia. Si esto se logra, habrá cumplido su objetivo, y la iglesia será una representación adecuada de Cristo para nuestras comunidades.

---

[33] John Lipton, "Church Insurace. Religious Organization and Institutional Insurance," *Castle Rock Agency Inc.*, (July 17, 2008).
[34] Marv Parker, Burt Manchester, Brenda Philips, and Jonathn Youngman, *Safe Plan: Guidelines for Creating an Abuse-Free Environment* (Camp Hill: Christian Publications, 2002), 10.
[35] Volunteer Canada, "Taking the First Step," 6.
[36] Lipton, "Church Insurance".
[37] Hall, *Abuse Prevention Newsletter*, 4-5.

Proteger Mediante la Implementación y la Capacitación

- Estrategias de Implementación
- Proceso de Selección y Reclutamiento
- Guías para la Capacitación

Estrategias de Implementación

Esperamos que esta revisión de Plan para Proteger™ sea fácil de usar para los líderes. Ha sido diseñado para ayudarle a personalizar las políticas de su iglesia, buscando la aprobación de estas políticas por parte de su junta de ancianos y luego implementando las políticas en sus programas ministeriales.

PASO 1 Lea atentamente el manual Plan para Proteger™ y familiarícese con las plantillas, los apéndices y el software (programa informático) adjunto.

PASO 2 Presente una breve descripción de Plan para Proteger™ a la junta de ancianos/diáconos para informarles sobre la necesidad de un plan de protección.

PASO 3 Establezca un equipo de Plan para Proteger™ formado por líderes claves que comprenda la importancia de un plan de protección para su iglesia. Aliente a cada miembro a familiarizarse con el manual Plan para Proteger™.

PASO 4 Con el equipo de Plan para Proteger™, revise las políticas descritas en el Apéndice 2. Considérelos en oración teniendo en cuenta el contexto de su iglesia. Le recomendamos encarecidamente que lea la sección de protección que acompaña a cada política, ya que proporciona la investigación y la justificación de cada una de ellas. Utilizando el software adjunto, prepare un borrador de pólizas que garanticen la debida diligencia para el entorno de su iglesia e incorporen los requisitos de su compañía de seguros. Modifique el plan para adaptarlo a las instalaciones y a los programas de la congregación. Compile su borrador de pólizas.

PASO 5 Presente su plan modificado al abogado de su iglesia para que lo apruebe.

PASO 6 Presente el borrador de sus políticas, aprobadas por su abogado y compañía de seguros, a la mesa directiva para su aprobación y adopción como la política oficial de la iglesia. Recomendamos que compare las políticas propuestas con los requisitos de su compañía de seguros y el manual Plan para Proteger™. Si ha adaptado nuestras políticas recomendadas, prepárese para defender por qué cree que los cambios son importantes, sin dejar de proteger a su congregación de la responsabilidad y garantizando la debida diligencia en la prevención de los abusos. Haga un seguimiento con la mesa directiva para asegurarse de que han aprobado las políticas antes de su implementación.

PASO 7 Asigne a los miembros del equipo Plan para Proteger™ funciones y responsabilidades individuales en la implementación de Plan para Proteger™. Una vez que las políticas sean aprobadas por la mesa directiva/diáconos, el equipo del plan Plan para Proteger™ y el personal del ministerio serán responsables de cumplir con las políticas. Alentamos al equipo a planificar un año a la vez. Incluya ajustes presupuestarios, sesiones de capacitación, entrevistas para la selección y reclutamiento, observación y evaluación del plan. Programe oportunidades a lo largo del año para supervisar el cumplimiento.

PASO 8   Haga conscientes a la congregación de la necesidad de un plan de protección mediante una carta pastoral, un boletín, un seminario o un anuncio de servicio público.

PASO 9   Eduque a todos los trabajadores involucrados en el ministerio de niños y jóvenes.

PASO 10   Supervise el uso del plan dentro de la iglesia y haga los cambios necesarios.

PASO 11   Evalúe el plan anualmente y realice los cambios necesarios.

Proceso de Selección y Reclutamiento

A. Proceso de Selección y Reclutamiento
B. Calificaciones para el Ministerio
C. Formatos de Aplicación para el Ministerio
D. Verificación de Referencias
E. Entrevistas
F. Verificación de Antecedentes Penales
G. Capacitación de Plan para Proteger™
H. Proceso de Aprobación

Caso de Estudio

Proceso de selección y Reclutamiento

"¿Cómo es que puedo estar tan atrasada?", Se preguntó Elaine mientras enfrentaba la pila de verificaciones de antecedentes penales, solicitudes y formularios de entrevistas que tenía sobre su escritorio. Una cosa fue decidir implementar la prevención de abusos en la iglesia. Y otra muy diferente el tener que rastrear todos los formularios y estar al tanto de su cumplimiento. ¡Era una enorme tarea para una sola persona! Debe haber un mejor sistema.

Como Elaine creía firmemente en la prevención del abuso, fue ella misma quien insistió en que la iglesia la pusiera en práctica. Su hermana había sido abusada cuando era una adolescente, y Elaine no quería que esto le sucediera a ninguno de los niños de su ministerio.

Ya han pasado ocho meses del programa y todo iba bien. Ella había reclutado y seleccionado a todos sus maestros de la Escuela Dominical y los trabajadores del campamento. Casi se había olvidado de hacer los equipos para el concurso de preguntas y las asignaciones de los anfitriones, pero en el último momento hizo el papeleo. ¡Uf, lo logró! El trabajo ya está hecho, ¡ahora solo habría que archivar todo!

Cuando comenzó a reducir su pila, se dio cuenta de que estaba tan retrasada que aún no había abierto algunos de los sobres con las referencias y verificaciones de los antecedentes penales. Ella quería terminar rápido porque tenía que hacer cupcakes para la fiesta de cumpleaños de su hija al día siguiente.

Rápidamente tomó el abridor de sobres, lo deslizó y abrió cada uno de ellos. Rápidamente sacó el contenido de los sobres y comenzó a archivarlos apropiada y respectivamente. Si se movía lo suficientemente rápido, tendría tiempo suficiente para hacer los cupcakes.

Se prometió a sí misma que una vez que se pusiera al día con esta tarea, sería más precavida en el futuro para mantenerse al día.

Justo cuando estaba llegando a los últimos sobres, sonrió al ver el nombre de Mandy Cameron en la verificación de antecedentes penales. Elaine susurró una oración de agradecimiento para Mandy y Mike, ya que ellos se presentaron en el último momento para hospedar al equipo de concurso para el examen. Mandy era una de sus voluntarias más sólidas: llevaba casi quince años como voluntaria. Mike siempre estaba dispuesto a ayudar y a complacer el deseo de Mandy de abrir su casa siempre que fuera necesario, conociendo que Mandy también hacía malabares para cuidar a su madre inválida en un hogar de ancianos. "Supongo que el equipo llegó a casa de Mike y Mandy hace dos días", pensó Elaine. Ella agregó un P.D. a su oración para que todos se divirtieran y el equipo fuera una bendición para Mike y Mandy.

Elaine abrió el último sobre, que era de Mike. Ahora ya ha terminado, y se ha puesto al día. Su trabajo había terminado, tres semanas después, pero ya estaba hecho. "Yo creo que una verificación de antecedentes tarde es mejor que ninguna", pensó. En algún momento, ella estaría delante del juego y terminaría esto antes de que los anfitriones realmente abrieran su casa. "¡Bueno, aquí no hay nada que temer!", pensó. "No se podría encontrar a una mejor pareja para albergar a equipo de concursantes para el examen".

Elaine miró hacia el documento y sus ojos se congelaron en la página.

¡Positivo! Michael J. Cameron tuvo dos presuntos incidentes actualmente bajo investigación por abuso a menores.

¡Positivo! El corazón de Elaine pareció dejar de latir. "¡Oh, Señor!", gritó.

continuación del Caso de un Estudio

La Retrospectiva es 20/20:

La historia de Elaine no está muy alejada de lo que sucede en muchas oficinas de la iglesia cuando los líderes intentan abordar el proceso de selección y reclutamiento. Este estudio es un caso verdadero: solo que se cambiaron los nombres. como líderes del ministerio, es muy tentador tomar atajos, especialmente si conocen a los voluntarios y/o si son requeridos en el último momento. ¿Le gustaría que su hijo permanezca en la casa de los Cameron sabiendo que se registraron dos incidentes de sospecha de abuso infantil? Es normal tener esperanzas, pero también es ingenuo suponer que cada solicitud del proceso de selección regresará limpia, y los líderes del ministerio terminan por no leer cuidadosamente cada registro. Le animamos a que tenga cuidado y lea con seriedad esta sección del "Proceso de selección y reclutamiento". Busque la ayuda adicional que necesita para mantenerse al tanto del proceso y tenga el máximo cuidado para estar alerta mientras trata con todos.

Preguntas para responder:

¿Dónde falló Elaine en el proceso de selección y reclutamiento?

¿Qué haría usted si se encuentra mirando una verificación de antecedentes penales positiva, sabiendo que la persona actualmente está hospedando al equipo de concursantes para el examen en su casa?

¿Se puede identificar así mismo en alguna parte de este caso de estudio? Si es así, ¿cómo?

¿Cuánto tiempo se necesita para garantizar que el proceso de selección y reclutamiento se complete antes de cada evento o cada año ministerial?

política

A. Proceso de Selección y Reclutamiento

1. Los líderes de la Iglesia y el líder del ministerio determinan si un individuo es un posible candidato para el ministerio de niños o jóvenes.

2. El posible candidato para el ministerio debe someterse al proceso de selección y reclutamiento administrado por el líder del ministerio. Las personas completarán lo siguiente:

- Formato de Aplicaión para el Ministerio (Apéndice 3).
- Período de espera de 6 meses.
- Declaración de fe firmada.
- Verificación de antecedentes penales.
- Capacitación.
- Controles de referencia.
- Entrevista cara a cara.
- Aprobación final de los líderes de la iglesia.

3. El posible candidato para el ministerio debe completar el proceso de selección y reclutamiento antes de ser colocado en una posición de confianza.

4. El personal del ministerio que sirve a los niños y jóvenes debe tener un expediente personal guardado con los registros de la iglesia. Estos expedientes deben mantenerse de forma permanente.

plan

○ Se ha designado al líder del ministerio que supervisará el proceso de selección.

○ Se han identificado las funciones del personal del ministerio.

○ Los líderes de la Iglesia son quienes dan la aprobación inicial del posible candidato para el ministerio.

○ Se han preparado registros actualizados para cada persona en lo que respecta a su estado de selección y reclutamiento.

○ Se han creado estrategias sobre cómo controlar el acceso limitado a los niños.

○ El posible candidato para el ministerio ha completado el proceso de selección.

○ La aprobación final del personal ministerial ha sido dada por los líderes de la iglesia.

○ Se han hecho planes para mantener los archivos del personal del ministerio de forma permanente.

Protección

Seleccionar al personal de su ministerio no es solo sobre el individuo. Se trata también de los ministerios en los que estan involucrados y el nivel de riesgo asociado con esos ministerios. Plan para Proteger™ ha desarrollado para asistir a la iglesia en el proceso de selección y reclutamiento de líderes ministeriales, y en la mayor medida posible, proporcionar estrategias de protección para todos los niveles de edad, así como los que están al servicio.

"Todas las organizaciones que brindan programas a personas vulnerables ya sean administradas por personal o voluntarios, tienen la responsabilidad de seleccionar y reclutar adecuadamente a sus voluntarios. Esta responsabilidad es moral, legal y espiritual; no solo es lo correcto, sino que se requiere legalmente bajo el concepto de 'Deber de Cuidado'. El 'Deber de Cuidado' es el principio legal que identifica las obligaciones de individuos y organizaciones de tomar medidas razonables para cuidar y proteger a sus participantes". Familiarícese con las definiciones y leyes de su Estado o País sobre el deber y la norma de cuidado y negligencia. La negligencia es "una conducta que es culpable porque no alcanza lo que una persona razonable haría para proteger a otra persona del riesgo previsible de daño".

Un proceso de selección y reclutamiento es fundamental para proteger a la iglesia de acciones legales si ocurriese un caso de abuso. La iglesia protegida será la que pueda mostrar evidencia de que tiene políticas y procedimientos vigentes. También demostrará que ha tomado medidas razonables y continuas para reclutar, examinar y supervisar sistemáticamente al personal del ministerio.

Los líderes de la iglesia deben asignar la responsabilidad del proceso de selección y reclutamiento al líder del ministerio. Los nombres de los posibles candidatos para el ministerio son aprobados inicialmente por los líderes de la iglesia. Es entonces cuando el proceso se pone en marcha.

Cuando se aborda a un posible candidato para el ministerio sobre la oportunidad de servir con niños y jóvenes, se inicia un diálogo. Y los dones, las pasiones y el compromiso de tiempo de la persona se ajustan a la descripción del trabajo del ministerio y a las expectativas. Las oportunidades pueden incluir la enseñanza, la dirección de eventos de grupos grandes, el trabajo con grupos pequeños, la gestión de los detalles de la organización o la asistencia en funciones de apoyo. Algunos puestos ministeriales le permiten trabajar solo. Otros le dan la oportunidad de trabajar junto a otros como líder, asistente o miembro del equipo. Todo el personal que ocupe un puesto que implique contacto con niños, o en el que el niño considere que el individuo está en una posición de confianza, debe de ser procesado para su selección.

El posible candidato para el ministerio debe ser educado sobre la necesidad e importancia de un programa de protección y los pasos involucrados en el proceso. El proceso de selección y reclutamiento implica completar el formato de la aplicación para servir en el Ministerio, respetando el período de espera de seis meses. También implica comprender y firmar la declaración de fe de la denominación, tener una entrevista personal, presentar referencias y completar verificaciones de antecedentes penales. Se requiere la asistencia a una sesión de capacitación y recibir la aprobación final de los líderes de la iglesia.

El proceso de selección y reclutamiento debe completarse antes de colocar al personal ministerial o en una posición de confianza. Esta es la norma de Plan para Proteger™. Sin embargo, si los programas agendados en el calendario que estén pendientes hacen imposible que las iglesias hagan que los posibles candidatos completen todos los pasos antes de servir, estos no tendrán acceso a los niños y no podrán ser colocados en una posición de confianza. El proceso debe completarse dentro de los tres meses posteriores al comienzo del servicio. Todos los entornos ministeriales contarán con dos líderes que hayan sido completamente seleccionados y entrenados. Entendemos que el proceso de reclutamiento y selección es extenso, sin embargo, como diremos una y otra vez, este proceso protege a nuestros niños, a nuestros jóvenes, a nuestro personal del ministerio y a nuestras iglesias.

---

[1] Volunteer Canada, "What is Screening," (September 2012): 1, http://communitysector.nl.ca/sites/default/files/Handout__4_Screening_by_Volunteer_Canada.pdf.

[2] "Tort Law," Wikibooks, accessed June 26, 2016, http://en.wikibooks.org/wiki/Tort_Law.

política

1. Un mínimo de seis meses como tiempo de espera es el requerido para las personas que desean servir en el ministerio ya sea de niños o jóvenes. Todos los posibles candidatos para el ministerio habrán asistido regularmente a la iglesia durante los últimos seis meses.

• Se pueden hacer excepciones cuando el personal del ministerio haya sido transferido de otra iglesia de la misma denominación. Sin embargo, deberán haber sido miembros de la Iglesia por mucho tiempo y haber sido voluntarios seleccionados y aprobados dentro del ministerio de niños y con buena reputación. Se deben recibir referencias de al menos tres personas, incluyendo una de su anterior ministerio o director del ministerio de niños.[3]

2. El personal ministerial que sirve en el ministerio de niños y jóvenes son miembros o adherentes en regla que apoyan las doctrinas, la dirección y los estatutos o la constitución de la iglesia.

3. Las personas que hayan sido acusadas, condenadas o estén bajo sospecha de delitos contra niños y/o jóvenes, o que han sido condenados por crímenes violentos u otros delitos relevantes no tendrán ninguna participación en ministerios o programas en los que participen niños o jóvenes.

B. Requerimientos para el Ministerio

plan

○ Se ha respetado el período mínimo de espera de seis meses antes de la colocación del candidato en el ministerio

○ El proceso de selección se ha utilizado para determinar la posición más eficaz del posible candidato en el ministerio.

---

[3] Hall, *Abuse Prevention Newsletter*, 7.

Protección

"Muchos voluntarios son colocados en puestos de confianza sin haberles hecho una sola pregunta. Todos sabemos cómo sucede: la organización estaba sobrecargada, nadie podía procesar al voluntario; o el voluntario era amigo de un padre: no es necesario pasar por el proceso habitual. Las razones para aceptar un voluntario sin ningún tipo de control suelen estar arraigadas en la mejor de las intenciones. ... Como resultado, la creencia general de que "no nos pasará a nosotros" impregna a estas comunidades".[4] A la larga, el proceso más fácil no es el más seguro. La Selección no debe ser invasiva, sino preventiva". [5]

"La selección es un ... proceso diseñado para identificar a cualquier persona, remunerada o no, voluntaria o personal de trabajo - que pueda dañar a personas o grupos vulnerables. Al garantizar buenas prácticas de selección, los grupos pueden crear y mantener un entorno seguro para los voluntarios, los clientes, los miembros y la organización".[6]

Creemos que estos tres requisitos para el ministerio son esenciales:

• Período de espera de seis meses

Las compañías de seguros coinciden en que, para prevenir los abusos, aparte de las verificaciones de antecedentes penales, existe un solo procedimiento más importante en la selección del personal/voluntarios. Se trata de un período de espera de seis meses.[7]

• Formato de Aplicación para el Ministerio
Como se subraya en el Formulario de Solicitud para el Ministerio, se pide al posible candidato para el ministro que considere seriamente el compromiso que está haciendo con la iglesia.

• No hay Acusaciones Previas o Condenas Previas por Abuso
Recomendamos que los acusados o condenados por abuso infantil sean asignados a ministerios que no involucran contacto directo con niños o jóvenes.

---

[4] "Volunteer screening programs--do we need them?" Last modified, April 12, 2000, http://www.fftimes.com/node/51355.
[5] Zarra, *It Should Never Happen Here*, 21-22.
[6] Volunteer Canada, "Have You Risk-Proofed Your Operations?" 1.
[7] Hall, *Abuse Prevention Newsletter*, 7.

Política

1. El posible candidato para el ministerio debe completar un formulario de Aplicación para el Ministerio (Apéndice 3). Los líderes estudiantiles deben completar el formulario de Aplicación para el Ministerio para Jóvenes que trabajan con niños (Apéndice 4).

- Se requiere una firma autentificada para la protección de todas las partes.
- Algunas personas pueden transferirse de una congregación que es desconocida para los líderes de la iglesia. Deben incluir información de contacto o una referencia de un miembro del personal pastoral de su iglesia anterior.
- Para cumplir con las leyes y regulaciones de privacidad, los formularios de Aplicación para el Ministerio deben indicar el motivo por el cual se recopila la información.

2. Los formularios de Aplicación para el Ministerio deben ser confidenciales y estar disponibles para el líder del ministerio, los líderes de la iglesia y/o el equipo Plan para Proteger™.

- Los formularios de Aplicación para el Ministerio deben guardarse en un lugar seguro.
- Los formularios de Aplicación para el Ministerio deben guardarse en el archivo de forma permanente.

C. Formato de Aplicación para el Ministerio

Plan

◯ El formulario de Aplicación para el Ministerio ha sido personalizado.

◯ El formulario de Aplicación para el Ministerio para jóvenes que trabajan con niños se ha personalizado.

◯ Los formularios de Aplicación para el Ministerio han sido revisados.

◯ Se han hecho planes para guardar los formularios de Aplicaciones para los Ministerios en un archivo de forma permanente.

Protección

Aunque el proceso de selección puede ser largo y puede intimidar al possible candidato para el ministerio, "las preocupaciones de los voluntarios sobre la privacidad y seguridad de datos a menudo pueden mitigarse si una organización proporciona una buena política escrita que aborde las cuestiones de privacidad y seguridad de datos".[8]

Leyes tales como la Ley Nacional de Protección Infantil de 2003 y la Ley de Voluntarios para Niños de 1998 permiten a las organizaciones sin fines de lucro llevar a cabo una investigación de antecedentes penales sobre posibles voluntarios. Sin embargo, las leyes de privacidad requieren que especifiquemos por qué recopilamos la información y que esta se mantenga confidencial.

"Como mínimo, una política de evaluación voluntaria debe:
• Indicar claramente la posición y práctica de la organización para lo cual se seleccionan a los voluntarios.
• Identificar las posiciones de voluntarios que requieren ser seleccionados.
• Identificar el tipo de selección requerido para cada posición de voluntario.
• Identificar el alcance y las fuentes para realizar las verificaciones de antecedentes.
• Identificar las ofensas o hallazgos que descalificarían a un aplicante o un voluntario vigente.
• Indique los honorarios que conlleva la selección y la responsabilidad del voluntario por la totalidad o parte de los honorarios.
• Identificar la frecuencia de la verificación de antecedentes penales".[9]

"Uno de los propósitos clave de la selección del personal es demostrar que la organización y sus líderes han demostrado una debida diligencia razonable al colocar a las personas en puestos de confianza. Debido a que las reclamaciones y demandas por abusos sexuales y físicos suelen surgir muchos años, o incluso décadas después de que ocurrieron los supuestos incidentes, la única forma en que las organizaciones pueden defenderse eficazmente en una demanda futura es mediante documentación. ¡Por lo tanto, estos registros se deben guardar de forma permanente!"[10] Asegúrese de que la persona responsable de la protección de la información personal o un miembro del equipo de Plan para Proteger™ esté designado para supervisar la seguridad de los documentos.

"Después de determinar la posición más eficaz de cada candidato, las organizaciones deben comunicarse con el repositorio de antecedentes penales del estado para averiguar si la organización es una 'entidad calificada' elegible para el acceso bajo la Ley de Voluntarios para Niños. Luego, si corresponde, la organización puede seleccionar una empresa de verificación comercial en lugar de o para complementar una verificación de antecedentes penales realizada a través de los canales oficiales".[11]

8 "Volunteer Background Checks: Giving Back Without Giving Up on Privacy," Privacy Rights Clearinghouse, Last modified March 2016, https://www.privacyrights.org/volunteer-background-checks-without-giving-up-privacy.
9 Ibid.
10 Hall, *Abuse Prevention Newsletter*, 6-7.
11 "Volunteer Background Checks," Privacy Rights Clearinghouse.

Política

1. El personal para la selección del personal designado llevará a cabo la verificación de referencias de todo el posible candidato para personal de trabajo o voluntario para el ministerio. (Apéndice 6).

- El posible candidato para el ministerio debe firmar una liberación de responsabilidad antes de que se realicen las verificaciones de referencia.[12]
- Asegúrese de que las referencias proporcionadas se ajusten dentro de las categorías aceptables para adultos y para jóvenes que trabajan con niños.
- Las verificaciones de referencia se realizan por teléfono para confirmar las capacidades y experiencia para decidir el puesto del posible candidato para personal/ voluntario para el ministerio.

D. Verificación de Referencias

Plan

○ Una persona ha sido designada para llevar a cabo vía telefónica la verificación de referencias (Apéndice 6).

○ Se han tomado notas en todas las referencias, y están fechadas y firmadas.

○ Se identificaron las respuestas que son una alerta roja.

○ Se han hecho planes para guardar las verificaciones de referencia en un archivo de forma permanentemente.

protección

En el formulario de aplicación, el personal del ministerio prospectivo debe proporcionar tres referencias y firmar una liberación de responsabilidad antes de que se realicen las verificaciones de referencia. Anime a las personas a dar "... referencias provenientes de una amplia gama de personas que conocen al solicitante desde hace muchos años y en diferentes entornos: personal, educativo y profesional".[13] "Si está disponible, las mejores referencias provienen de otras iglesias u organizaciones de beneficencia donde el solicitante ha trabajado con menores".[14]

Para los líderes adultos, las referencias no pueden venir de parientes. Sin embargo, pueden obtenerse de un pastor, jefe, amigo cercano o maestro. Los líderes estudiantiles que trabajan con niños pueden tener referencias de familiares, pero también deben incluir referencias de su pastor de jóvenes, jefe o maestro.

---

[12] Cobble, Hammar, and Klipowicz, *Reducing the Risk II*, 21.
[13] Drew Crislip, "Walking a Legal Tightrope with Screening and Training," Children's Ministry Magazine, February 8, 2011, http://childrensministry.com/articles/walking-a-legal-tightrope-with-screening-and-training/.
[14] Cobble, Hammar, and Klipowicz, *Reducing the Risk II*, 21.

Protección continuación...

Al menos dos de las referencias deben ser contactadas por teléfono. Deben mantenerse registros de todas las llamadas realizadas, las fechas de las mismas y un resumen de los comentarios de la referencia. Todas las verificaciones de referencia serán confidenciales. La persona que realizará las llamadas verificará los hábitos de trabajo, las cualidades morales y el carácter general de la persona al interactuar con niños y jóvenes. La persona que llama debe preguntar específicamente si hay alguna razón o causa por la que esta persona no deba quedarse sola para cuidar a un niño, un joven o una persona vulnerable.

Se ha sugerido que se utilicen formularios y cartas de referencia para verificar la información. Sin embargo, los asesores legales nos advierten que estas referencias podrían ser negociadas o preparadas por el posible candidato para el ministerio con la persona que proporciona la referencia, quien simplemente firma la carta. Por esta razón, es preferible que las verificaciones de referencia se realicen por vía telefónica. Sin bien, para contactar a las referencias vía telefónica, es que se ha proporcionado una muestra del Formulario de Referencia del Candidato para el Ministerio. (Apéndice 7)

"El factor más importante para contribuir a la resiliencia en los niños fue una relación constante a largo plazo con un adulto o adultos significativos. "
- Dra. Virginia Patterson
- Conferencia "Ayudando a los Niños a Seguir a Jesús"

Política

1. Las entrevistas personales serán conducidas por el líder del ministerio o una persona que sea aprobada por los líderes de la iglesia. (Apéndice 8).

E. Entrevista

protección

Una entrevista personal entre los líderes de la iglesia y el posible candidato para el ministerio brinda la oportunidad de entablar un dialogo acerca del ministerio y la necesidad de las políticas de protección. "Queremos hacer un mejor trabajo para protegernos a nosotros mismos, a nuestros participantes y a otras personas involucradas en nuestro trabajo".[15]

Utilizando el formulario para la entrevista del personal para el ministerio (Apéndice 8), pida a los candidatos que describan su viaje espiritual, sus dones, habilidades, deseos para el ministerio y aclaren las descripciones específicas del trabajo. El entrevistador aprovechará ese momento para "... estar alerta sobre inconsistencias de datos, discrepancias de cronología, ... y cualquier caso penal o civil que esté pendiente o sea del pasado. Se debe prestar especial atención a los candidatos que recientemente asisten o que son nuevos miembros".[16]

Tenga en cuenta que, de acuerdo con el Seminario Anual de la Ley de Beneficencia para la Iglesia de 2006, las entrevistas se deben realizar en persona. "No se deben hacer excepciones para ningún empleado o voluntario, independientemente de su posición o antigüedad con la organización sin fines de lucro".[17]

Se tomarán notas durante la entrevista y se fechará y firmarán. Las recomendaciones o inquietudes se transmitirán al equipo de Plan para Proteger™ o a los líderes del ministerio.

plan

○ Se ha designado a la persona que realizará las entrevistas.

○ Se han realizado todas las entrevistas personales con los posibles candidatos para el ministerio (Apéndice 8).

---

[15] Volunteer Canada, "Have You Risk-Proofed Your Operations?" 1.

[16] Zarra, *It Should Never Happen Here*, 54.

[17] D. Ann Walters and Mervyn F. White, "Child Abuse Policies - A Proactive Approach," (paper presented at the Annual Church and Charity Law Seminar, Toronto, Ontario, November 8, 2006).

Plan Continuación...

○ Se tomaron notas durante todas las entrevistas, están fechadas y firmadas.

○ Se han hecho planes para guardar en archivos permanentes las notas de las entrevistas.

○ Se identificaron respuestas de alerta roja a través de las preguntas de la entrevista.

Política

F. Verificación de Antecedentes Penales

1. El líder del ministerio debe identificar los procedimientos estatales y locales para la verificación de antecedentes penales.

2. Se deben realizar verificaciones de antecedentes penales a todo el personal del ministerio que está al servicio de los niños o jóvenes.

- Las verificaciones de antecedentes penales se renovarán cada tres años.
- Se deben realizar verificaciones de antecedentes penales a todo el personal del ministerio de dieciséis años en adelante. Estos deberán ser archivados y guardarse permanentemente.

3. Si el posible candidato para el ministerio ha tenido un historial con la agencia de bienestar infantil, los líderes de la iglesia pueden solicitar una firma de consentimiento para solicitar una verificación de registros de bienestar infantil.

plan

○ Se han identificado y empleado las prácticas de detección más completas.

○ Se han hecho planes para que cada tres (3) años se actualicen las verificaciones de antecedentes penales de todo el personal del ministerio de 16 años de edad en adelante.

○ Asegúrese de que cualquier historial previo con las agencias de bienestar infantil se haya identificado a través del proceso de selección.

○ Se han hecho planes para archivar y guardar permanentemente todas las verificaciones de antecedentes penales.

Protección

"La solicitud de consentimiento para una [verificación de antecedentes penales] no significa que la organización no confía en usted o de que tenga inquietudes sobre usted. Significa que el puesto que está solicitando se considera de alto riesgo y la organización lo está manejando de forma apropiada … [La verificación de antecedentes penales] señalan, de manera muy pública, que la organización se preocupa por la seguridad de sus clientes".[18]

"… Las [verificaciones de antecedentes] penales cumplen dos roles críticos y necesarios en cualquier plan efectivo de prevención de abuso al:

1. Identificar a aquellos que no son aptos para un puesto de confianza en virtud de la naturaleza de sus condenas penales pasadas y levantado 'alertas rojas' en las personas que se niegan a someterse a una verificación.

2. Demostrar la debida diligencia por parte de la organización y sus líderes, haciendo así posible una defensa legal en el caso de un reclamo por abuso y una demanda por daños civiles".[19]

Hay varias opciones para realizar las verificaciones de antecedentes penales. Algunas agencias requieren que ellos mismos, el empleado o voluntario, soliciten sus verificaciones. Contratar a un proveedor de servicios externo puede ser una manera más fácil y rentable de adquirir las verificaciones de antecedentes penales. Platique con su abogado y compañía de seguros para explorar qué opción es la más completa. Si planea llevar a cabo las verificaciones de antecedentes penales para todo posible candidato para el ministerio, debe obtener de antemano su consentimiento por escrito.

• Departamentos de policía a nivel local, estatal y de condado, oficina del alguacil y agencias estatales y federales para las verificaciones de registros;

• Verificación de registros de la policía estatal, policía de caminos, patrulleros y agencia correccionales;

• Registros a nivel de registros estatales y locales para delincuentes sexuales;

• Registros interestatales federales, que enumeren la "hoja de antecedentes penales" en todo el estado, incluyendo la información de arresto y las acciones judiciales posteriores.

• Un rastreo del número de Seguro Social revelará los nombres, alias y direcciones anteriores de una persona, a partir de la cual se realiza una verificación de antecedentes penales del país y estado por cada dirección durante los últimos siete años;

• El FBI mantiene un Sistema Automatizado de Huellas Dactilares integrado y cuenta con más de cuarenta y siete millones de entradas en su base de datos;

• El Sistema de Índice de ADN Combinado almacena información de ADN tanto para los delincuentes condenados como de ADN no identificado que se encuentre en las escenas del crimen en los cincuenta estados;

• El FBI también mantiene la base de datos oficial nacional de antecedentes penales a través del Centro Nacional de Información Criminal, aunque esta base de datos no es accesible para el sector privado.

"Las [verificaciones de antecedentes] penales, la detección del sector vulnerable y del registro de abuso infantil tienen sus limitaciones".[20] Los depredadores y los agresores sexuales de niños continúan pasando desapercibidos y pueden convertirse en agresores reincidentes en diferentes estados y regiones. En 2009, se introdujo la Ley de Mejoramiento para la Protección Infantil y fue reintroducida en 2013. Si este proyecto de ley finalmente se convierte en ley, modificará la Ley de Protección Infantil de 1993 a:

1. Establecer políticas y procedimientos para un programa de verificación nacional de antecedentes penales para organizaciones que sirven a los niños;

---

[18] Volunteer Canada, "Taking the First Step," 5.

[19] Hall, *Abuse Prevention Newsletter*, 6-7.

[20] Ibid, 6.

Protección   continuación ...

2. Ayudar a dichas organizaciones a obtener acceso a las verificaciones de antecedentes nacionales;
3. Establecer procedimientos para asegurar la precisión de las verificaciones de antecedentes penales;
4. Identificar a las personas condenadas por delitos menores o delitos graves que involucren a niños;
5. Recopilar datos demográficos relacionados con personas y organizaciones cubiertas por esta Ley y presentar informes al Congreso sobre dichos datos.

La Ley de Mejoramiento para la Protección Infantil se ha leído dos veces y se ha remitido al Comité del Poder Judicial. Esta ley daría grandes pasos para la protección de la niñez y permitiría que organizaciones al servicio infantil a prevenir el abuso, sus actividades y programas de una mejor manera. Hasta que se implemente un plan nacional más completo para la verificación de antecedentes penales, le animamos a ser especialmente diligentes en la realización de verificaciones detalladas de referencia y entrevistas personales.

Para obtener una visión completa e integral de los posibles candidatos, se deben realizar verificaciones de antecedentes penales cada tres años para las personas de dieciséis años en adelante que ocupen puestos de confianza. Se lo considera necesario, puede pedir permiso para solicitar una verificación a las agencias de bienestar infantil. Se deben realizar verificaciones de antecedentes penales para todo el personal remunerado, los miembros de la mesa directiva y a todo el personal del ministerio que presta sus servicios en puestos de confianza. Todos los puestos que impliquen contacto con los niños o en los que los niños consideren que las personas ocupan un puesto de confianza deben ser seleccionados. Es preferible mantener documentos originales en el archivo. Sin embargo, si el posible candidato para el ministerio proporciona una fotocopia de la verificación de antecedentes, los líderes del ministerio deben ver el original, firmar y fechar la copia de la verificación de antecedentes penales.

¿Qué se debe hacer si una verificación de antecedentes penales muestra que el posible candidato ha sido acusado o condenado por abuso infantil? Incluido en "Calificaciones para Trabajar con Niños y Jóvenes", nuestra política establece que las personas que han sido acusadas, condenadas, sospechosas de delitos contra niños o jóvenes, o que han sido condenados por delitos violentos u otros delitos relevantes no tendrán ninguna participación en programas y ministerios donde se involucren a niños o jóvenes.

Hay un costo involucrado en la búsqueda de este tipo de protección. Lleva tiempo y, en algunos casos, recursos financieros. Los costos y los métodos de pago varían ampliamente. Algunas agencias estatales y locales hacen este servicio gratuito para las organizaciones sin fines de lucro. Otras agencias requieren que las personas realicen sus propias verificaciones de antecedentes penales, quienes luego envían la información a sus iglesias. Los costos varían tanto como los métodos por los cuales las iglesias pagan por este servicio. Algunas iglesias han empezado a incluir este costo en sus presupuestos. Otras iglesias piden al posible candidato para el ministerio que cubra este gasto, mientras que otras proporcionan recibos de impuestos a quienes lo soliciten.

"Plan para Proteger™ no se trata de que nosotros no confiemos en nuestra gente . . . se trata más bien de que nuestra comunidad confíe en nosotros". Pastor Andrew Holm

Política

1. La educación y capacitación sobre la prevención de abuso es requerida para todo el personal del ministerio que presta sus servicios a niños y jóvenes y debe ser completado antes de la colocación en el ministerio.

2. Se debe tomar la asistencia de la capacitación y se debe anotar en el archivo personal de cada individuo.

G. Capacitación Plan Para Proteger™

protección

El personal del ministerio que trabaja con niños y jóvenes debe estar capacitado y equipado para comprender el ministerio y los problemas que pueden enfrentar. El proceso de selección y entrenamiento debe incluir la instrucción sobre seguridad y prevención de abuso infantil. "La selección no termina una vez que el voluntario toma su posición. Las sesiones de Orientación y Capacitación ofrecen a los voluntarios la oportunidad de observar un entorno diferente. Estas sesiones también les permiten a las organizaciones informar a los voluntarios sobre políticas y procedimientos".[21]

Se ha proporcionado un esquema para la capacitación de Plan para Proteger™ para su uso junto con un esquema separado para capacitar a los jóvenes que trabajan con niños. El esquema de la capacitación inicial se puede presentar en una sesión de dos horas. Los cursos de actualización se llevarán a cabo anualmente, revisando las políticas y anotando cualquier cambio que haya ocurrido en las políticas o procedimientos.

plan

○ El personal de Capacitación ha sido designado y equipado

○ Tanto la capacitación y los cursos de actualización de Plan para Proteger™ se han puesto a su disposición anualmente

---

[21] Volunteer Canada, "Have You Risk-Proofed Your Operation?" 2.

Plan continuación ...

○ Las fechas de las capacitaiones y el lugar donde serán se han anunciado.

○ Se han hecho planes para que la asistencia de los cursos de capacitación y para registrar la asistencia en los archivos del personal del ministerio, y que se guardarán permanentemente.

Política

1. Todo el personal del ministerio debe ser aprobado por los líderes de la iglesia al completar el proceso de selección y reclutamiento.
   • La aprobación debe estar firmada y fechada.
2. El proceso de selección y reclutamiento debe completarse dentro de un período de tres meses.
   • Los trabajadores que no completaron el proceso de selección y reclutamiento no serán puestos en puestos de confianza.
   • El acceso a los niños será limitado hasta que reciba la aprobación final.

H. Proceso de Aprobación

protección

El personal del ministerio debe recibir la aprobación final de los líderes de la iglesia y del equipo Plan para Proteger™. Los registros de aprobación deberán ser firmados, fechados y guardados en el archivo individual de cada personal del ministerio. El personal para el ministerio aprobado deberá de haber: llenado por completo el Formulario de Aplicación para el Ministerio, cumplido con el período de espera de seis meses, firmado de aceptación y comprensión de la declaración de fe de la denominación, tenido una entrevista personal, enviado referencias para su verificación, completado la verificación de antecedentes penales, completado la sesión de la capacitación de orientación y recibido la aprobación final de los líderes de la iglesia y del equipo Plan para Proteger™.

Aquellas personas que están prestando servicio pero que aún no han completado el proceso de selección y reclutamiento deberán presentar y completar todos los requisitos dentro de un período de tres meses. Mientras tanto, no pueden tener acceso a los niños y no se los colocará en un puesto de confianza. Si se requiere su servicio, serán colocados en áreas ministeriales junto con personal del ministerio que ya ha sido aprobado. Solo el personal aprobado para el ministerio podrá acompañar los niños al baño o asumirá la responsabilidad de su cuidado.

plan

○ Se han actualizado los registros individuales del proceso de selección y reclutamiento.

○ No se han colocado en puestos de confianza aquellos trabajadores que no han completado el proceso de selección y reclutamiento.

Plan   continuación ...

◯ Los posibles candidatos para el ministerio han sido colocados en aulas junto con el personal ministerial aprobado.

◯ El líder del ministerio ha presentado los nombres a los líderes de la iglesia para la firma y fecha de su aprobación final.

Guías para la Capacitación

- Presentaciones para la Mesa Directiva
- Guía para la Capacitación:
  Adultos Trabajando con Niños
- Guía para la Capacitación:
  Jóvenes Trabajando con Niños
- Folletos de la Capacitación

PLAN PARA PROTEGER™
Módulos de la Capacitación

Los siguientes módulos de esta capacitación han sido diseñados para satisfacer las necesidades de su capacitación.

CURSOS CON CERTIFICACIÓN (Dia Completo) esté atento para los próximos eventos en www.plantoProteger.com donde se ofrecen seminarios web en vivo y en las principales ciudades de Norteamérica.

- Entrenando al Entrenador – Certificación de Entrenamiento para los capacitadores de Plan para Proteger™

- Administrador/Entrenamiento de Líderes – Certificado de Entrenamiento para aquellos que son designados a ser los Líderes y Administradores de Plan para Proteger™

MÓDULOS DE LA CAPACITACIÓN DE ORIENTACIÓN (ENTRENAMIENTO DE DOS A TRES HORAS) esté atento para los próximos eventos en www.plantoProteger.com donde se ofrecen capacitaciones a domicilio, o como seminarios web en vivo. Esta Capacitación también se ofrece en Español, para mayores informes escribenos a: info@plantoprotect.com

- Responsabilidad Moral/Espiritual.
  - Normas de las Compañías de Seguro.
  - Requerimientos Legales.
  - Concientización del Abuso (Tipos de abuso, definiciones, reconocimiento de abuso).
  - Terminología Clave (por ejemplo: Debida Diligencia / Personal Seleccionado / Observador Ocasional).
  - Estudios de Caso / Presentación de Video -- ¿Porqué estamos en riesgo?
  - Procedimientos de Protección Infantil.
  - Procedimientos de Protección Juvenil.
  - Denuncia y Respuesta.
  - Paseo por las instalaciones (opcional pero recomendado).

MÓDULOS DEL CURSO DE ACTUALIZACIÓN (Aproximadamente UNA HORA) esté atento para los próximos eventos en www.plantoProteger.com donde se ofrecen capacitaciones a domicilio, o como seminarios web en vivo. Esta Capacitación también se ofrece en Español, para mayores informes escribenos a: info@plantoprotect.com

- Responsabilidad Moral/Espiritual.
- Recordatorio de las Normas de las Compañías de Seguro y los Requisitos Legales.
- Concientización del Abuso (Tipos de abuso, definiciones, reconocimiento de abuso).
- Terminología Clave (por ejemplo: Debida Diligencia / Personal Seleccionado / Observador Ocasional).
- Revisión de los Procedimientos de Protección Infantil y Juvenil (es mejor hacerlo por departamentos, es decir, Infantil o Juvenil).
- Denuncia y Respuesta.

CAPACITACIÓN DE ORIENTACIÓN EN LÍNEA AUTOGUIADA (Aproximadamente DOS HORAS) disponible a través de www.plantoProteger.com

- Incluye 12 módulos de Capacitación para la Orientación, diseñados para quienes trabajan con niños, jóvenes o ambos.
- Oportunidad para completarlo a conveniencia del alumno, desde su hogar, escuela o trabajo.
- Los módulos pueden ser señalados con el marcador de libros, pero deben completarse dentro de treinta días.
- Al completar con éxito el individuo recibirá un certificado.
- Una vez que haya sido completado con éxito, el supervisor recibirá un correo electrónico con su confirmación.

CURSO DE ACTUALIZACION EN LÍNEA AUTOGUIADA (Aproximadamente UNA HORA) disponible a través de www.plantoProteger.com

- Incluye seis módulos de Capacitación para la Orientación, diseñados para quienes trabajan con niños, jóvenes o ambos.
- Oportunidad para completarlo a conveniencia del alumno, desde su hogar, escuela o trabajo.
- Los módulos pueden ser señalados con el marcador de libros, pero deben completarse dentro de treinta días.
- Al completar con éxito el individuo recibirá un certificado.
- Una vez que haya sido completado con éxito, el supervisor recibirá un correo electrónico con su confirmación.

POR QUÉ CAPACITACIÓN EN-LÍNEA: En nuestra sociedad basada en el conocimiento y moviéndose a alta velocidad, el aprendizaje en línea se está convirtiendo en un método emocionante y alternativo para muchas personas. Los estudios de investigación demuestran que el aprendizaje autoguiado es efectivo y preferido por los estudiantes que se capacitan para la prevención del abuso infantil. Plan para Proteger™ se complace en proveer Capacitación En-Línea de Plan para Proteger™.[1]

"El abuso infantil ya no es un secreto. Gracias a la educación preventiva y de concientización, los cambios en el código penal y escrutinio público general, es que hoy en día el público sabe que el abuso infantil puede ocurrir y ocurre en todas partes de la sociedad. Sacar a la luz pública el problema es un buen primer paso para poner fin al abuso y proteger a los niños y jóvenes. Cada año, miles de niños en Canadá son víctimas de abuso. Uno de cada ocho niños será víctima de algún tipo de abuso antes de cumplir los catorce años. Por lo tanto, es muy probable que los adultos que trabajan con niños se encuentren con una víctima. Conocer las señas y síntomas del abuso infantil puede ayudar a la persona que trabaja con niños para ayudar a prevenir más abusos".[2]

Las compañías de seguros ahora requieren ambos, capacitación para la orientación como cursos anuales de actualización para poder calificar para la cobertura de abuso. Nuestra encuesta refleja que el 75% de los encuestados tiene dificultades para que esto suceda. La capacitación en-línea de Plan para Proteger™ se puede completar a conveniencia del alumno, desde su propio hogar, trabajo, biblioteca o escuela.

ASÍ FUNCIONA:

Capacitación para la Orientación: Diseñado para aquellos que trabajan con niños, jóvenes o ambos.

Curso de Actualización: Diseñado para aquellos que trabajan con niños, jóvenes y ambos.

Módulo de Liderazgo: Para aquellos que no trabajan directamente con niños o jóvenes.

Módulo para Misioneros: Para aquellos que trabajan en entornos internacionales/globales como un complemento opcional. Los módulos están personalizados para los estudiantes que trabaja con niños, jóvenes o ambos, para que puedan:

→ Comprenda las definiciones necesarias de abuso;
→ Identificar los señas y síntomas de una víctima que podría estar siendo abusada;
→ Saber cómo responder y denunciar acusaciones y sospechas de abuso;
→ Administrar y evaluar el riesgo;
→ Cumplir con las normas de seguridad requeridas para que una persona seleccionada trabaje con niños y jóvenes; y
→ Adoptar los procedimientos y las políticas necesarias para proteger a los niños, jóvenes y a las organizaciones;
La capacitación está diseñada para que el voluntario/personal de trabajado tenga éxito mientras adquiere los conceptos requeridos.

→ Se otorga un periodo de treinta días para completar todos los módulos con éxito;
→ Los módulos se pueden completar uno a la vez, y pueden marcalos con un marcador de libro electrónico para mayor comodidad
→ Los estudiantes permanecen en el módulo hasta que un 60% pase para garantizar que el material sea asimilado;
→ Al final de cada módulo hay un estudio de caso con seis preguntas. Esto ayudará a los estudiantes a aplicar los principios en contexto. Las preguntas no son difíciles, pero requerirán concentración y comprensión de los materiales; y
→ Se emitirá un certificado cuando el alumno logre un promedio general del 80% en los módulos. Se enviará mensualmente un correo electrónico al líder del programa informando el estado de los estudiantes inscritos en el programa.

Tiempo estimado de finalización: Aprox. 15-18 minutos por módulo
Costo: Capacitación para la Orientación – $35 por persona.   **Curso de Actualización – $30 por persona.**
*Paquetes de descuentos disponibles. Se aplican descuentos para miembros.

Se recomienda a las organizaciones, asociaciones e iglesias interesadas en establecer una cuenta de cliente con Plan para Proteger™ que soliciten información a info@plantoProteger.com o al 1-877-455-3555.
¿Prefiere recibir la capacitación en persona y a domicilio? Póngase en contacto con Plan para Proteger™ para discutir estas opciones de capacitación a domicilio y en persona.

---

[1] Lori Leech, "Evaluating Learning Outcomes in an Online Abuse Prevention Training Program," (2002), http://naweb.unb.ca/proceedings/2002/P8Leach.htm
[2] Ibid.

Presentación para la Mesa Directiva

A medida que avance hacia la implementación de Plan para Proteger™ en su iglesia, es muy importante asegurarse de que los líderes de la iglesia estén informados sobre la importancia de este plan, y que lo respalden plenamente.

La siguiente presentación para la mesa directiva le ayudará a mostrar la importancia de desarrollar un plan para la protección de las personas vulnerables en la iglesia.

A. ¿Por qué necesitamos Plan para Proteger™ en nuestra Iglesia?

En Plan para Proteger™ la certificación de Entrenando al Entrenador, los capacitadores reciben una excelente capacitación sobre la concientización acerca del abuso que los ayudará a asegurar la aceptación de los miembros de la Mesa Directiva y los Líderes. Además, en nuestro sitio web tenemos grabado un seminario web que es gratuito y que se puede compartir con los miembros de la Mesa Directiva. Visite www.plantoProteger.com.

• Mandato Bíblico
"Pero, si alguien hace pecar a uno de estos pequeños que creen en mí, más le valdría que le colgaran al cuello una gran piedra de molino y lo hundieran en lo profundo del mar". (Mateo 18:6 NVI)

"Empezaron a llevarle niños a Jesús para que los tocara, pero los discípulos reprendían a quienes los llevaban. Cuando Jesús se dio cuenta, se indignó y les dijo: «Dejen que los niños vengan a mí, y no se lo impidan, porque el reino de Dios es de quienes son como ellos. Les aseguro que el que no reciba el reino de Dios como un niño de ninguna manera entrará en él». Y después de abrazarlos, los bendecía poniendo las manos sobre ellos". (Marcos 10:13 – 16 NVI)

"eviten toda clase de mal". (I Tesalonicenses 5:22 NVI)

"Entre ustedes ni siquiera debe mencionarse la inmoralidad sexual, ni ninguna clase de impureza o de avaricia, porque eso no es propio del pueblo santo de Dios". (Efesios 5:3 NVI)

"Hermanos, si alguien es sorprendido en pecado, ustedes que son espirituales deben restaurarlo con una actitud humilde. Pero cuídese cada uno, porque también puede ser tentado. Ayúdense unos a otros a llevar sus cargas, y así cumplirán la ley de Cristo".   (Gálatas 6:1 – 2 NIV)

• Obligación Moral

"Los líderes de la iglesia local tienen la obligación espiritual, moral y legal de proporcionar un entorno seguro para los niños, jóvenes y voluntarios que participan en los ministerios de la iglesia. El abuso infantil es un delito penal, así como una violación de la conciencia y dignidad humana. Es una violación de la ley moral de Dios dentro del contexto de confianza de la relación. El trauma emocional, físico y espiritual de las víctimas, las consecuencias destructivas para los abusadores y los efectos devastadores sobre la credibilidad del ministerio de la iglesia y el nombre de Cristo hacen que sea esencial que la iglesia tome todas las medidas apropiadas para ayudar a prevenir el abuso".[1]

• Ramificaciones Legales

Las responsabilidades legales de una iglesia pueden ser enormes. La propiedad de la iglesia y la de los líderes pueden ponerse en peligro. Los líderes de la iglesia pueden ser considerados personalmente responsables, tanto civiles como penales, por las acciones de los perpetradores si fueron negligentes al proporcionar un plan de seguridad para los niños en su iglesia. Un programa de prevención puede reducir el riesgo a través de procedimientos relativamente simples.[2]

"Cada vez más, los tribunales están responsabilizando a las organizaciones de beneficencia y sin fines de lucro por las acciones de sus voluntarios. Si su organización ha creado o permitido una situación que resulta en daños, puede ser considerado responsable."[3]

• Requisitos para los Seguros. "A la luz de los recientes escándalos de la iglesia, templo, y las mezquitas, muchos compañías de seguros han limitado o excluido por completo la cobertura de los abusos sexuales y acoso sexual, así como la responsabilidad civil profesional".[4] "Muchas compañías de seguros han excluido el abuso a menores en sus coberturas, o si los cubren, las cantidades por daños y perjuicios son muy inferiores a las que pueden ser otorgadas por un tribunal".[5]

• El Por qué la Iglesia es un Blanco

"Las iglesias son un blanco perfecto para los depredadores sexuales. Tienen un gran número de niños; una escasez de trabajadores dispuestos, y una cultura de confianza que asume que ningún cristiano podría ser sospechoso de tal explotación."[6]

Las iglesias pueden ser lugares vulnerables porque son esferas naturales de confianza, a menudo carecen del proceso de selecciones necesario para los voluntarios y brindan la oportunidad de que los depredadores estén en contacto con los niños.[7]

Por esta razón, es esencial que la iglesia desarrolle "... políticas y procedimientos claros que sirvan para proteger no solo a los niños y jóvenes, sino también a aquellos que trabajan con ellos y la iglesia en general".[8]

---

[1] David Freeman, "Letter to Pastors".
[2] McCormick and Mitchell, "Preventing Child Abuse".
[3] Ibid.
[4] Lipton, "Church Insurance".
[5] Parker et al., *Safe Place*, 10.
[6] Harvey, "Cleaning Up our Churches from Sexual Abuse".
[7] McCormick and Mitchell, "Preventing Child Abuse".
[8] Ibid.

Las iglesias tienen características que las hacen únicas y susceptibles a los casos de abuso infantil.

1. Confianza. Las iglesias tienden a ser instituciones confiadas y desprevenidas. Incluso si se sospecha de una conducta inapropiada, los líderes de la iglesia pueden ignorar la evidencia en lugar de cuestionar las acciones o motivos de un miembro de la iglesia.

2. Necesidad. Los ministerios de niños y jóvenes siempre necesitan trabajadores dispuestos y, a menudo, tienen una alta rotación. El reclutamiento puede ser un proceso interminable.

3. Falta de Selección. Algunas iglesias no hacen nada para seleccionar a los trabajadores, por lo tanto, permiten que completos extraños trabajen con sus jóvenes o niños.

4. Oportunidad. Las iglesias ofrecen amplias oportunidades de contacto personal estrecho y sin supervisión con los niños y jóvenes.

5. Acceso. Los abusadores de menores se sienten atraídos por una institución en la que tienen acceso inmediato a las víctimas potenciales en un ambiente de total confianza: la iglesia.[9]

B. El Siguiente Paso

- **El Plan de Implementación**
  Desarrolla el plan de implementación de tu iglesia e incluye los pasos que darás en este punto de la presentación. Revisa esto con los líderes de la iglesia y solicita su apoyo.

---

[9] Cobble, Hammer, and Klipowicz 2003, *Reducing the Risk*
II, 14.

Guía para la Capacitación:
Adultos trabajando con niños

¿Por qué Capacitarse?

Capacitar a sus líderes es absolutamente primordial para crear un entorno seguro para los niños que están bajo su cuidado. La capacitación debe incluir a todo el personal del ministerio, independientemente de la posición, el título o antigüedad. Todo el personal del ministerio que ha sido seleccionado y aprobado debe recibir capacitación antes de ser colocado en un puesto ministerial. La calidad de la capacitación antes de la participación en el ministerio contribuirá en gran medida a establecer un lugar seguro para los niños y el personal del ministerio por igual. La capacitación debe hacerse anualmente. Además, la capacitación en protección infantil es un requisito por parte de las agencias de seguros que brindan cobertura para las iglesias.

Para aprovechar al máximo la sesión de la capacitación, recomendamos que sus capacitadores asistan primero a nuestro Curso con Certificación de Entrenando del Entrenador. Durante este día de entrenamiento, los capacitadores serán equipados con presentaciones dePowerPoints, notas del instructor y notas para el estudiante, así como métodos creativos para el entrenamiento. Las presentaciones de PowerPoint proporcionadas en Entrenando al Entrenador pueden ser modificados para reflejar específicamente las políticas de la familia de la Iglesia y sus instalaciones.

Recomendamos que su capacitación incluya los siguientes componentes:

Capacitación para la Orientación
(capacitación de 2 a 3 horas)
Concientización de abuso
Definiciones de abuso
Indicadores físicos y de comportamiento de cada tipo de abuso
Normas de las compañías de seguro
Requerimientos legales
Protocolos para la denuncia y respuesta
Identificando áreas de riesgo
Principios para mitigar el riesgo
Procedimientos de protección
Paseo por las instalaciones
Revisión de la documentación

Curso de Actualización
(capacitación de 45 min. a 1 hora)
Definiciones de abuso
Indicadores físicos y de comportamiento de cada tipo de abuso
Requerimientos legales
Protocolos para la denuncia y respuesta
Principios para mitigar el riesgo
Procedimientos de protección
Cambios a la política

Le sugerimos la siguiente guía para la sesión de capacitación. Cada líder puede adaptar la información para satisfacer las necesidades de los líderes en el contexto de su iglesia local. Sin embargo, sugerimos que, aunque el método de entrega puede variar, el contenido incluido deberá ser cubierto.

A. La Necesidad de Seguridad

• ¡Salvaguardias!

Divida a los miembros de su ministerio en grupos de tres a cinco personas. Dé a cada grupo uno de los siguientes temas: deportes (fútbol, baloncesto, hockey), viajes (automóvil, autobús, avión), lugar de trabajo (fábrica, oficina, almacén), hogar (cocina, garaje, taller, patio). Dé a cada grupo cinco minutos para crear una lista de los problemas de seguridad que deban abordarse en cada una de estas áreas. Después del tiempo asignado, haga que un miembro del grupo informe al resto de los participantes, los hallazgos del grupo. Resalte el hecho de que, así como se requieren precauciones de seguridad específicas para garantizar la seguridad en estos entornos, la iglesia, también tiene el cuidado de implementar políticas que proporcionen un entorno seguro para todos los ministerios de nuestra iglesia.[10]

• Deletreando Plan para Proteger - Folleto 'A'
En estos mismos grupos, entregue el Folleto 'A' con las letras de Plan para Proteger™ enumeradas al costado (Folleto 'A' - página 70). Pídales a los grupos que trabajen juntos y use las letras de Plan para Proteger™ para crear un acróstico con palabras que sean características de un entorno seguro. Pídales a algunos de los grupos que presenten sus acrósticos al resto de los alumnos. [11]

B. El Plan de Dios para la Seguridad

El planear para proteger a los niños a su cuidado no es solo una 'buena idea.' Es la responsabilidad moral de la iglesia, ya que representa a Jesucristo para el mundo y busca proporcionar un ambiente seguro y enriquecedor en el que las personas puedan ser traídas al Salvador y madurar hasta convertirse en discípulos sanos de Cristo.

Descubramos qué dicen las Escrituras sobre la responsabilidad de la iglesia de proporcionar este ambiente seguro.

• Buscando las Escrituras - Hoja de trabajo 'B'

Imprime los siguientes versículos de las Escrituras y entréguelos a las personas. También puede simplemente distribuir las referencias Bíblicas y proporcionar Biblias para que las personas busquen los versículos y los lean en voz alta (Folleto 'B' - página 71).

---

[10] Parker et al., *Safe Place*, 2
[11] Ibid.

C. Un Plan de Seguridad

• Actividad de Números al Azar - Folleto 'C' y 'D'

Copie "Actividad de Números al Azar - Hoja 1" y "Actividad de Números al Azar - Hoja 2" para cada alumno (Folletos "C" y "D" - páginas 72 y 73). Usando la Hoja 1, dé a los participantes de la clase 45 segundos para ver qué tan lejos llegan en el sistema de numeración. Indíque que busquen y hagan un círculo en 1, luego 2, luego 3 y así sucesivamente. Otorgue 45 segundos para completar esta actividad.

Luego, pídales que pasen a la Hoja 2. Explique que la página se puede dividir en cuatro secciones usando una línea horizontal y una línea vertical. Encontrarán un número consecutivo en cada sección mientras se mueven en círculo en el sentido de las manecillas del reloj. Dé 45 segundos para completar este ejercicio. Todos encontrarán que han mejorado con respecto la primera vez que hicieron el ejercicio.

El punto es que cuando tienes un plan, podrás realmente llegar a algún lugar. En el desarrollo del manual de Plan para Proteger™, los líderes denominacionales descubrieron que muchas iglesias no tienen un plan que proteja a sus hijos, a los jóvenes, al posible candidato para el ministerio o a su iglesia. A través de este entrenamiento, queremos darle el comienzo de un plan que pueda usarse como punto de partida para su ministerio Infantil y participantes. Esperamos que sea un plan que realmente lo ayude a llegar algún lugar.

D. ¿Cómo lo Estamos Haciendo?

• Lista de Verificación para la Evaluación de las Necesidades - Folleto 'E'

Pida a los participantes que trabajen individualmente para completar la Lista de Verificación para la Evaluación de las Necesidades y discuta los resultados (Folleto 'E' - página 74).

E. ¿Por qué Plan de Protección?

Utilice los estudios de casos de este manual para presentar la necesidad de Plan para Proteger™. Discuta los estudios de caso y las preguntas proporcionadas.

"Las normas de la comunidad han cambiado. Las iglesias ... están siendo sujetas a un estándar de cuidado más alto que en el pasado".

El objetivo es tener un Plan de Protección para asegurarse de que se implementen las medidas de seguridad adecuadas para garantizar la seguridad de los niños y el personal del ministerio que los atiende. Esto se puede lograr proporcionando una minuciosa:

- Comprensión de la necesidad de prevenir el abuso.
- Comprensión de las definiciones e indicadores de abuso.
- Comprensión de la Responsabilidad de la Iglesia:
    - La responsabilidad Espiritual y Moral de la Iglesia.
    - La responsabilidad Civil y Jurídica de la Iglesia.

F. Plan para Proteger™ de su Iglesia

• Revise las políticas del Plan para Proteger™ de su Iglesia

Cubra sus políticas personalizadas para:
- Procedimientos de Protección Infantil, y / o
- Procedimientos de Protección Juvenil
- Denuncia y Respuesta
- Proceso de Reclutamiento y formato de Aplicación

También describa el proceso de reclutamiento para el posible candidato para el ministerio que deberá ser seguido en su iglesia. Distribuya los formatos de Aplicación para el ministerio (Apéndice 3 o 4) y aproveche esta oportunidad para resaltar las secciones que puedan ser difíciles para algunos de sus participantes. Para ayuda sobre la explicación del razonamiento detrás de la Formato de la Aplicación para el Ministerio, consulte la página 40.

---

[12] Hammar, Richard R., "Your Nine Greatest Legal Risks," *Leadership Journal* (Spring 200), htto://www.christianitytoday.com/le/2000/spring/12.88a.html.

G. Y Ahora que Sabes . . . ¿Cuál es tu plan de protección?

- ¿Qué harías si ...? – Folleto "F"

Ahora que hemos revisado los detalles del plan, veamos si podemos aplicar nuestro conocimiento. Divida a sus alumnos en grupos de tres o cuatro y pídales que preparen un lugar para estos escenarios reales de la iglesia (Folleto 'F' - página 75). Pídale a un representante de cada grupo que informe sobre el plan de protección al resto de la clase y pídales que evalúen si la respuesta es apropiada.

H. El Compromiso del trabajador - Folleto 'H'

Termine su sesión de capacitación guiando a su grupo en esta lectura receptiva seguida de la Oración para los Trabajadores. (Folleto 'H' - página 78).

Guías para la Capacitación: Jóvenes que Trabajan con Niños

Los jóvenes que trabajan con niños son una parte importante de cualquier ministerio infantil. Los estudiantes de secundaria y preparatoria son enérgicos, entusiastas y son admirados por los niños más pequeños. Trabajar con niños es una oportunidad para que los jóvenes descubran y desarrollen los dones específicos y únicos que Dios les ha dado.

Los jóvenes toman Plan para Proteger™ muy en serio. En nuestra capacitación, hemos descubierto que hay algunas características y perspectivas únicas que deben tenerse en cuenta cuando capacitamos a jóvenes que trabajarán con niños. También pensamos que no es necesario brindarles a los jóvenes toda la información que les damos a los adultos que trabajan con nuestros niños. Por lo tanto, no todos los folletos serán entregados a los jóvenes.

Para los adolescentes que trabajan con niños, sugerimos que organice una sesión de capacitación de "Pizza y Plan para Proteger™" y capacítelos separados de los adultos. Las invitaciones se deben enviar a todos los jóvenes que trabajan con niños e incluya la selección de sesiones de Proteger a través de la Concientización y los Procesos de Protección Infantil. Le recomendamos que los padres sean copiados en la invitación y que se les anime a leer este material con sus hijos jóvenes antes del evento de la capacitación.

Veamos una posible guía de la sesión de la capacitación.

A los capacitadores que asistan a la Certificación de la Capacitación de Entrenamiento de Plan para Proteger™ se les proveerán presentaciones de PowerPoint, notas del instructor y notas del estudiante que entregarán en la capacitación a los jóvenes que trabajan con niños. Los PowerPoint proporcionados en Entrenando al Entrenador pueden ser modificados para reflejar específicamente las políticas de la familia de la Iglesia y sus instalaciones. Si está entrenando por su cuenta, la siguiente guía le ayudará a saber por dónde comenzar y usted puede adaptarla para cumplir con su estilo de capacitación y las necesidades específicas de su iglesia.

A. La Necesidad de Seguridad

• ¡Salvavidas!

Divida el personal de su ministerio en grupos de tres a cinco personas. Otorgue a cada grupo uno de los siguientes temas: deportes (fútbol, basquetbol, hockey), Viaje (coche, autobús, avión), Lugar de Trabajo (fábrica, oficina, almacén), Hogar (cocina, garaje, taller, patio). Dé a cada grupo cinco minutos para crear una lista de problemas de seguridad que se necesitan ser atendidos en cada una de las áreas. Después del tiempo asignado, pida a un miembro del grupo comunitario que explique los resultados al resto de los alumnos. Destaque el hecho de que, al igual que necesitan medidas de seguridad específicas para garantizar la seguridad en estos entornos, la iglesia debe ocuparse de aplicar políticas que proporcionen un entorno seguro para todos nuestros ministerios de la Iglesia.[13]

• Deletreando Plan para Proteger - Folleto 'A'

Entregue a los mismos grupos, el folleto "A" con las letras de Plan para Proteger™ listadas en el lateral (Folleto "A"-página 70). Haga que los grupos trabajen juntos y usen las letras de Plan para Proteger™ para crear un acróstico, usando palabras que caractericen un entorno seguro. Pregunte a varios de ellos que presenten sus acrósticos al resto de los estudiantes.[14]

B. El Plan de Seguridad de Dios

Planear proteger a los niños bajo su cuidado no es solo una "buena idea", es una responsabilidad moral de la iglesia ya que representa a Jesucristo ante el mundo y busca proveer un entorno seguro, enriquecedor en el que las personas puedan ser llevadas al Salvador y madurar hasta convertirse en discípulos sanos de Cristo.

¿Que nos dicen las Escrituras de la responsabilidad de proveer un entorno seguro?

• Buscando en las Escrituras - Folleto 'B'

Imprima los siguientes versículos de las Escrituras y distribúyalos a las personas conforme entren al salón. También puede simplemente distribuir las referencias bíblicas, proveyendo Biblias a cada uno de los participantes para que busquen los versos y los lean en voz alta (Folleto 'B' - página 71)

---

13. Parker et al. *Safe Place*, 2
14. Ibid.

C. Un Plan de Seguridad

• Actividad de número al azar - Folleto 'C' y 'D'

Haga una copia de la "Hoja 1 - Actividad de Número al Azar" y "Hoja 2 - Actividad de Número al Azar" para cada alumno (Folletos "C" y "D" - páginas 72 y 73). Usando la Hoja 1, dé a los participantes de la clase 45 segundos para ver hasta dónde pueden llegar en el sistema de numérico. Indíqueles que inicien por el número 1 haciendo un círculo en el, luego en el número 2, luego el 3 y así sucesivamente.

Luego, pídales que pasen a la Hoja 2. Explique que la página se puede dividir en cuatro secciones usando una línea horizontal y vertical cruzando al centro de la página. Encontrarán un número consecutivo en cada sección mientras se mueven en forma circular en el sentido de las agujas del reloj. Dé 45 segundos para completar este ejercicio. Todos notarán que han mejorado significativamente con respecto a la primera vez que hicieron el ejercicio.

El punto es que cuando tienes un plan, podrás llegar a cualquier lado. En el desarrollo del documento de Plan para Proteger™, los líderes denominacionales descubrieron que muchas iglesias no tienen un plan que proteja a sus hijos, a los jóvenes, a los voluntarios o a su iglesia. A través de esta capacitación, queremos darle el comienzo de un plan que puede usar como punto de partida para su ministerio con niños y jóvenes. Esperamos que sea un plan que realmente lo ayude a llegar a algún lado.

D. ¿Por qué Plan para Proteger?

Use los estudios de casos dentro del manual para presentar la necesidad de Plan para Proteger™. Discuta los estudios de caso y las preguntas proporcionadas.

E. "Plan para Proteger" en su Iglesia

- Revisar las políticas de Plan para Proteger™ para su iglesia

Cubre las políticas para:
- Procedimientos para la Protección Infantil, y/o,
- Procedimientos para la Protección Juvenil

F. Cuestiones Específicas para los Voluntarios Jóvenes

- Discutir los siguientes problemas con jóvenes que trabajan con niños

• Presente las definiciones de abuso, pero absténgase de entrar en detalles. Es importante en su entrenamiento ser sensible a la edad de los jóvenes, así como que sea apropiado para su edad.

• Subraye la importancia de la confidencialidad. Es muy importante que les recuerde a los jóvenes que, si tienen una preocupación,
lo platiquen con el adulto que está a cargo. Ellos no deberían discutir sus preocupaciones con sus amigos.

• Si una persona joven tiene una preocupación acerca de un niño, él o ella no deberán hacer preguntas como, por ejemplo: "¿Tu mamá te hace esto todo el tiempo?" Este es un ejemplo de una pregunta específica/limitada y que siempre es inapropiada.

• Los jóvenes tienden a ver las situaciones desde la perspectiva de la forma en que fueron criados. Los estilos de crianza utilizados por sus madres o padres son solo un estilo, no el estilo.

• Los jóvenes deben comprender que la vida no es en blanco y negro y que a veces hay áreas grises. Determinar qué es y qué no es el abuso y cuándo alguien ha cruzado la línea, es una tarea muy seria. Las preocupaciones deben ser dirigidas al adulto que está a cargo.

• La diversidad étnica y las diferencias culturales son características importantes que los jóvenes deben tener en cuenta. Las diferentes culturas tienen diferentes estándares y perspectivas sobre la crianza de los hijos.

• Recomendamos que solo los adultos acompañen a los niños al baño y sean ellos quienes cambien los pañales. Los jóvenes deben ser desanimados de asumir esta responsabilidad.

Proceso de selección y reclutamiento y formularios de Aplicaión

• Resuma el proceso de selección y reclutamiento de su iglesia para los voluntarios. Distribuya el Formulario para la Applicaión del Personal para el Ministerio para Jóvenes que Trabajan con Niños (Apéndice 4) y las Formas para la Verificaión de Antecedentes Penales para los jóvenes asistentes.

G. Ahora que sabe ... ¿Cuál es Su Plan para Proteger?

• ¿Qué harías si . . . ? - Folleto "G"

Ahora que hemos revisado los detalles del plan, veamos si podemos aplicar nuestro conocimiento. Divida a sus alumnos en grupos de tres o cuatro y pídales que creen un plan para estos escenarios de la vida real (Folleto 'G' - página 77). Pídale a un representante de cada grupo que informe sobre su plan

para proteger al resto de la clase. Haga que los demás evalúen la respuesta idónea.

H. El Compromiso del Trabajado - Folleto 'H'

Termine su sesión de capacitación guiando a su grupo en esta lectura receptiva, seguida de la Oración para los Trabajadores (Folleto 'H' - página 78).

Y él los pastoreó según la integridad de su corazón, y los guió con la destreza de sus manos. -Salmo 78:72 (LBLA)

Deletreando Seguridad
Folleto 'A'

P – _____

L – _____

A – _____

N – _____

P – _____

A – _____

R – _____

A – _____

P – _____

R – _____

O – _____

T – _____

E – _____

G – _____

E – _____

R – _____

Buscando en las Escrituras
Folleto 'B'

I Tesalonicenses 5:22 (NVI)
"Eviten todo clase de mal".

Efesios 5:3 (NVI)
"Entre ustedes ni siquiera debe mencionarse la inmoralidad sexual, ni ninguna clase de impureza o de avaricia, porque eso no es propio del pueblo santo de Dios".

Mateo 18:6 (LBLA)
"Pero al que haga tropezar[a] a uno de estos pequeñitos que creen en mí, mejor le sería que le colgaran al cuello una piedra de molino de las que mueve un asno, y que se ahogara en lo profundo del mar".

Gálatas 6:1-2 (NVI)
"Hermanos, si alguien es sorprendido en pecado, ustedes que son espirituales deben restaurarlo con una actitud humilde. Pero cuídese cada uno, porque también puede ser tentado. 2Ayúdense unos a otros a llevar sus cargas, y así cumplirán la ley de Cristo".

Mateo 19:14 (NVI)
"Jesús dijo: «Dejen que los niños vengan a mí, y no se lo impidan, porque el reino de los cielos es de quienes son como ellos»"

Santiago 3:1 (NVI)
"Hermanos míos, no pretendan muchos de ustedes ser maestros, pues, como saben, seremos juzgados con más severidad".

Hebreos 13:7 (NVI)
"Acuérdense de sus dirigentes, que les comunicaron la palabra de Dios. Consideren cuál fue el resultado de su estilo de vida, e imiten su fe".

Hoja 1 -Actividad de Número al Azar
Folleto 'C'

1 21 49 30 50 6

9 13 37 14 46

41 42 22 10

25 29 17

2 38

45 33 5 26

34 18

20 16 36 43 23

11

48 32 31 39

40

19

7

24 28 27

12 47 35

44 8 4 15 3

Hoja 2 - Actividad de Número al Azar
Folleto 'D'

1 21 49 30 50 6

9 13 37 14 46

41 10

42 22

25 29 17

2 38

45 33 5 26

34 18

20 16 36 43 23

11

48 32 31 39

40

24 28 27 7 19

12 47

35

44 8 4 15 3

Lista para la Verificación de la Evaluación de las Necesidades
Folleto "E"

La siguiente lista de verificación puede ayudarle a realizar una evaluación rápida de las necesidades de su póliza. Por favor tómese un momento y verifique que cada declaración sea verdadera para su iglesia.

Las declaraciones que se dejan sin verificar indican un área de procedimiento o política en la que su iglesia u organización puede ser vulnerable a los abusos, lo que resulta en un posible litigio si llegase a ocurrir un incidente.

☐ Actualmente seleccionamos a todos los empleados remunerados, incluyendo el clero que trabaja con jóvenes o niños.

☐ Actualmente seleccionamos a todos los trabajadores voluntarios para cualquier puesto que implique trabajar con jóvenes o niños.

☐ Hacemos una verificación de antecedentes penales para todos los empleados remunerados que trabajan con jóvenes o niños.

☐ Capacitamos a todo nuestro personal que trabaja con niños o jóvenes, tanto remunerados como voluntarios, para la comprensión de la naturaleza del abuso sexual infantil.

☐ Capacitamos a todo nuestro personal que trabaja con niños o jóvenes, tanto remunerados como voluntarios, sobre cómo llevar a cabo nuestras políticas para prevenir el abuso sexual.

☐ Tomamos en serio nuestras políticas para prevenir el abuso sexual y vemos que sean cumplidas.

☐ Nuestros trabajadores entienden las leyes estatales relacionadas con las obligaciones de reportar abuso infantil.

☐ Tenemos un procedimiento de informe claramente definido para un presunto incidente de abuso.

☐ Tenemos una estrategia de respuesta específica para usar si se hace una denuncia de abuso sexual en nuestra iglesia.

☐ Tenemos una propia y adecuada cobertura de seguro por si se produce un reclamo.

☐ Estamos preparados para responder a las preguntas de los medios de comunicación si se produce un incidente.

Ahora que sabes…
¿Cuál es tu Plan para Proteger?
Capacitación para Adultos que Trabajan con Niños
Folleto 'F'

Qué harías si . . .

Ahora que hemos revisado los detalles del plan, veamos si podemos aplicar nuestro conocimiento. En sus grupos, cree un plan para los siguientes escenarios. Haga que un representante del grupo informe sobre el plan para proteger al resto de la clase. Pídales a los demás que evalúen la respuesta idónea.

Escenario #1
Un maestro voluntario de la Escuela Dominical comenzó a recoger a un niño de segundo grado cada domingo por la mañana; y por la noche, supuestamente para los servicios de la iglesia, y los jueves por la noche para participar en un programa de visitas. Esta relación continuó por dos años. Durante este tiempo, el maestro frecuentemente abusó sexualmente del niño.15

¿Cómo se pudo haber evitado esto? ¿Qué planes deberían haberse hecho para proteger al niño?

Escenario #2
Un niño de seis años fue agredido sexualmente durante la clase de la escuela dominical. El niño asistió a una clase de 45 alumnos de primer y segundo grado en una iglesia local. Durante la hora del cuento, el niño se alborotó y el maestro permitió que un voluntario adolescente "lo llevara de vuelta y que coloreara" en una habitación vacía. El maestro adulto no observó cómo estaba el niño durante el resto de la clase de la escuela dominical. El voluntario varón adolescente supuestamente abusó y violó al niño, lo amenazó con herirlo o matarlo si se lo dijera a alguien".16

¿Cómo se pudo haber evitado esto? ¿Qué planes deberían haberse hecho para proteger al niño?

Escenario #3
Usted está enseñando a su clase de tercer grado y observa que hay humo entrando por la puerta de su habitación.

¿Cuál es tu plan para proteger?

Escenario #4
Usted se encuentra solo y está enseñando a un grupo de niños de tres y cuatro años. La puerta está abierta y hay un monitor de sala. Sin embargo, antes de que vuelvan a pasar por su salón, un niño de su clase vomita. Tú eres el maestro del salón.

¿Cuál es tu plan para proteger?

___

15 Cobble, Hammer and Klipowicz, Reducing the Risk II,
16 Ibid.

Escenario # 5

Usted y su compañero de clase están enseñando a quince niños de segundo grado. Diez minutos después de la clase, tres niños necesitan ir al baño. Si uno de ustedes acompaña a esos niños, el otro maestro quedará solo.

¿Cuál es tu plan para proteger?

Escenario # 6

Un niño nuevo acude a su programa de la mitad de la semana con la mamá de su amigo, quien los ha llevado en coche.

Usted requiere un permiso firmado de uno de los padres de cada niño que asiste a su programa; sin embargo, el padre no está presente.

¿Cuál es tu plan para proteger?

Escenario # 7

Un trabajador de la guardería informa una situación de sospecha de abuso y se lo informa. ¿Qué haces ahora?

¿Cuál es tu plan para proteger?

Escenario # 8

Una nueva familia deja a su hijo en su guardería. Ellos le informan que creen que podría tener varicela.

¿Cuál es tu plan para protege?

Escenario # 9

Durante el tiempo de oración con su clase de quinto grado, una niña pide oración por su madre. Ella dice que su padre golpea a su madre todo el tiempo.

¿Cuál es tu plan para proteger?

Escenario # 10

Después de repartir los bocadillos en su clase de niños de cinco años, uno de los niños le salen ronchas y claramente lucha por respirar.

¿Cuál es tu plan para proteger?

Ahora que sabes...
¿Cuál es tu Plan para Proteger?
Capacitación para Adultos que Trabajan con Niños

Folleto "G"

Qué harías si . . .

Ahora que hemos revisado los detalles del plan, veamos si podemos aplicar nuestro conocimiento. En sus grupos, cree un plan para los siguientes escenarios. Haga que un representante del grupo informe sobre el plan para proteger al resto de la clase. Pídales a los demás que evalúen la respuesta idónea.

Escenario # 1

Usted está enseñando a su clase de tercer grado y observa que hay humo entrando por la puerta de su habitación.

¿Cuál es tu plan para proteger?

Escenario # 2

Usted se encuentra solo está enseñando un grupo de niños de tres y cuatro años. La puerta está abierta y hay un monitor de sala. Sin embargo, antes de que vuelvan a pasar por su salón, un niño de su clase vomita. Tú eres el maestro del salón.

¿Cuál es tu plan para proteger?

Escenario # 3

Usted y su compañero de clase están enseñando a quince niños de segundo grado. Diez minutos después de la clase, tres niños necesitan ir al baño. Si uno de ustedes acompaña a esos niños, el otro maestro quedará solo.

¿Cuál es tu plan para proteger?

Escenario # 4

Durante el tiempo de oración con sus niñas de cuarto grado, una de las niñas comparte información sobre la vida familiar que lo hace sentir incómodo.

¿Cuál es tu plan para proteger?

Escenario # 5

Estás programado para trabajar en la guardería con otros dos adultos. Sin embargo, usted es quien está allí cuando los padres dejan a su bebé. ¿Deberías Tú de recibir al bebé en la guardería?

¿Cuál es tu plan para proteger?

Escenario # 6

Después de repartir los bocadillos en su clase de niños de cinco años, uno de los niños le salen ronchas y claramente lucha por respirar.

¿Cuál es tu plan para proteger?

El Compromiso de los Trabajadores
Folleto 'H'

Líder: Nos hemos reunido porque nos llamaste a
Gente: Recibir a los niños.

Líder: Por el poder de tu Espíritu Santo trabajando en nosotros y a través de nosotros, ayúdanos a
Gente: Recibir a los niños.

Líder: Que nuestras manos sean las que sirven y
Gente: Reciban a los niños.

Líder: Que nuestros pies caminen por tus caminos para que la forma en que nos movemos
Gente: Recibamos a los niños.

Líder: Que nuestros labios hablen las mismas palabras de Cristo y al hacerlo lo haremos
Gente: Recibiendo a los niños.

Líder: Que nuestros corazones se llenen con el amor de Cristo para que podamos verdaderamente
Gente: Recibir a los niños.

Líder: Y que nuestras vidas, dadas al servicio de los niños, los lleven al conocimiento de su Salvador, quien nos mostró cómo
Todos: Recibir a los niños.[17]

La oración del trabajador

Dios bondadoso y misericordioso, nos has reunido para que juntos demos testimonio de tu gran amor por los niños y jóvenes a nuestro cargo. Esta es una vocación elevada y santa para la que necesitamos Tu ayuda. Danos sabiduría para evitar todo tipo de mal mientras servimos en tu nombre. Ayúdanos a ser sabios como serpientes e inocentes como palomas en este sentido. Ayúdanos a no hacer nada que pueda hacer tropezar a ninguno de los niños o jóvenes a nuestro cargo. Al contrario, ayúdanos, con nuestras actitudes y acciones, a ayudarles a crecer en su fe, y en su conocimiento del Salvador, Jesucristo, a quien servimos y nos ofrecemos hoy. ¡Amén!

---

17 Joy Thornburg Melton, *Safe Sanctuaries for Youth -- Reducing the Risk of Child Abuse in Youth Ministries*, (Nashville: Discipleship Resources, 2003), 93.

Proteger mediante el Desarrollo de Programas

- Procedimientos de Protección Infantil.
- Procedimientos de Protección Juvenil.
- Denuncia y Respuesta.

Procedimientos de Protección Infantil

A. Supervisión del Personal del Ministerio.

B. Mantenimiento del Programa Plan para Proteger™.

C. Proporciones de Profesor/ Alumno.

D. Personal para el Salón de Clases.

E. Observadores Ocasionales.

F. Identificación para el Personal del Ministerio.

G. Registro de Niños.

H. Recepción y Liberación Niños.

I. Asistencia.

J. Pautas para el Uso del Baño.

K. Precauciones Arquitectónicas.

L. Pautas de Salud y Seguridad.

M. Políticas para Eventos Especiales y Nocturnos.

N. Apropiadas Muestras de Afecto.

O. Disciplina y Manejo del Salón de Clases.

P. Intimidación entre Compañeros.

Q. Acoso y Discriminación.

R. Alergias Severas.

S. Uso de la Computadora, Internet y Redes Sociales.

T. Pautas de Confinamiento.

U. Reglamento para el Uso de Regaderas y Vestuarios.

V. Alojamiento Nocturno.

W. Política de Fotografía y Video.

Caso de Estudio

Procedimiento para Protección Infantil

Pam regresó de una gran velada con su esposo. Raras veces tenían la oportunidad de tener una cita sin sus niños. Saber que los niños estaban con los padres de ella, les permitió tanto a ella como a Sean tener un fin de semana agradable, placentero y romántico. Todo estaba listo en la iglesia para el domingo. Sabía que podría llegar a la iglesia y sentarse junto a Sean durante el servicio por primera vez en casi seis meses. Tener todo en su lugar para ese domingo y usar a cada uno de sus voluntarios seleccionados fue una gran hazaña. Las facultades y universidades estaban ese fin de semana en su retiro anual. Ellos conformaban un alto porcentaje de sus voluntarios en la iglesia. Pam estaba agradecida de que solo tuvieran su retiro una vez al año.

Cuando Pam y Sean entraron por la puerta principal, Pam tuvo la tentación de ignorar la luz intermitente del teléfono; eso nunca era una buena señal en sábado por la noche. Sin embargo, la responsabilidad llamó, por lo que marcó para escuchar sus mensajes. Con suerte, serían únicamente los chicos queriendo decir buenas noches.

En cambio, hubo seis mensajes nuevos.

Los seis mensajes fueron de maestros y trabajadores de la guardería que llamaban para informar que no se presentarán en la iglesia por la mañana. Todas las razones que pudieses haber imaginado fueron dadas: un perro había sido atropellado por un coche, la muerte de un familiar, las veinticuatro horas de la gripe, tuberías de agua rotas, una semana muy ocupada y un torneo de hockey. ¿Cuáles eran las posibilidades de que todos sucedieran hoy? Reflexionó Pam.

El fin de semana romántico de Pam había dado un giro rápido. Ella ahora tenía los siguientes obstáculos para superar:

1) Un equipo formado por marido y mujer juntos y solos en la guardería;
2) Dos jóvenes de quince años a solas y enseñando la clase de segundo grado;
3) Solo una persona a solas con la clase de primer grado;
4) Nadie que enseñe la clase de sexto grado; y,
5) El Designado Monitor de Salón ausente porque tiene un torneo de hockey.

¿Cómo podría Pam al menos comenzar a hacer que esto funcione?

La Retrospectiva es 20/20:

Los líderes de los ministerios de todo el mundo pueden identificarse con este estudio de caso. Nos ha pasado a todos. Recibimos cancelaciones de último minuto. Semanalmente aparecen desafíos en el ministerio, provocándonos el querer tirar la toalla. Tener un plan establecido para estos tiempos es muy útil. Anímate: ¡No siempre se dan seis cancelaciones en un solo fin de semana!

continuación del

Caso de Estudio

Le recomendamos que lea la sección sobre Procedimientos de protección infantil para responder siguientes preguntas y llegar a una solución para Pam

Preguntas a responder:

¿Puede dejar Pam al equipo de marido y mujer solos en la guardería?

¿Pueden dos jóvenes de quince años enseñar solos en la clase de segundo grado?

¿Puede la clase de primer grado ser enseñada por un solo maestro?

¿Puede la sexta clase quedarse sola para este domingo?

Si fueras Pam, ¿cómo resolverías estos desafíos?

Política

A. Supervisión del Personal del Ministerio

1. Para la protección de nuestros niños, la supervisión del personal del ministerio será intencional. Se llevará a cabo a través de visitas formales e informales a las aulas y programas.

protección

plan

Lista de los cuatro principios de supervisión para *Reducir el Riesgo*:

- A medida que aumenta el riesgo, la supervisión también deberá aumentar.
- El riesgo aumenta a medida que aumenta el aislamiento.
- El riesgo aumenta a medida que disminuye la responsabilidad.
- El riesgo aumenta cuando existe un desequilibrio de poder, autoridad, influencia y control entre un abusador en potencia y una posible víctima.[1]

Supervisar el personal del ministerio es un paso muy importante para proporcionar un ambiente seguro y confiable en su ministerio. Esto se puede hacer revisando a través de las ventanas del salón para asegurarse de que todo va bien, planeando visitas formales e informales a los salones o simplemente haciendo rondas. La supervisión brinda a los líderes oportunidades para dar direcciones y asistir a quienes pueden tener dificultades o estar frustrados. También refuerza y fomenta el buen manejo del aula.

"La supervisión de los trabajadores del ministerio infantil deben... promover la confianza, la responsabilidad y la relación entre el líder y el trabajador. Esto se puede lograr a través de un enfoque ministerial orientado al equipo en donde los líderes y los trabajadores se esfuerzan por lograr juntos el mismo objetivo.

Una forma en que los líderes pueden promover el trabajo en equipo es mantener una alta visibilidad, lo que facilita la comunicación y construye el sentido de trabajo en equipo y confianza. La alta visibilidad también fomenta la responsabilidad. Es saludable para los trabajadores ser responsables de proporcionar un ministerio de calidad".[2]

Para refutar acusaciones falsas, la supervisión debe ser intencional. Los tribunales buscarán un proceso sistemático mediante el cual la iglesia supervise al personal de su ministerio.

○ Desarrollar un proceso para supervisar al personal del ministerio.

○ Asegúrese de que las ventanas del salón proporcionen líneas claras de visibilidad o que las puertas de la clase permanezcan abiertas.

---

1 Cobble, Hammer and Klipowicz, Reducing the Risk II, 50.
2 Zarra, It Should Never Happen Here, 65.

Política

1. Se desarrollará y revisará una estrategia para el mantenimiento del programa al comienzo de cada año ministerial. Esto asegura que el entrenamiento, la actualización de archivos y el entorno físico cumplan con la política.

B. Mantenimiento del Programa Plan para Proteger™

protección

La tarea de implementar Plan para Proteger™ en la vida de la iglesia es un proceso continuo. Actualice sus políticas a medida que descubre brechas o estrategias que simplemente no funcionan.

Debe capacitar al futuro personal para el ministerio al comienzo de cada año ministerial, así como reeducar anualmente al personal ministerial existente. Necesita caminar a través de sus instalaciones y mirar aulas, ventanas, juguetes y equipos desde una perspectiva de seguridad.

Los sistemas de archivo deben revisarse anualmente en base a las actualizaciones realizadas en la capacitación, las renovaciones anuales y las actualizaciones de los registros policiales. "Una vez que la persona deja de ser un voluntario o deja a la iglesia, todos los formularios y documentos confidenciales deberán colocarse en un sobre sellado y conservarse en un archivo bajo llave. Si una alegación de abuso ocurre en el futuro, y algunos cargos surgen décadas después, la iglesia necesitará estos documentos para demostrar que tuvo un cuidado razonable en la selección del voluntario".[3]

Alentamos a las iglesias a que nombren un oficial de Plan para Proteger™ que no sea el pastor de niños ni el pastor de jóvenes. Deberá ser alguien encargado de la responsabilidad anual de preguntar y encontrar respuestas a las siguientes preguntas.

- ¿Cada departamento ha capacitado a sus trabajadores con respecto a Plan para Proteger™?
- ¿Las políticas están impresas y disponibles?
- ¿Existen materiales suficientes para la capacitación e información?
- ¿Están los trabajadores siguiendo las políticas y procedimientos requeridos?
- ¿Qué obstáculos existen para cumplir con las políticas?

plan

○ Se ha determinado una estrategia anual para el mantenimiento del programa.

○ El liderazgo de la iglesia ha determinado un sistema sobre cómo se realizará la revisión.

---

3 Cobble, Hammer and Klipowicz, Reducing the Risk II, 29

política

C. Proporciones Profesor/Alumno

1. La configuración del aula debe cumplir con las proporciones establecidas para adultos y niños en todo momento. Esto incluye actividades y viajes fuera del sitio. Las proporciones establecidas son:

- Dos personas del ministerio por cada seis bebés (desde el nacimiento hasta los 18 meses)
- Dos personas del ministerio por cada ocho a diez niños pequeños o preescolares.
- Dos personas del ministerio por cada catorce a veinte niños de edad primaria.

Estas proporciones no excluyen la necesidad de tener dos líderes presentes en el aula en todo momento.

plan

○ Observe las proporciones en la programación de los niños.

protección

La seguridad y la protección son preocupaciones primordiales para los niños y las familias que asisten a nuestras iglesias. Al mismo tiempo, también nos preocupan los adultos y jóvenes que ministran a los niños. Queremos trabajar para proporcionar un entorno seguro donde pueda llevarse a cabo un ministerio efectivo para los niños. El personal adecuado es un paso para hacer realidad ese objetivo.

Las proporciones de profesor / alumno promueven el aprendizaje positivo y ofrecen protección al personal del ministerio que sirve a nuestros hijos. Tenga en cuenta que estas proporciones no excluyen la necesidad de tener dos líderes presentes en el aula.

Los estándares para las proporciones son diferentes en los Estados Unidos. Asegúrese de verificar los estándares de su estado para asegurarse de que su organización cumpla con los estatutos y regulaciones locales con respecto a las proporciones de profesor / alumno si también tiene una escuela y / o guardería.

política

D. Personal para el Salón de Clases

1. Para cumplir con los requisitos de seguro y proporcionar una supervisión adecuada para los niños, debe estar presente uno de los siguientes:

- Un mínimo de dos personas del ministerio no relacionadas entre sí estén presentes para la supervisión, excepto en el caso de una emergencia, o

- Un personal del ministerio presente dentro de un salón que tenga ventanas con líneas claras de visibilidad o la puerta abierta con vigiladores de sala. Los monitores de sala designados circularán periódicamente de habitación en habitación.

2. El personal del ministerio entre las edades de doce y dieciséis años deberán ser asignados para trabajar junto a otro personal ministerial mayor de dieciséis años. El personal del ministerio debe tener diecisiete años o más para trabajar solo en el aula. En ambas situaciones, la puerta debe permanecer abierta con los monitores de sala designados circulando periódicamente de habitación en habitación.

plan

○ Mantener una dotación de personal adecuada en todos los salones. Asignar:

　° Dos personas del ministerio no relacionadas entre sí.
　° Un personal del ministerio con líneas de visibilidad claras y monitor de sala o,
　° un personal del ministerio con la puerta abierta y el monitor de sala.

○ El monitor de sala ha sido seleccionado y aprobado como personal del ministerio y se ha programado según sea necesario.

○ Asegúrese de que las ventanas en los salones brinden líneas claras de visibilidad.

Protección

La "regla de los dos adultos" es el estándar preferido, que es tener siempre un segundo adulto presente cuando un adulto está ministrando a los niños. Para cumplir con este objetivo, sabemos de iglesias pequeñas que tienen clases o niveles escolares combinados. Para cuando sea necesario que solo un adulto esté en el salón de clases con los niños, se implementará la política de puerta abierta o el de la ventana con un monitor de sala.

Nuestros niños y niñas admiran a los jóvenes que son líderes. Ellos proporcionan energía, entusiasmo y son modelos positivos para nuestros hijos. Se tiran al piso y juegan con nuestros niños y niñas. Los adultos brindan sabiduría, perspectiva, orden y limites. Valoramos la asociación entre nuestros líderes jóvenes y el personal adulto del ministerio adulto y queremos proteger esa relación en beneficio de nuestros hijos. A medida que equipa sus salones de clase con el personal necesario, tenga en cuenta las guías necesarias para proteger las proporciones entre los jóvenes y los niños.

A medida que muchas iglesias avanzan en la promoción del ministerio familiar, es fundamental que otro voluntario no relacionado con la familia sea asignado al equipo. Los miembros de la familia constituyen una sola voz en una sala del tribunal. Si no se puede asignar a alguien para trabajar con la familia, se implementará nuevamente la política de puerta abierta o el de la ventana junto con la programación de un monitor de sala.

Política

1. Los observadores ocasionales que se unan a una clase deberán registrar su asistencia y mantenerla archivada con la asistencia de la clase correspondiente a ese día. Los visitantes estarán claramente identificados. Si no han sido seleccionados y aprobados, no se podrán colocar en una posición de confianza con niños que no sean los suyos.

E. Observadores Ocasionales

protección

Los padres son bienvenidos a trabajar con nosotros mientras ministramos a sus hijos. Particularmente a medida que los preescolares aprenden a confiar en los demás, habrá ocasiones en que la separación se convierta en un problema. Un pequeño puede querer que mamá o papá estén con ellos durante la clase. Queremos alentar a los padres a trabajar con nosotros durante este proceso. También puede haber ocasiones en las que las personas de otras congregaciones quieran venir y observar el ministerio de los niños en acción. Ellos son los observadores ocasionales en nuestros salones de clases.

plan

○ Poner en marcha un plan de comunicación para entrenar a los bservadores ocasionales

○ Proporcionar etiquetas con sus nombres a los observadores ocasionales.

○ Registrar y archivar la asistencia de observadores ocasionales

Nuestra Protección debe extenderse a aquellos que son observadores ocasionales en nuestro trabajo con los niños. Los observadores ocasionales serán bienvenidos. Sin embargo, se les avisará a ellos y al personal del ministerio que no deben ser colocados en una posición de confianza con niños que no sean los suyos. Eso significa que no se les pedirá que asuman la responsabilidad con los niños. No se les permitirá ni se les pedirá que lleven niños al baño. A los observadores ocasionales se les dará un tipo de identificación de visitante. A los ojos del niño, esto los distingue del personal del ministerio que ellos ya conocen. Los nombres de los observadores ocasionales se registrarán junto con la asistencia a clase de ese día.

política

1. El personal del ministerio usará etiquetas de identificación visibles o ropa como uniforme de trabajo aprobado, identificándoles así con los padres, los niños y los recién llegados.

F. Identificación para el Personal del Ministerio

plan

○ Proveer uniformes o etiquetas con el nombre del Personal del ministerio como su identificación.

profección

Cada iglesia local, independientemente de su tamaño, debe reconocer la necesidad de mantener la seguridad. Los padres adquieren la confianza de un programa cuando estos pueden mirar hacia dentro del salón de clases e identificar fácilmente a quién está a cargo. Por lo tanto, recomendamos que todo el personal del ministerio se identifique usando uniforme o con etiquetas con su nombre escrito para que puedan ser identificados fácilmente por los padres, niños y nuevos ingresos. Algunas iglesias han desarrollado placas de identificación con el nombre y las fotos de sus líderes. Otros han diseñado camisetas, chaquetas o sudaderas para que sus líderes sean fácilmente de identificar.

política

G. Registro de Niños y Declaración de la Liberación

1. Los nombres y direcciones de los niños y sus padres o tutores se mantendrán cuidadosamente. Se actualizarán anualmente y se guardarán permanentemente en un archivo central.

2. Se incluirá una declaración de liberación y permiso en todos los formularios de registro. Esto protege a la iglesia de daños imprevistos y accidentales y proporciona la información del contacto en caso de accidente.

Yo/Nosotros, los padres o tutores anteriormente citados, autorizamos al personal del ministerio de la Iglesia _____ para firmar el consentimiento para el tratamiento médico y para autorizar a cualquier médico u hospital a proporcionar evaluación médica, tratamiento o procedimientos para el participante antes mencionado. Yo/Nosotros, anteriormente citados, nos comprometemos y acordamos indemnizar y mantener sin culpa al personal del ministerio, La Iglesia _____, sus pastores, diáconos y ancianos de y contra cualquier pérdida, daño o lesión sufrida por el participante como resultado de ser parte de las actividades de la Iglesia _____, así como de cualquier tratamiento médico autorizado por las personas supervisoras que representan a la iglesia. Este consentimiento y autorización es efectivo solo cuando se participa o se viaja hacia y desde eventos de la Iglesia _____.

3. Se ha considerado la posibilidad de incluir "escudos de protección de la responsabilidad" en los formularios de consentimiento para las actividades que implican un nivel de riesgo. (Apéndice 16).

4. Se incluirá en todos los formularios de registro una declaración que estipule el propósito y la intención de recopilar la información personal de los niños y los jóvenes.

Propósito e Intención
La Iglesia _____ está recopilando y conservando esta información personal con el propósito de inscribir a su hijo en nuestros programas, asignarlo a las clases apropiadas, desarrollar y cultivar relaciones continuas con usted y su hijo, y para informarle de actualizaciones del programa y próximas oportunidades en nuestra iglesia. Esta información se mantendrá de forma permanente según lo requiera nuestra compañía de seguros y nuestros asesores legales. Por favor contáctenos si desea que la Iglesia _____ limite la información recopilada, o si desea ver la información de su hijo.

5. Los formularios de inscripción estarán disponibles para todos los programas. Es responsabilidad del líder del ministerio o del personal del ministerio asegurarse de que los formularios se completen y se presenten para todos los participantes. En el caso de un niño que asista como visita, el padre que traiga al niño será considerado el tutor de la noche. El formulario de inscripción debe enviarse a casa al finalizar el primer programa. Se debe hacer un esfuerzo diligente para mantener los formularios de registro actualizados y vigentes. Los formularios de inscripción deben ser archivados y guardados permanentemente.

plan

○ Entregue los formularios de registro a todos los participantes, actualizar anualmente y guardar los documentos permanentemente.

○ Incluir la declaración de liberación y permiso en todos formularios de registro.

○ Los líderes de la iglesia establecen una política de privacidad y una declaración de propósitos e intenciones. Incluirla en todos los formularios de registro.

Protección

Vivimos en una época en la que la información se utiliza y se malgasta. Al tratar de trabajar con las realidades del ministerio mientras los niños están bajo nuestro cuidado y la necesidad de proteger a la iglesia, es que hemos desarrollado estas políticas de registro para niños.

En muchos estados no hay plazo para la prescripción sobre el abuso infantil. Por lo tanto, de acuerdo con las responsabilidades legales, tenemos una razón legítima para mantener registros de forma permanente.

Los formularios de registro deben estar disponibles en cada evento. Ayude a sus familias a comprender que cuando traen a un niño que los visita, estos también deben tener el formulario de permiso o de autorización completo y firmado por el padre o tutor del niño. Si eso no es posible para el evento, el padre que traiga al niño será considerado el tutor de la noche, y se enviará a casa con el niño un formulario de inscripción.

Los formularios de inscripción son realmente una herramienta de ministerio que le ayudan a entender a la familia. Le permiten a usted conocer las necesidades de un niño, incluyendo necesidades especiales o algún arreglo de custodia.

política

H. Recepción y Liberación de Niños

De Bebés a Niños de Kínder:

1. La recepción y liberación de todos los niños menores de seis años debe estar muy bien vigilada. Se utilizará obligatoriamente un formulario de registro y de salida en toda la programación infantil (Apéndice 26).

2. No se dejarán a los niños solos en un salón de clases sin la presencia del personal del ministerio.

3. Los bebés y niños en edad preescolar solo serán entregados al cuidado de los padres del niño o de alguien designado por los padres, con firma, número de seguridad o tarjeta de identificación.

4. Los padres y visitantes no deben ingresar al salón preescolar o a la guardería cuando recogen a su hijo a menos que así se le solicite.

Estudiantes de primaria:

1. Los estudiantes más jóvenes de primaria y los recién llegados deberán permanecer en el salón de clases hasta que el padre o la persona designada por el padre venga a recogerlos y que el alumno demuestre reconocimiento.

2. Se debe tener en cuenta la seguridad, las instalaciones de la iglesia y la ubicación al determinar la edad de liberación de los niños mayores de primaria. El personal del ministerio debe preguntar de manera informal si el niño sabe dónde encontrar a sus padres. Si el niño demuestra incertidumbre, el personal del ministerio mantendrá al niño con ellos en el salón de clases hasta que el padre o el designado recojan al niño.

plan

○ Desarrolle formularios de entrada y salida. Revise semanalmente el ingreso de los bebes y niños de Kínder, (Apéndice 26).

○ Comunique claramente a todo el personal del ministerio la política para recibir y liberar niños.

○ Establecer un sistema para recibir y liberar a los niños. El líder del ministerio vigilará el sistema.

Protección

La iglesia es responsable de la seguridad de los niños cuando son puestos bajo nuestro cuidado. Se nos ha informado que los bebés y los niños de kínder deben ser registrados por los padres cuando se los deja en nuestros programas. La entrada y salida de estudiantes de primaria debe ser monitoreada de cerca por el líder del ministerio para garantizar que se sigan las pautas. Si un niño es entregado a alguien que no sea uno de los padres, ese designado debe ser presentado al líder del ministerio.

Una iglesia pequeña nos dijo que, para implementar esta política en su entorno, el maestro llevaría al alumno a los padres. Otra iglesia escribió la siguiente declaración en su folleto de información para padres: "Los padres son responsables de sus hijos antes de ser despedidos del servicio de adoración. Los padres también son responsables de sus hijos después de ser expulsados del programa para niños". Nuevamente, la comunicación es la clave.

No hay . . . una vocación más elevada
que ser llamado a ministrar a los niños.
Nada toca más de cerca el mismo corazón de Dios
que discipular a los niños.
– Daryl Bursch, Director Ejecutivo,
Red Internacional de Ministerios de Niños

política

I. Asistencia

1. La asistencia de los niños se toma cada vez que un salón de clases o un programa está en sesión. Estos registros de asistencia se mantienen en el archivo de forma permanente.

2. Se mantiene un registro del personal del ministerio en servicio de cada salón de clases o programa. Este registro se guarda junto con los registros de asistencia y se mantiene en el archivo de forma permanente.

plan

○ Asistir a la programación infantil de fin de semana y los días de semana.

○ Mantener registros de asistencia para todo el personal del ministerio en servicio activo.

○ Mantenga todos los registros de asistencia archivados permanentemente.

protección

Los ministerios infantiles brindan una oportunidad única para llegar a los niños y las familias. Sabemos quién entra por nuestras puertas. Conocemos sus nombres, sus fechas de nacimiento, su orden de nacimiento, sus padres e información sobre las necesidades individuales y únicas de cada niño. Hacemos un seguimiento de su asistencia, y al hacerlo, comprendemos un poco acerca de su camino con Dios. Pasar lista no es solo pasar lista: sino que se puede usar para tocar las vidas de los niños que Dios nos trae.

Nuevamente, tomar asistencia es importante por razones de seguridad, no solo para los niños, sino también para el personal del ministerio que los atiende. Asegúrese de que las hojas de asistencia estén disponibles en todo momento y disponibles en casos de emergencia. Mantener registros de asistencia permanentes puede ser una tarea engorrosa. Hay muchos sistemas disponibles que son excelentes para la gestión de la información que ayudan a las iglesias a mantener registros de asistencia y de selección de voluntarios. Para obtener mayores informes, póngase en contacto con Plan para Proteger™ en el correo electrónico info@plantoProteger.com.

Política

J. Pautas para el Uso del Baño

El personal del ministerio debe alentar a los padres para que se ocupen de las necesidades de baño de su bebé y lleven a sus hijos al baño antes de cada clase o servicio.

Guardería:

1. Los procedimientos de cambio de pañales deberán estar claramente expuestos en la zona de cambio de pañales de la guardería (Apéndice 10).
2. Si es posible, se recomienda encarecidamente que el padre del niño realice el cambio de pañal.
3. El cambio de pañales deberá ser realizado solo por el adulto designado del ministerio. Debe llevarse a cabo a la vista de otro personal del ministerio.

Niños de preescolar:

1. Los niños de edad preescolar no deben ir solos al baño.
2. Para acompañar a los niños de edad preescolar al baño se cumplirá una de las siguientes condiciones:
   - Dos empleados del ministerio escoltarán a un grupo de niños al baño, o
   - Un trabajador del ministerio escoltará a un grupo de niños al baño junto con un monitor de la sala designada para ayudar con el baño y las tareas de seguridad.
3. Ningún personal del ministerio deberá estar a solas con el niño en el baño sin supervisión. Jamás deberán entrar a la cabina del baño junto con el niño y cerrar la puerta.
4. Cuando el niño de edad preescolar necesite ayuda en el baño, el personal del ministerio podrá ingresar a la cabina del baño para ayudarlo, de acuerdo con las siguientes pautas:
   - La puerta del baño exterior deberá estar abierta y el adulto pararse en la entrada de la cabina del baño dejando la puerta de este abierta,
   - El personal del ministerio tendrá en cuenta la privacidad del niño.

Niños de primaria:

1. Los niños de primaria no deberán ser enviados al baño solos. Deberán ir acompañados de un amigo del mismo sexo y de la misma edad.
2. El personal del Ministerio escoltará a los niños al baño y mantendrá la puerta del baño abierta para asegurarse de que todo esté en orden. El personal del ministerio deberá permanecer afuera del baño y esperar a que los niños salgan para escoltarlos de regreso al salón de clases.
3. El personal del ministerio no deberá estar a solas con los niños en el baño sin supervisión. Jamás deberán entrar a la cabina del baño junto con el niño y cerrar la puerta.
4. El personal masculino del ministerio no deberá acompañar a las niñas al baño.

protección

Cualquier artista infantil que hayamos tenido en nuestro auditorio se ocupa primero de una cosa. Les dice a los niños dónde se encuentra el baño. Las necesidades de ir al baño y su privacidad son problemas que enfrentamos cada semana en nuestro trabajo con niños. Necesitamos ser prácticos. En medio del proceso de enseñanza, piense cómo manejará a los niños que tienen que ir al baño. Las pautas anteriores están diseñadas para proteger al niño y al personal del ministerio.

Algunas iglesias, en cooperación con sus familias, han adoptado una "política de no-cambiar-pañales" para tranquilizar a los padres y al personal del ministerio. Si un padre no está disponible, un trabajador adulto del ministerio previamente aprobado será quien cambie el pañal siguiendo las precauciones publicadas en la zona de cambio de pañales. Use guantes y desinfectantes para manos, y siga los pasos indicados en su guardería para desinfectar la zona de cambio de pañales. Para su protección, el personal del ministerio juvenil no cambiará los pañales en la guardería.

plan

○ Informar a los padres y alentarlos a que sean ellos quienes se ocupen de las necesidades de baño de su bebé y lleven a sus hijos al baño antes de cada clase o servicio.

○ Publicar y seguir las políticas de cambio de pañales en la guardería.

○ Capacitar a los monitores de sala y asignarlos para que supervisen los baños.

Política

K. Precauciones Arquitectónicas.

Cuando las iglesias planean renovar o construir, se recomienda que tengan en cuenta las siguientes sugerencias al diseñar los salones de clases para los niños.

Puertas y Ventanas:

1. Instale la puerta y las ventanas interiores con líneas de visibilidad claras en los salones de clases donde se lleven a cabo los programas para los niños y jóvenes.
2. Instale medias puertas en los salones para bebés, niños pequeños y preescolares.

Baños e Instalaciones de Baño:

1. Construya cuartos de baño en los salones preescolares con ventana en la puerta del baño.
2. Considere instalar inodoros infantiles en los salones de clase del grupo preescolar.
3. Designe instalaciones de baño para el uso exclusivo de los niños.
4. Planifique instalar lavamanos en las aulas.

Instalaciones de la Guardería:

1. Asegure las puertas de la guardería desde su interior.
2. Tenga ventanas en las puertas de los dormitorios de la guardería, así como un monitor de bebé en la habitación contigua.
3. Cubra todas las tomas de corriente eléctricas con tapas de enchufe.

Plan

◯ Haga que el equipo de Plan para Proteger identifique las sugerencias de renovación para las precauciones arquitectónicas y envíelas a los líderes de la iglesia.

◯ Cubra las tomas eléctricas con tapas de enchufe.

◯ Asegurar líneas de visibilidad claras en las puertas de los salones de clase.

Protección

El mejor recurso que les ayudá a pensar sobre cuestiones de seguridad y protección en lo que respecta a las instalaciones de su iglesia son los padres de los niños preescolares. Pídales a algunos padres que recorran sus instalaciones junto con su equipo de Plan para Proteger ™ para ver qué pueden hacer para que sus salones de clases funcionen para los niños y jóvenes.

Su primer paso es simple y de bajo costo. Coloque cubiertas para enchufes en todos sus enchufes de corriente eléctrica. A continuación, considere otros pasos tanto como sus recursos se lo permitan para tomar las precauciones arquitectónicas necesarias que garanticen la seguridad de sus niños y jóvenes.

Los baños dentro de los salones preescolares eliminan la necesidad de que los niños salgan del salón. Las ventanas en las puertas de los baños preescolares permiten a los ayudantes asistir al niño manteniéndose a la vista de otros adultos. Los inodoros infantiles permiten que los niños usen el baño con poca asistencia.

Otra precaución simple es asegurar las puertas de la guardería desde su interior, esto evitará el ingreso desapercibido de cualquier persona. Además, asegúrese de tener un monitor infantil en el dormitorio de los bebés y el cuarto de los niños para que pueda controlar lo que está sucediendo con sus durmientes.

política

L. Pautas de Salud y Seguridad

1- Se alienta a las personas a certificarse y capacitarse en primeros auxilios y RCP.

2- Los nombres y la información de contacto de las personas que han sido certificadas en primeros auxilios y RCP se publicarán en los departamentos de niños y jóvenes para facilitar el acceso.

3- El personal del ministerio será notificado a través de los formularios de inscripción sobre los niños y jóvenes que presenten alergias graves. La información se publicará en los departamentos de niños y jóvenes para facilitar el acceso. El personal del ministerio que esté al cuidado de esos niños deberá ser informado.

4- La limpieza y desinsectación tanto de juguetes como de las superficies de las mesas se deberá de realizar cada vez que se utilicen.

Enfermedad:

1- Al niño que esté enfermo y que por lo tanto exponga la enfermedad a otros, no deberá ser recibido en la guardería o salón de clases. Los factores y síntomas por considerar son:
- Fiebre, cansancio inusual, tos, estornudos, secreción nasal, ojos llorosos, vómitos, diarrea, boca inflamada y dolor de garganta.
- Niños con una enfermedad transmisible conocida.

2- Condiciones para permitir el regreso:
- Niños con enfermedad contagiosa no podrán regresar a la guardería o salón de clases sin una nota del doctor.
- Todo niño que requiera la administración de medicamento con receta deberá quedarse en casa 24 horas, excepto si el doctor por escrito indica lo contrario, como, por ejemplo:
  - El niño no tiene enfermedades contagiosas.
  - El niño no sufrirá efectos secundarios.
  - El niño puede manejar un tiempo fuera de casa sin problemas.

Medicamentos:

1- El personal del ministerio no deberá dar o administrar cualquier medicamento. Los padres deberán ser contactados y ellos serán quienes administren el medicamento a sus hijos.

2- Cualquier medicamento prescrito deberá estar en su envase original con la etiqueta del doctor y el nombre del niño, así como la dosificación que se debe administrar. Los padres deberán llenar y firmar el formato para la administración del medicamento, anotando sus instrucciones. El medicamento deberá ser presentado al líder del programa. (Apéndice 14y 15).

3- Al momento de dosificación, el líder del programa o supervisor deberá verificar las instrucciones de su dosificación indicadas en el formato para la administración del medicamento, una vez administrado el medicamento al niño, el líder deberá firmar el formulario indicando la cantidad y la hora en que se administró el medicamento.

4- El medicamento no se dejará en el salón de clases. Cuando un niño trae medicamento, éste deberá guardarse en un lugar bajo llave, y solo el líder del programa tendrá acceso.

5- La dosis deberá ser documentada en el diario y firmada por el personal que dio el medicamento.

6- Para los casos extremos en los que se necesita Epi-Pen, e inhaladores para las alergias, o el asma, el padre o tutor deberá indicar las instrucciones por escrito al líder del programa. La solicitud debe ser escrita, firmada, fechada y archivada permanentemente. Solo aquellos que han sido entrenados deben administrarlo.

7- Los medicamentos para el cambio de pañal se deben usar solo cuando los padres han autorizado.

Como Lidiar con Heridas o Lesiones que involucran sangre:

1- Las políticas de patógenos sanguíneos se publicarán en el departamento de niños.

2- Cuando un niño o joven está herido, el individuo debe separarse de los demás. También debe aislarse el área donde ocurrió la lesión o donde pudo haber caído sangre al piso o a los juguetes.

3- El personal del ministerio debe asegurarse que ningún otro niño haya tenido tenga contacto con la sangre de la cortada o herida.

Continuación de la

política

4- Se deberá usar guates que no sean de látex al vendar la lesión, evitando el contacto con la boca, los oídos y los ojos.

5- Se tendrá mucho cuidado al limpiar toda la sangre y los vendajes ensangrentados. Los cuidados deberán llevarse también con la eliminación segura de los desechos, así como de los guantes depositándolos en un contenedor seguro para la eliminación de desechos.

6- El lavado de manos deberá hacerse antes y después con jabón antibacterial.

7- Cuando se trabaja con niños con SIDA, se desarrollará un seguimiento de limpieza específica para la educación y cuidado de los niños y el personal.

Emergencias:

1.- Los procedimientos de evacuación de emergencia se revisarán semestralmente según lo requiera la organización o compañía de seguros. Estos procedimientos deben colocarse en un lugar visible en cada aula, mostrando la ruta de escape planificada hacia la salida más cercana.

2.- Los líderes de la organización, en cooperación con el líder delprograma, organizan un simulacro anual de incendio y evacuación.

3.- Se mantendrá un botiquín de primeros auxilios en cada salón declases, el personal deberá ser educado sobre el contenido de este. Cada botiquín contendrá un par de guantes desechables que no sean de látex, toallitas desinfectantes, dos o tres gasas de 4x4 para la absorción de sangre, tijeras pequeñas y vendaje adhesivo.

4.- Adicionalmente del botiquín de primeros auxilios en cada salón de clases, un botiquín maestro de primeros auxilios estará disponible en el edifício de la iglesia y en cada vehículo que sea propiedad de esta. Este botiquín deberá incluir una máscara de RCP con microshield, bolsas de hielo instantáneas, jabón esterilizante, pinzas, termómetro y manual de instrucciones de emergencia, así como cantidades adicionales de los artículos de los botiquines de las aulas.

5.- Uno de los padres deberá ser contactado cuando ocurra un accidente, lesión o emergencia médica. Para mayores informes de cómo manejar con lesiones, consulte la sección de "Procedimientos para la Protección de los Jóvenes".

6.- Los Informes de Incidentes deben completarse para todas y cada uno de los accidentes. Las lesiones deberán ser informadas al líder responsable del ministerio.

plan

○ Animar a los individuos a que sean capacitados y certificados en Primeros Auxilios y RCP.

○ Publicar claramente la información de quienes han sido entrenados y certificados en Primeros Auxilios y RCP.

○ Publicar los nombres de las personas con alergias graves.

protección

Accidentes suelen suceder. Las emergencias te toman como sorpresas. Los niños se lastiman y se enferman. Nuestro objetivo es estar preparados y pensar en nuestra programación y planes antes de que suceda algo. Lavarse las manos frecuentemente, limpiar después y al termino de cada clase. Tirar los juguetes rotos. Asegurarse que tengas tu botiquín de primeros auxilios a la mano y listo para cualquier emergencia. Simplemente puede reunir los materiales que hemos sugerido y colocarlos dentro de una bolsa de plástico con cierre hermético y colocarla en un lugar seguro dentro del salón de clases.

Muchos niños hoy en día presentan graves alergias a los cacahuates, lo cual puede ser de vida o muerte. Muchas organizaciones proporcionan alimentos que no contienen cacahuates, para proteger a los niños y su iglesia. Sea cual sea la elección que usted elija con respecto a esto, asegúrese de dejarlo claramente escrito en su política.

Continuación del

plan

- Desarrollar un horario para la limpieza y la desinfección de los juguetes y las superficies de las mesas.

- Poner el kit de primeros auxilios con todo lo ecesario en cada salón de clases y autos.

- Poner botiquines maestros de primeros auxilios en la Iglesia y en cada vehículo que sea propiedad de la Iglesia.

- Publicar las políticas de patógenos de sangre en el departamento de niños.

- Ponga a disposición y marque claramente un contenedor de eliminación de desechos seguro para emergencias.

- Haga planes para hacer simulacros de emergencias frecuentemente.

- Hacer que los formularios de Informes de Incidentes estén accesibles para todo el personal del ministerio.

25

Política

M. Políticas para Eventos Especiales y Nocturnos

Viajes fuera de Sitio y Eventos Especiales:

1- Todos los eventos fuera de la organización deberán ser aprobados por el líder del programa. Los padres serán notificados por lo menos una semana antes del evento.

2- Por cada niño o joven que participe en el evento se deberá tener un formulario de autorización y consentimiento médico completo y firmado por uno de sus padres o tutor legal. Las copias fotostáticas de los formularios deberán estar en manos del líder del ministerio durante los viajes y eventos, con los originales archivados en la oficina de la iglesia. Los documentos originales deberán mantenerse de forma permanente. (apéndice 14)

3- Todos los viajes y salidas deberán ser supervisados por los menos por dos adultos que no estén relacionados entre sí preferentemente una mujer y un hombre.

4- Al planificar eventos especiales locales, es preferible que los padres dejen y recojan a sus hijos en el lugar del evento. Para eventos fuera de la ciudad se recomienda se emplee un transporte comercial.

5- Los niños y jóvenes no deben ser transportados uno a uno. Las relaciones tutelares deberán llevarse a cabo en equipos y en lugares públicos. Se recomienda que los padres sean los que lleven y recojan a sus hijos.

6- Todo el personal que transporte a niños durante actividades de la organización deberá ser aprobado por el líder del programa. Deberán proporcionar una copia vigente de su licencia de manejo, así como una copia vigente de la cobertura de seguro de automóvil de acuerdo con la póliza de seguro de la iglesia. El conductor deberá tener un mínimo de cinco años de experiencia conduciendo.

7- Los vehículos de la organización deberán ser conducidos sólo por el personal aprobado por los líderes de la iglesia. Los conductores deberán estar asegurados bajo la póliza de seguro de automóvil de la iglesia.

8- El número de ocupantes dentro del auto no excederá el número de cinturones de seguridad. Cada niño deberá seguir el protocolo de seguridad apropiadas para su edad. Los cinturones de seguridad deberán ser usados por todos y se mantendrán puesto todo el viaje.

9- Los niños no deberán dejarse solos en el vehículo sin supervisión.

Eventos Nocturnos:

1- Todos los eventos nocturnos deberán ser aprobados por los líderes de la iglesia.

2- Por cada niño o joven que participe en el evento se deberá tener un formulario de autorización y consentimiento médico completo y firmado por uno de sus padres o tutor legal. Las copias fotostáticas de los formularios deberán estar en manos del líder del ministerio durante los viajes y eventos, con los originales archivados en la oficina de la iglesia. Los documentos originales deberán mantenerse de forma permanente. (apéndice 14)

3- Para todos los eventos nocturnos se requiere una mínima proporción de dos personas adultas del ministerio por cada 10 niños o jóvenes. El personal del ministerio será asignado a un grupo específico de niños o jóvenes de los cuales son responsables. Las mujeres serán asignadas a un grupo de niñas y el personal masculino será asignado a un grupo de niños.

4- Todos los viajes y salidas deberán ser supervisadas por un mínimo de dos personas adultas no relacionadas entre sí y previamente aprobadas.

profección

Eventos Especiales y actividades nocturnas son una gran experiencia para los niños y jóvenes. Los padres confían que usted tomará sabias decisiones. Una vez más pensar y planear juntos es la clave para asegurar el éxito en las actividades. La programación, el alojamiento, las comidas, la supervisión, el consentimiento y el transporte son solo algunos de los detalles necesarios para que estos eventos sucedan.

"La Guía Legal sobre Asuntos Cotidianos de la Iglesia establece que los accidentes de automóviles, autobuses y camionetas son uno de los tres principales tipos de lesiones por las cuales las iglesias son demandadas repetidamente".[4] Permítanos ayudarlo a pensar en la logística para que los participantes lleguen y regresen sanos y salvos.

plan

- ◯ Obtener la aprobación del líder del ministerio antes de la ejecución del viaje fuera del sitio.

- ◯ Obtener la aprobación de los líderes de la iglesia antes de la ejecución de los eventos nocturnos.

- ◯ Obtener los formularios de Autorización y Consentimiento Médico de cada niño y/o joven que participe en viajes fuera el sitio y eventos nocturnos.

- ◯ Obtener copia de las licencias de manejo y la cobertura de seguro de todos los conductores.

- ◯ Confirmar que todos los conductores tienen un mínimo de 5 años manejando.

- ◯ Todos los formatos originales se archivan en la oficina de la iglesia, mientras el líder del ministerio tendrá copias fotostáticas a la mano.

- ◯ Mantenga todas las formas de forma permanente.

---

4 Children Ministry Magazine, "General Safety in Children's Ministry" Children's Ministry Magazine. May 16, 2012.
http://childrenministry.com/articles/general-safety-in-childrens-ministry/.

Política

N. Muestra Adecuada de Afecto

Toque Apropiado

1. Reconocemos que los niños necesitan que se les demuestre apropiadamente un cariño puro, genuino y positivo que refleje el amor de Dios. Este cariño se demostrará apropiadamente conforme a su edad y desarrollo. Animamos a los líderes del ministerio a:

- Sostener a un preescolar que está llorando,
- Comunicarse poniéndose a la altura de los ojos de los niños, escúchelo con sus ojos y sus oídos,
- Sostener la mano del niño cuando le hable, le escuche o caminen hacia una actividad,
- Tocar suavemente el hombro o la mano del niño para mantener su atención mientras rediriges su comportamiento,
- Poner su brazo alrededor del hombro del niño cuando necesite consolar o tranquilizar al niño,
- Acariciar a un niño en la cabeza, en la mano, en el hombro o en la espalda para afirmarlo.

2. Todo toque deberá realizarse a la vista de otros.

Toque Inapropiado

1. Reconociendo que la inocencia de los niños debe ser protegida, los líderes del programa estarán conscientes de que las siguientes acciones se consideran inapropiadas y no se permitirán:

- No beses a los niños, así como tampoco convenzas a un niño para que te bese.
- No se involucre en cosquillas o abrazos prolongados.
- No sostenga la cabeza o la cara del niño cuando le esté hablando o disciplinando.
- No toque al niño en cualquier área que esté cubierta por un traje de baño, (estrictamente prohibido con la excepción de cuando cambie pañales o al asistir a los niños de edad preescolar tal y como se describe en las políticas del uso del baño),
- No cargue a niños mayores ni les permita sentarse en sus piernas,
- Evite contacto físico prolongado con cualquier niño o persona joven.

2. El personal del ministerio no debe quedarse a solas con un niño o una persona joven.

protección

Dios creó nuestros sentidos para experimentar y celebrar el mundo que Él creó. Él creó el sentido del tacto. El contacto físico es un elemento importante para la comunicación del amor y el cuidado. "Los maestros de alumnos con problemas de educación especial se dan cuenta de la importancia de los abrazos y caricias". Un abrazo es una manera altamente efectiva para comunicarse con niños especiales. Sabemos que es efectivo, por ejemplo, dar un abrazo para decir, "buen trabajo" o "eres importante". Un abrazo puede evitar un comportamiento violento o calmar a un niño hiperactivo. Un abrazo puede transmitir seguridad o ayudar al alumno a desarrollar la confianza en su profesor. Como comunicación no verbal, un abrazo es entendido. Es una técnica excelente para establecer un entorno de aprendizaje positivo. La mayoría de los alumnos especiales se sienten muy motivados por un abrazo, y sus profesores, tanto en los grupos de la misma edad como en las clases autónomas, optan por abrazarlos.[5]

"Nosotros no queremos que los ministerios de niños y jóvenes sean ministerios de manos libres". Hay cosas que sencillamente debemos de hacer y otras que NO debemos hacer, que nos ayudan a guiarlos en su comportamiento, mientras intentamos reflejar el amor y el carácter de Dios. Empiece por ser consciente y sensibles a las diferencias en el desarrollo sexual, cultural, antecedentes familiares, personalidad individual, y las necesidades especiales de cada niño.

plan

○ Educar e informar a la congregación y al personal del ministerio sobre "las políticas del Contacto Apropiado" y "Contacto Inapropiado"

○ Publique las políticas de "Contacto Apropiado" y "Contacto Inapropiado" en los departamentos de niños y jóvenes.

---

5 Athalene McNay. "Essentials for Excellence, to hug or not to hug". Special Education Today (fall 1999), LifeWay Christian Resources

Política

O. Disciplina y Manejo del Salón de Clases

1- El personal queda estrictamente prohibido de administrar cualquier tipo de castigo.

2- Toda disciplina y manejo del salón de clases será llevado a cabo con amor y en un ambiente cariñoso. Se intentará por todos los medios evitar que surjan problemas de disciplina y evitar la necesidad de una disciplina correctiva. Se intentará por todos los medios cumplir con los siguiente:

Disciplina Preventiva:
• Crear una atmósfera de amor y cariño,
• Para ganar respeto, usted debe ofrecer respeto,
• Modelar autodisciplina y estructura en su propia vida,
• Preparar clases emocionantes e interesantes para los niños con transiciones cortas entre actividades,
• Organizar un entorno adecuado para los niños y su aprendizaje.
• Establecer y comunicar expectativas realistas para los niños.
• Asegurarse de que las actividades sean apropiadas para la edad de los niños.
• Ser justo y consistente con todos los niños.
• Asegurarse de que su enfoque son las acciones positivas y premiar comportamientos positivos.
• Estar al pendiente de niños con necesidades especiales, e informar al líder del programa de estas necesidades.

Disciplina Correctiva.
Se hará todo esfuerzo para:
• Tratar los problemas individualmente,
• Explicar al niño el por qué su comportamiento es inaceptable, e instrúyalos en lo que es comportarse correctamente,
• Redirigir al niño a acciones positivas,
• Explicar las consecuencias de un comportamiento inaceptable definiendo la forma correcta de comportarse, así como el resultado del comportamiento incorrecto,
• Ofrecer opciones que son aceptables tanto para el personal de ministerio como para el niño.

3- Las reglas del salón de clases serán establecidas para comunicar claramente las expectativas requeridas de los niños. Algunas reglas sugeridas son:
• Hablar uno a la vez.
• Hablar en un tono bajo.
• Usar buenos modales.
• Respetarse mutuamente.
• Hacer uso del baño antes del inicio de clases.
• Mantener las manos tranquilas.
• Obedecer las instrucciones a la primera orden.
• Mantener sus manos y pies para sí mismos.
• Ser amable.
• Recordar: la vida no es justa, pero Dios es bueno.

protección

La definición más efectiva de disciplina se encuentra en la palabra de Dios tal como se define en Hebreos 12: 7-11. La disciplina no es algo que le haces a un niño. Es algo que haces por el niño. La palabra disciplina no significa castigo. Viene de la raíz de la palabra "discípulo", que significa un entrenamiento que moldea el carácter, el comportamiento, y los valores. En lugar de buscar simplemente mantener el control o mantener a los niños callados, nuestra meta al controlar el comportamiento de los niños debe ser moldear su carácter de tal manera que se conviertan en discípulos.

Otra estrategia para educar al personal del ministerio en el manejo de salón de clases son las 5 R's.

1. **Recompensar** el buen comportamiento. Los elogios inmediatos y el reconocimiento de las acciones positivas son formas eficaces de fomentar más de lo mismo. Informe a los padres cuando el niño se porte bien o cuando mejore en su comportamiento.

2. **Recordar** al estudiante del apropiado comportamiento dentro del salón de clases. Recuérdeles también las reglas del salón y lo que se espera de ellos.

3. **Redirija** a los estudiantes. Cámbielos a una situación u área diferente. Separe al niño de los otros cuando vea que esté teniendo dificultad con su comportamiento.

4. **Remover** al estudiante del grupo y ponerlo en tiempo-fuera sentándolo en una silla dentro del salón de clases y que esté a la vista de los dos voluntarios. Después de darles una explicación apropiada del porque su comportamiento es incorrecto, otórgueles unos minutos a solas (la edad del niño determinará la cantidad de minutos del tiempo-fuera). Una vez el niño se haya calmado, invítelo a regresar al grupo nuevamente.

5. **Regresar** al estudiante a sus padres. Si los pasos del 1 al 4 han fallado para corregir el comportamiento del niño, entonces este deberá ser regresado a sus padres por el resto de la clase. Al término de la clase, el maestro explicará a los padres del niño los motivos y le asegurará al niño que este será bienvenido al salón en la próxima sesión. El maestro informará de estas acciones al supervisor apropiado.[6]

Nota:

Puede ser común que en algunas ocasiones los padres del niño no se encuentren dentro de la iglesia o de la escuela.

Si esto es así, y llegase el momento de tener que retirar al niño del salón de clases puede en este caso enviarlo con un supervisor o el encargado principal.

La comunicación tanto por escrito como verbal con los padres es muy importante.

plan

○ Educar e informar tanto a la congregación como al personal del ministerio, sobre las políticas de "Disciplina y Manejo del Salón de clases".

○ Publique las políticas de "Disciplina y Manejo del Salón de clases" en los departamentos de niños y jóvenes.

---

6. Parker etal, 27-28

política

Nuestros niños y jóvenes tienen derecho a un ambiente religioso afectuoso, respetuoso y seguro donde sentirán el amor de Dios en acción. Por lo tanto, la política de anti-intimidación y acoso estará en vigor en todo momento. Se comunicará claramente y se hará cumplir entre los niños y jóvenes. Todo el personal del ministerio tomará medidas para prevenir la intimidación y acoso, enseñaran a estar en contra de ella, así como ayudar y apoyar a los niños y jóvenes que están siendo acosados o intimidados. No se tolerará ningún tipo de acoso o intimidación.

El acoso y la intimidación serán definidas como inapropiadas, como un comportamiento agresivo que origina un desequilibrio de poder real o percibido y se repite o tiene la potencia de repetirse.

Tipos de Acoso:

- Verbal
- Físico
- Racista
- Homofóbico
- Sexual
- Social
- Cibernético

Como tratar un Acoso o Intimidación

El acoso o intimidación de cualquier tipo no será aceptado ni tolerado. Cualquier incidente o sospecha de acoso deberá ser informado, revisado e inmediatamente tratado con el personal apropiado. Todos los incidentes e informes deberán ser reportados inmediatamente al líder del ministerio y se tomarán las acciones apropiadas.
Estas posibles acciones pueden incluir:
- Completar el formulario de Reporte de Incidentes.
- Notificar a ambos padres después de haber completado el formato de Reporte de incidente individual.
- Hay que notificar que el acoso no será tolerado por ningún motivo.
- Suspensión de un día si el acoso persiste.
- Bajo supervisión por tres días después si el incidente persiste.
- Suspensión de 3 días si el acoso persiste.
- Se removerá al niño o joven del programa si el acoso no para.
- Si es necesario, contactar a las leyes apropiadas.

Si es posible se ofrecerá al individuo que ha sufrido el acoso o intimidación la recomendación necesaria para que este reciba consejo y apoyo.

P. Intimidación y Acoso entre Compañeros

plan

◯ Publicar las reglas sobre el Acoso e Intimidación en los departamentos de los Niños y Jóvenes.

Protección

El acoso y la intimidación son un problema muy común en las comunidades y escuelas. Desgraciadamente, son frecuentes incluso dentro de nuestras iglesias. A fin de proporcionar un lugar de protección para nuestros niños y jóvenes, debemos de aclarar que tenemos cero tolerancias contra el acoso y la intimidación. La protección puede empezar con la educación contra el acoso y la intimidad, estar al tanto de cuando un acoso o intimidación ocurre e implementar las políticas de cero tolerancias mientras se fomenta la curación espiritual en aquellos que han sido acosados o intimidados.

Niños y jóvenes hacen bromas y se burlan entre ellos y otros compañeros. También se ponen apodos y son rudos. "Estos incidentes no necesariamente son considerados un acoso. La diferencia se nota cuando es entre niños que no son amigos y las bromas o apodos son malintencionados. Por lo regular, el niño que acosa no es amigo del niño que recibe el acoso… El acoso entre amigos del mismo grupo comúnmente son los chismes, rumores falsos, y a través de internet.

El acoso y/o intimidación ocurren cuando un extraño tiene más poder sobre la otra persona, cuando lo molesta, amenaza y lo hace sentir menos. En su forma más auténtica, el acoso es una serie de incidentes repetidos e intencionalmente crueles que involucran a los mismos niños, en los mismos roles de acosador y víctima. Esto, sin embargo, no significa que para que ocurra el acoso o intimidación deba haber reincidencia. El acoso y/o la intimidación pueden consistir en una sola interacción.

Un acoso y/o intimidación intencionado causa daño y miedo hacia la persona que provoca el acoso. En una situación de acoso y/o intimidación hay una diferencia de poder entre el acosador y la víctima. Por un instante el acosador puede ser más alto y fuerte que la víctima. El acosador puede ser capaz de intimidar a otros y amenazar con expulsarlos de su grupo social. La intención del acoso y/o intimidación es el poner a la víctima de alguna manera en peligro".[7]

Educa a los niños y jóvenes para que entiendan los siguientes signos de acoso e intimidación:

- **"Desequilibrio de Poder**- El acosador de alguna forma es más grande, más fuerte y más poderosos que la víctima. La víctima es más débil, más pequeña y con menos poder. La víctima puede ser penosa, tranquila, tímida y destaca de alguna manera, o es poco probable que responda a las insinuaciones del acosador. El acosador conscientemente selecciona objetivos que podrá dominar.
- **Intención de Dañar**- El objetivo del acosador es causar daño emocional o físico.
- **Repetición**- Las acciones se repiten y continúan con el paso del tiempo. Los niños ocupan las mismas posiciones de acosadores y/o de víctimas.
- **Escalamiento**- Las acciones del acosador se pueden convertir más agresivas, amenazantes o violentas con el paso del tiempo". [8]

Para mayor informe visite la página
www.bullypolice.org: www.cyberbullying.us, www.stopbullyingnow.hrsa.gov

---

7, "Bullying Prevention Program, "Child Abuse Prevention Commitee Windsor. Essex Country, last modified 2005, http//www.preventionabuse.ca/Kidsonthe

8. Ibid

Política

Q. Acoso y Discriminación

1. Nuestra iglesia se compromete a fomentar un ambiente libre de acoso y discriminación, en el que todas las personas sean tratadas con respeto y dignidad. Cada miembro de la comunidad de nuestra iglesia tiene el mismo derecho a un trato equitativo con respecto a la colocación en el ministerio y a la recepción de servicios e instalaciones. Esto, deber ser sin acoso y discriminación en base a los siguientes motivos sin importar: raza, linaje, lugar de origen, color, origen étnico, ciudadanía, credo, sexo, edad, estado civil, situación familiar o discapacidad.

2. El derecho a no ser acosado ni discriminado también se aplica cuando alguien recibe un trato desigual por tener una relación, asociación o trato con una persona o personas identificadas por uno de los motivos prohibidos de discriminación.

3. Cada miembro de la comunidad de nuestra iglesia, especialmente el personal seleccionado, es responsable de crear un ambiente libre de acoso y discriminación. Aquellos que se encuentren participando en este tipo de conductas serán objetos de medidas disciplinarias.

Plan

◯ Publicar y Comunicar claramente las normas de acoso y discriminación en los departamentos de niños y jóvenes, así como en el manual para voluntarios y en las capacitaciones.

◯ Hacer que los líderes de la iglesia determinen los procedimientos disciplinarios adecuados y que proporcionen normas claras por escrito de estos procedimientos.

protección

Comportamiento de Discriminación y Hostigamiento son ofensivos, degradantes e ilegales.

El Hostigamiento y la discriminación pueden ser físicos, sexuales, verbales o visuales en contra de un individuo o grupos. Este puede ser entre niños, de adultos a niños y entre adultos. Independientemente sea intencional o no, el hostigamiento y la discriminación demuestran una falta de respeto hacia la dignidad de la otra persona. Si la victima está en una posición vulnerable (como, por ejemplo, un niño menor de 18 años, o una persona con problemas de desarrollo) no será necesario presentar una objeción formal al comportamiento de discriminación y hostigamiento para que se considere una violación.

El rasgo que lo define es que el comportamiento no es deseado por el receptor (salvo en el caso de los niños que no pueden dar su consentimiento, en virtud de su edad) y no está justificado por la relación. También lo consideraría así cualquier persona razonable. Las personas que ocupan puestos de confianza y autoridad tienen una obligación especial de garantizar que no utilizan sus poderes para acosar. La verdadera autoridad se basa en el respeto.

continuación de...

Protección

El Acoso, la Victimización y la Intimidación pueden incluir:
- Insultos despectivos.
- Comentario que se sabe, o debería ser razonable por saber, que no es bienvenido.
- Represalias o amenazas de represalias.
- Comentarios burlones, abuso verbal, insultos y amenazas.
- Ridiculizar o menospreciar a un individuo.
- Exhibición de materiales ofensivos como imágenes racistas o sexistas.
- Bromas ofensivas o verbales.
- Grafitis o insignias ofensivas.
- Exhibición o transmisión electrónica de material ofensivo.
- Ataque físico que consiste en golpear, puñetazos, o jalar la ropa o el cabello de una persona.

El acoso sexual puede ser directo, implícito, obvio, o sutil. El acoso sexual no es invitado ni bienvenido. En el caso de que un niño sea la víctima, no está obligado a verbalizar que el contacto no es deseado. El comportamiento sexual de cualquier naturaleza hacia los niños por parte de un adulto en una posición de cuidado o función de autoridad es un delito penal y será tratado en consecuencia.

El Acoso Sexual puede incluir:
- Comentarios sexuales degradantes, declaraciones sexuales explícitas, preguntas, calumnias, bromas sexuales, anécdotas o insultos.
- Comentarios inapropiados sobre la ropa o la apariencia física, o solicitud repetida de compromisos sociales en los casos donde existe una relación profesional.
- Cartas, notas o invitaciones sugestivas u obscenas.
- Miradas lascivas, gestos, exhibición de objetos o imágenes sexualmente sugerentes, caricaturas o pósters.
- Comentarios sexistas, solicitudes de favores sexuales, insinuaciones o demandas sexuales, ya sean físicas, verbales incluyendo comunicación electrónica.
- Agresión sexual, caricias, toques, roces y besos.
- Seguir expresando interés sexual después de haber sido informado de que el interés no es bienvenido.
- Hacer represalias o amenazas, después de una respuesta negativa al avance sexual o después de una queja de acoso sexual.
- La sumisión a la tolerancia del acoso sexual en un término o condición explícita o implícita de cualquier servicio, beneficio o programa patrocinado por la iglesia.

Un solo incidente de suficiente gravedad puede constituir acoso sexual. Para determinar si un acto específico O un patrón de comportamiento viola esta política, se considerarán las circunstancias que rodean la conducta junto con la definición de acoso sexual. Se tomará una determinación desde la perspectiva de una "persona razonable" del mismo sexo y de la víctima.

Protección

La discriminación es el acto de tratar a una persona de manera desigual al iimponerle cargas desiguales y negando la participación en base a reglas o políticas que no están de acuerdo con los principios bíblicos. Más bien el resultado es el trato de la persona injustamente. La discriminación puede imponer cargas, obligaciones y desventajas basadas en prejuicios y estereotipos individuales. Además, no es necesario tener la intención de discriminar.[9]

Es importante que tratemos a las familias de nuestra organización de manera justa y amablemente, creando un ambiente de comprensión cultural entre los niños y el personal. Las prácticas de crianza de los niños son muy diversas, como lo son las diferencias de culturas, religión, clase, ideología y sexualidad. El negocio de la práctica contra la discriminación es asegurar que todas las diferencias sean valoradas y comprendidas. Juicios acerca del cuidado y protección de un niño tienen que estar basados objetivamente en una evaluación de los hechos y no en suposiciones o estereotipos de valores culturales y estilo de crianza divergentes... Si el comportamiento de los padres se percibe como dañino, rételo, pero hágalo con sensibilidad y no de una manera que agrave la desventaja. Muchas familias han experimentado en algún momento u otro, servicios discriminatorios y/o insensibles. Asegúrese de que la ayuda que se les brinde sea de una manera que no discrimine más, pero que promueva positivamente la seguridad y el bienestar de todos los niños.[10]

**Sométanse unos a otros,
por reverencia a Cristo
Efesios 5:21 (NVI)**

9- Ryerson University. "Discrimination and Harrassment Prevention Policy" 2008, http://www.ryerson.ca
10- Judy Barker and Deborah T. Hodes, The Child in Mind: A Child Protegerion Handbook, (New York: Routledge,2004), 21.

R. Alergias Severas

Política

1. Los padres y cuidadores son los responsables de notificar a la iglesia de cualquier alergia conocida que tengan sus hijos. Esta información debe anotarse en el formulario de registro.

2. La notificaion de alergias graves se publicará en un lugar visible dentro del salón de clases del niño, esta debe incluir la fotografía del niño, una lista de sus alergias y los signos típicos de reacción. El personal del ministerio a cargo del niño deberá estar informado de estas alergias y del tratamiento que se requiera si es necesario.

3. Sabemos que hay muchos niños con alergia a los cacahuates, les recomendamos a las iglesias consideren el valor de establecer políticas libre-de-cacahuates para sus instalaciones.

Plan

- Recopile información sobre alergias en el formulario de registro.

- Notificar y educar a los individuos responsables del cuidado de los niños con alergias graves sobre alergias y sus tratamientos.

- Concientizar al personal del ministerio para que conozca la política de alergias graves y las restricciones relativas de preparación de alimentos y refrigerios.

protección

Los profesionales de la salud alertan a los individuos que proveen cuidado y supervisión a los niños de ser educados para cuando un niño tenga una reacción alérgica, ya que no hay tiempo que esperar para recibir ayuda. El niño no podrá autoadministrarse debido a la gravedad de los síntomas. Cuando el niño tenga una reacción alérgica, cualquier personal del ministerio tendrá que administrar inmediatamente la epi-pen.[11]

Para información de apoyo vea "Pautas de Salud y Seguridad" página 101.

---

11. Allergic Reactions, "Peanut Aware Live Safe, 2008. http://www.peanutaware.com

Protección

Política Libre-de-Cacahuates

Para las iglesias comprometidas a tener instalaciones libre-de-cacahuates y seguir adelante con la menor cantidad posible de productos que contengan cacahuates en la iglesia, las siguientes pautas pueden considerarse como una política. Sin embargo, cabe señalar que las iglesias son edificios públicos. No siempre es posible evitar que todos los productos que contengan cacahuates entren a las instalaciones. Los padres de los niños con alergias deberán tener en cuenta que no es un ambiente 100% libre de nueces.

1. No se utilizarán productos o ingredientes que contengan cacahuates en la cocina de la iglesia, ni en ningún refrigerio que se sirva a los niños y jóvenes, y no se venderán producton que contenga cacahuates en las máquinas de refrigerio. Los padres, el personal, y los voluntarios de cocina estarán informados que en todo momento y que de ninguna manera podrán traer a las instalaciones de la iglesia bocadillo alguno o ingredientes que contengan cacahuates.
2. La organización que quiera implementar una politica libre-de-cacahuate para sus instalaciones podría educar a su comunidad a través de anuncios, carteles y anuncios en su boletín.

Para más información visite "¡Cuidado con los cacahuates! Salva una Vida" en, www.peanutaware.com. En esta página podrán encontrar más información sobre como educar a su congregación, sugerencias sobre productos que no contengan cacahuates además de ideas útiles para implementar una política.

Política Zona Libre de Aromas

En los últimos años, las alergias de aromas y perfumes han incrementado. Los líderes de la iglesia pueden considerar una política para establecer una zona libre de aromas como la siguiente:

En reconocimiento a las personas con asma, alergias, y graves sensibilidades ambientales y químicas, nuestra iglesia se esfuerza por ofrecer un edificio libre de aromas. Se pide a las personas que se abstengan de usar fragancias y productos de cuidado personal perfumados mientras estén en nuestras instalaciones. Esto incluye perfumes, colonias, lociones para después de afeitarse, y productos para el cabello con aroma.[12]

---

12. "Scent-free Policy," Springridge Mennonite Church,2007, http//springridge.mennonitechurch.ab.ca/.

Política

S. Uso de las Computadoras, Internet, y Redes Sociales

1. Para la protección de los niños y jóvenes durante el uso de computadoras en nuestros programas, ests estarán colocadas en áreas abiertas donde las pantallas sean visibles y fáciles de monitorear. Los usuarios serán responsables mediante el registro de inicio/cierre de sesión y/o contraseña de usuario.

2. Filtros de uso del internet serán instalados en cada computadora para limitar el acceso a ciertos contenidos.

3. Los líderes de la iglesia designarán y autorizarán a un técnico en sistemas informáticos, quien revisará periódicamente los historiales de los navegadores. También revisará los documentos y software descargados en las computadoras.

4. Se desarrollará una "Política de Uso Aceptable de la Computadora" y se publicará en el centro de cómputo. (apéndice 24).

5. La comunicación con niños de 12 años de edad y menores está prohibida con las excepciones de que se indican a continuación:

   a. El personal del ministerio podrá comunicarse con niños a través de correo electrónico con el permiso escrito de los padres (apéndice 14), siempre y cuando se envié una copia del mensaje a los a los padres/guardianes en todos los correos.

   b. El personal del ministerio no deberá iniciar contacto ni enviar textos a través de las redes sociales a los niños menores de 13 años de edad.

   c. Toda comunicación deberá ser copiada con el líder o algún otro empleado.

Plan

- Establecer un centro de cómputo clave para favorecer la visibilidad y fomentar la responsabilidad, con líneas de visión claras hacia todas las pantallas.

- Requerir que todas las computadoras tengan un sistema de registro.

- Instalar filtros de Internet.

- Designar y autorizar a un técnico en sistemas informáticos para monitorear los filtros de internet y revisar los historiales de los navegadores y los documentos descargados.

protección

No podemos controlar que ven nuestros niños y jóvenes todo el tiempo. Sin embargo, podemos ayudar a los jóvenes que están bajo nuestro cuidado a tomar decisiones acertadas estableciendo pautas en nuestra organización y predicando con el ejemplo.

La seguridad de los niños en el internet es asunto de todos. Los niños deben de comprender de una manera apropiada para su edad, los riesgos que corren en el internet. Los padres, maestros, y cuidadores también deben de conocer estos riesgos.

"Entre los riesgos potenciales, la explotación sexual y el abuso de niños y jóvenes a través del internet son motivo de gran preocupación. Los niños y los jóvenes pueden ser abusados a través el internet de muchas maneras. Estas actividades de explotación sexual relacionadas con internet directa o indirectamente resultan en situaciones de abuso sexual fuera de línea dirigidas hacia los niños". [13] La conciencia y educación sobre la seguridad de internet han aumentado. Sin embargo, todavía hay muchos peligros en permitir a los niños explorar el internet, especialmente si están solos al momento de hacer esto.

plan

○ Designar a una persona del ministerio la responsabilidad de monitorear y supervisar el centro de cómputo.

○ Publicar una "Política para el uso aceptable de la computadora".

○ Obtener aprobación para comunicarse con jóvenes fuera de programa y discutir los parámetros de interacciones con los padres.

○ Designar a un personal del ministerio para administrar y supervisar con frecuencia las redes sociales.

13. Sexual Explotation of Children and Youth Over the Internet, Institute of Health Economics, April 2010, http://www.research4children.com/data/documents/SexualExplotation-of-childrenandyouthovertheiternetAtrapidReviewoftheScientificLiteraturepdf.pdf

Continuación...

Protección

"Existen pocos riesgos para los niños que usan el internet u otro servicio en línea. Los adolescentes corren un riesgo particular porque a menudo se conectan sin supervisión y tienen más probabilidades que los niños más pequeños de participar en discusiones en línea sobre relaciones o actividad sexual. Algunos riesgos son:

• Exposición a material inapropiado.

Un niño puede estar expuesto a material inapropiado ya sea sexual, detestable, o violento por naturaleza, o que fomente actividades que son peligrosas o ilegales. [Los jóvenes] pueden buscar dicho material, pero también pueden encontrarlo en la web a través de áreas de chat, sitios de redes sociales, correos electrónicos, e incluso mensajería instantánea, si no lo están buscando.

• Ser el blanco de extraños en línea.

• Abuso Físico.

Un niño puede proporcionar información u organizar un encuentro que pondría en riesgo su seguridad o la seguridad de otros miembros de la familia. En algunos casos, los abusadores de niños han usado áreas de chat, correo electrónico, y mensajes instantáneos para ganar la confianza de un niño y luego organizar una reunión cara a cara.

• Acoso e Intimidación

Un niño puede encontrar mensajes de chat, o correo electrónico, en su sitio de redes sociales o en sus [teléfonos celulares] que son agresivos, degradantes o acosadores. "Los acosadores" típicamente son jóvenes, que a menudo usan el internet para molestar a sus víctimas.

• Virus y Hackers

Un niño podría descargar un archivo que contenga un virus que podría dañar la computadora o aumentar el riesgo de un "hacker" para obtener acceso remoto a la computadora, poniendo en peligro la privacidad de la familia y, quizás, poniendo en peligro la seguridad de la misma.

• Financiero y Legal

Un niño podrá hacer algo que tenga consecuencias legales o financieras negativas, como dar el número de tarjeta de sus padres o hacer algo que los pueda meter en problemas con la ley o funcionarios escolares. Dejando a un lado las cuestiones legales, a los niños se les debe enseñar una buena "etiqueta" lo que significa evitar ser desconsiderados, malos o groseros".[14]

Además de la Política de Uso Aceptable para sus salas de informática, es posible que su organización desee considerar también el uso de un Contrato Familiar para la Seguridad En-línea (Apéndice 24ª), que puede modificarse para un entorno de la organización y/o una Acuerdo de Política Informática para el Personal (Apéndice 25), que ayudará a su organización establecer estándares para su personal y dar un buen ejemplo a los jóvenes bajo su cuidado.

(vea página www.safefamilies.org/SoftwareTools.php para más sugerencias)

---

14 Larry Magic. "child safety on the information Highway". National Center for Missing and Exploited Children, 2003, http://www.safekids.com

Política

Estas pautas deben ponerse en práctica en caso de confinamiento o durante un simulacro de confinamiento. Aunque cada escuela u organización debe redactar su propia Política de Confinamiento en base a sus necesidades e instalaciones, esta política ayudará a dar a los líderes de la iglesia un punto de partida.

T. Pautas de Confinamiento

1. Identificar zonas verdes y zonas rojas dentro de las instalaciones.
   Zonas Verdes: más seguras -habitaciones que tengan seguro en la parte interior de las puertas.
   Zonas Rojas: áreas abiertas incluyendo, gimnasios y auditorios.

2. Tan pronto como la instalación se ponga en "Alerta de Confinamiento", la persona designada a cargo anunciará "Código Rojo" a todos las salones de clases y a todo el personal: Anuncio: "Emergencia Código Rojo, las instalaciones entran en confinamiento, repito, Emergencia Código Rojo, las instalaciones entran en Confinamiento".

3. Inmediatamente después del anuncio, todos los presentes serán instruidos a apagar su teléfono celular.

4. Todos los presentes deben alejarse de la zona roja tan rápido como le sea posible. Deberán dirigirse a la zona verde más cercana o si una puerta exterior está más cerca, evacuarán el edificio.

5. Antes de cerrar las puertas, los responsables de los salones de clase deben asegurarse de que cualquier persona que transite por los pasillos dentro de las proximidades de su salón de clase será llevada adentro del mismo inmediatamente. Entonces la puerta deberá cerrarse con seguro. Si la puerta del salón de clases tiene una ventana, el personal del ministerio deberá cubrirla y apagar las luces.

6. Los encargados del salón de clases ayudarán a los estudiantes a poner las mesas de lado, colocándolas lejos de la puerta y las ventanas. Los estudiantes entonces deberán refugiarse detrás de estas.

7. Se tomará asistencia, incluyendo una lista de todos los estudiantes que faltan y los que están de más en el salón. Esta lista se enviará por correo electrónico a la oficina. El maestro deberá llevar la lista consigo si se le indica que abandone la habitación.

8. Los ujieres y/o monitores de sala revisarán todos los baños en las instalaciones, sacarán a los individuos que estén dentro y cerrarán los baños desde el exterior.

9. Todos tienen prohibido abandonar las zonas verdes, hasta que se les indique lo contrario ya sea por el responsable designado o un oficial de la policía. Aquellos que están encargados de los salones de clase deberán permanecer en ellos, guardar silencio y mantener a los estudiantes tranquilos. No se comunique con la oficina de la iglesia. Esta se pondrá en contacto con usted cuando sea seguro de hacerlo.

10. Cuando se le indique evacuar el edificio, hágalo rápido y en silencio.

11. Una vez que la policía llegue a escena, ellos tendrán el último mando de la situación. Sus instrucciones deberán seguirse sin protestar.

12. Al menos dos veces al año, la iglesia deberá realizar un simulacro de confinamiento. Los líderes de la organización notificarán a la comunidad de la iglesia y/o escuela del simulacro una semana antes, así como un día antes del simulacro.

13. Las circunstancias y detalles del simulacro serán grabados y guardados en el archivo. Se recomienda encarecidamente tener una reunión informativa con los participantes. Mantenga notas de estos informes en el archivo.

plan

Estos procedimientos deben aplicarse antes de la realización de un simulacro de confinamiento de las instalaciones

○ Asegurarse que su iglesia esté en la lista de contactos de emergencia de la policía local.

○ Identificar las zonas verdes y rojas en las instalaciones.

○ Informar a las escuelas y comunidad de la iglesia el significado del Código Rojo.

○ Instruir a la escuela o a la comunidad de la iglesia sobre los procedimientos de confinamiento.

○ Agendar al menos dos simulacros de confinamiento al año.

○ Avisar a la escuela o a la comunidad de la iglesia antes de un simulacro de confinamiento.

○ Designe a una persona para que sea responsable de registrar los detalles y el informe de cada simulacro.

Protección

Si bien la información sobre el confinamiento es dirigida principalmente a escuelas, es importante que las iglesias, especialmente las más grandes, sepan cómo enfrentar una amenaza en sus instalaciones o en la comunidad.

A partir del tiroteo en Newton, CT en Diciembre del 2012, han habido al menos 161 tiroteos en las escuelas en los Estados Unidos -- un promedio de casi uno por semana.15 Aunque no es frecuente, la posibilidad de un incidente violento de mayor gravedad en una de nuestras iglesias es una realidad. El nivel de preparación para enfrentar un incidente de este tipo por parte del personal de la iglesia, feligreses y la policía, tendrán un mayor impacto en el resultado del incidente.

"La policía y [escuelas e iglesias] imponen confinamientos cuando [las instalaciones] no pueden ser evacuadas con seguridad en caso de una emergencia y cuando consideren que es seguro que los estudiantes permanezcan dentro de las habitaciones con las puertas cerradas.16
El confinamiento de la escuela / iglesia debe ocurrir cuando:
• Hay un tirador activo, o un presunto tirador en las instalaciones o,
• Hay un presunto tirador en la comunidad o,
• La escuela / iglesia es contactada por la policía y se les comunica que hay una amenaza de peligro en la comunidad que rodea las instalaciones.

---

15. School Shooting in America, "Everytown, last modified October 3, 2016, http://everytownresearch.org/school-shooting.
16. Trilliu Lakelands District Schools Board. "Violent Incident Emergency Response Plan (Code Red- Lockdwon), 2008, http://tld.sb.on.ca

continuación...

Protección

"Mientras los confinamientos crean ansiedad en algunos niños, estos pueden ser manejado con procedimientos cuidadosos y el personal capacitado. Los simulacros de encierro son una polémica, pero preparan a los estudiantes y maestros para una situación real y tienen el potencial de salvar vidas.[17] Al hacer que los simulacros sean una parte habitual del calendario anual, como los simulacros de incendio, ayudan a que los estudiantes y la comunidad en general permanezcan calmados y sepan cómo comportarse en el caso real de un confinamiento.

En caso de que se inicie un confinamiento, la persona a cargo deberá llamar al 911 y proporcionará la siguiente información:

- identificarse, el nombre de la iglesia y la dirección completa,
- describir la situación y proporcionar toda información que se conozca.
- identificará si hay personas heridas y la gravedad de estas.
- permanecerá en la línea telefónica y continuará proporcionando la información que la operadora de emergencia necesite.
- explicará si hay rutas de acceso seguro para la policía.
- empezar a documentar la hora y los eventos de lo que está sucediendo.[18]

Es importante que las guarderías y las escuelas que se reúnen en las instalaciones de la iglesia se aseguren de añadir su nombre a la lista de contactos de emergencia de la policía para que se les notifique en caso de un posible incidente violento.

"Recuerde: Si bien la policía estaría ahí para ayudar con la capacitación, la implementación, y los simulacros, este plan es totalmente responsabilidad de la escuela / iglesia. Si ocurre un incidente grave, es poco probable que la policía esté en las instalaciones al comienzo del incidente. Toda la organización incluyendo el personal, los estudiantes, la administración y los visitantes, deben estar preparados para implementar este plan de manera rápida y efectiva. Estos tipos de incidentes terminan en cuestión de minutos. El alcance del impacto de un incidente de este tipo dependerá de la capacidad de la organización para cerrarse lo más rápido posible.[19]

Es importante asegurarse que todos los estudiantes y personal apaguen su celular porque:
- Los celulares pueden alertar al sospechoso de que alguien está en ese salón, y
- El uso excesivo del celular puede bloquear las líneas para los canales de comunicación.

Alerta a las familias de que no recibirán ninguna llamada de sus hijos en caso de un simulacro o emergencia.

Mantener a los estudiantes seguros y calmados debe ser la prioridad número uno de los maestros durante el cierre o el simulacro. Los niños deben sentirse seguros en la escuela y les corresponde a los maestros proporcionar esta seguridad a sus alumnos. No importa cuánto tiempo pueda parecer la espera dentro de un aula encerrada, es imperativo que nadie salga hasta que la policía o el director lo indique. En ninguna circunstancia, un estudiante, maestros o líder de la iglesia enfrentará al sospechoso. Las compañías de seguro también advierten que la activación de la alarma de incendio debe ser ignorada, la policía no deberá usar la alarma para evacuar el edificio en caso de un encierro.

La prevención reduce riesgos. La preparación reduce el impacto.

17. Melanie Barwick. "School Violence what you should know, what you can do. April 20, 2009. www.cbc.ca/news/technology/school-violence-what-you-should-know-what-you-can-do-1.780403
18. Trillium Lakelands District School Board, "Violent Incident Emergency Reaponse Plan (code red-Lockdown), 2008, http://tbsb.on.ca.
19. Ibid.

Política

1. Deberán estar presentes dos adultos en el vestuario mientras los niños se bañan y se cambian, un personal del ministerio NO deberá estar solo en esta situación.[24]

2. Por respeto a los niños/jóvenes, y para mantener un alto nivel de profesionalismo, el personal deberá anunciar su llegada antes de entrar al vestidor.

3. El personal tiene prohibido bañarse y/o cambiarse al mismo tiempo que los niños/jóvenes.

4. Se deben diseñar instalaciones separadas para niños y niñas, si esto no es posible se deberá organizar tiempo para el uso de las regaderas y para cada género.

5. Si un niño no puede vestirse solo, deberá ser ayudado por uno de los padres o su tutor designado:

6. Se deben proporcionar instalaciones adecuadas donde los padres, o tutores puedan ayudar a los niños a que se vistan.

7. Si se solicita asistencia además del padre o tutor, esta ayuda deberá ser en presencia del padre, a la vista de otro personal y de una manera que solo se produzca el contacto físico necesario.[20]

8. Queda prohibido en todo momento la toma de fotografías y/o videos dentro de la regaderas y/o vestidores.

U. Reglamento para el Uso de la Regadera y Vestuarios

Plan

- Poner en práctica procedimientos para que el personal no esté solo con niños y jóvenes dentro de los vestidores y/o regaderas.

- Organizar horarios para el uso de la regadera en caso de no ser posible facilitar regaderas separadas para que así niños y niñas se bañen en horarios separados.

- Informar a los padres que deberán estar presentes para cambiar a sus hijos y/o asistirlos. (si el padre está ausente, tener su permiso por escrito para que el personal pueda realizarlo).

20- USTA, "USTA Safe Play Conduct, Polocies and Guidelies," January 1, 2017, http://www.usta.com/en/home/about-usta/who-we-are/national/safe-play-conduct-policies-guidelines.html
21- fAIRHOLM 1998, 24-25

Protección

Puede reducir situaciones de abuso de niños y ayudar a proteger al personal y a los voluntarios mediante una buena práctica. Es muy importante darse cuenta de que (mientras) tenga el deber de trabajar con niños, deberá también evitar cualquier acusación de abuso y/o comportamiento inapropiado con los jugadores. [22]

Las iglesias y su personal deben: Estar conscientes de las situaciones en las cuales sus acciones puedan ser malinterpretadas o manipuladas por otros[23] y evitar así cualquier oportunidad para que surja una acusación.

22- Itf couching, "Avoiding Child Abuse Guideline for those working with childrens in tennis" http://assiantennis.com/wq-content/upload/2016/03/ITF-Guidelines-on-avoiding-child-abuse.

23- Ibid

Política

V. Alojamiento Nocturno

incluyendo:
- Conferencias
- Campamentos
- Hoteles
- Moteles

1. Para la protección de nuestros niños y jóvenes, se seguirán las siguientes pautas antes de todos los viajes fuera del sitio donde se debe asegurar el alojamiento nocturno:
   - Se enviará a la familia un aviso con la carta de consentimiento, informándoles que se está planeando un viaje nocturno, lo que requiere que el equipo se quede en hoteles, campamentos, y/o centro de conferencias, y asegúrese de tener en cuenta:
     a. Que se estén tomando las precauciones necesarias para minimizar el riesgo y elevar el nivel de seguridad para sus hijos y jóvenes.
     b. Que se han planeado los arreglos específicos para dormir.

   - El padre o tutor deberán devolver la Carta de Información y Consentimiento firmada y atestiguada, y que incluya el escudo de responsabilidad requerido.

2.- Los jóvenes deben siempre colocarse en grupos pequeños del mismo género.

3.- Todo el personal que viaja con niños y jóvenes debe completar el proceso de selección y capacitación descrito en este manual antes de la partida. El personal seleccionado y capacitado que se coloca en una posición de confianza con niños y jóvenes debe ser reconocido por la organización 6 meses antes del evento.

4- Cualquier persona que viaje con el equipo que no califique con el personal selectivo, debe tener arreglos para dormir por separado.

5.- Cuando los viajes requieren alojamiento nocturno, se recomienda encarecidamente que este se organice en casas de anfitriones previamente seleccionados y aprobados, o en un centro de conferencias o campamento, donde los niños y jóvenes puedan permanecer juntos y donde pueda estar más de un personal seleccionado. (consulte la política de alojamiento), cuando esto no es posible, y sea necesario que el grupo se quede en hoteles, los planes deben hacerse para que niñas y jóvenes tengan cuartos separados de los adultos. En tus planes te recomendamos que:
   - Los cuartos de hotel se encuentren en el mismo piso; y,
   - Los papas sean alentados a acompañar al equipo en el viaje y así asignar cuartos por familia; o,
   - Solicite cuartos con dos o tres recámaras. Asigne dos estudiantes a una habitación separada, apartada de los dos adultos que han sido seleccionados; o
   - Asigne dos personas no relacionadas entre sí, trabajadores adultos seleccionado en el mismo cuarto con dos o más estudiantes; o
   - En cuartos de hotel o/y motel con recámaras adjuntas, asigne un personal adulto seleccionados con dos estudiantes en cada cuarto. Para la rendición de cuentas, la puerta que une a los dos cuartos deberá permanecer abierta en todo momento. Niños y jóvenes deberán tener arreglos para dormir claramente separados de los adultos.

6.- El personal seleccionado nunca deberá permanecer en el cuarto a solas con un niño o joven.

7.- Los niños no se deberán quedar solos en un cuarto de hotel.

8.- En ningún momento, el personal deberá dormir en la misma cama que un niño o joven.

9.- Se establecerán y se hará cumplir el toque de queda para los niños y/o jóvenes cuando viajan por la noche.

profección

Han planeado. Han recaudado fondos. Han trabajado juntos como un equipo y están contando los días antes de salir. Tal vez es un viaje de junta escolar, tal vez un torneo de béisbol fuera de la ciudad, los estudiantes apenas pueden esperar el día para realizar este viaje.

Viajes de la escuela o torneos de béisbol son muy importantes en diferentes maneras. Enseñan responsabilidad, comprensión del trabajo en equipo y pueden ser oportunidades que cambian la vida.

A su vez nuestra responsabilidad es planificar estos eventos para proteger los resultados que esperamos lograr. Cuando se necesita alojamiento de noche, es importante que se establezcan planes. Estos planes son para asegurar que los estudiantes no estén en situaciones vulnerables.

plan

◯ Tener cartas de consentimiento, para viajes nocturnos, escribiendo los arreglos de alojamiento, enviados firmados y devueltos.

◯ Organizar alojamiento cada noche para garantizar que las asignaciones de habitaciones del personal y el número de studiantes cumplan con el requisito.

◯ Establecer horas de llegada y de dormir.

política

W. Política de Fotografía y Video

Con el deseo de capturar los momentos memorables, el líder de la organización supervisará de cerca la toma de fotografía y video.

1. El personal debe evitar lo siguiente:

- La fotografía y grabación de video serán realizadas por personal designado que haya sido seleccionado y capacitado en la protección de niños y jóvenes;

- Para todas las actividades y programas de niños y jóvenes, se deberá obtener el permiso de los padres antes de tomar fotos de niños y jóvenes.

- El permiso de los padres se garantizará anualmente en el formulario de registro;

- No se permitirá tomar fotografías ni video antes de que los padres hayan firmado el permiso;

- Ninguna fotografía será publicada en Facebook, Instagram o ningún otro medio social, sin el permiso de los padres y solo será publicada en sitios web que puedan ser monitoreados por los líderes de la iglesia;

- Proporcionar un medio para que los padres puedan retirar o cancelar el permiso de fotografías y videos de sus hijos;

- Para identificar fácilmente a los niños y jóvenes que no se les debe tomar fotografías, se recomienda que identifique claramente con una etiqueta adhesiva en su nombre o un brazalete. Se debe hacer todo lo posible para cumplir con la solicitud de los padres;

plan

○ Designar a un fotógrafo.

○ Asegurar el permiso de los padres por escrito en el formato de registro para la toma de fotografía y video.

○ Establecer claramente cómo se va a identificar a los niños y jóvenes que no se les deberá tomar fotografías ni videos.

○ Establecer un proceso para el archivo de fotografías y video.

Continuación de la ...

Política

• No se etiquetará ninguna fotografía con el nombre de un niño/joven en ningún momento, incluyendo, pero sin limitarse, a los tablones de anuncios, boletines, sitios web y/o boletines de la iglesia;

• Cuando se archiven fotografías y videos de niños y jóvenes, sólo se podrán conservar para su uso futuro aquellas que cuenten con el permiso escrito de los padres. Los formularios de permiso por escrito deben mantenerse permanentemente archivados en la oficina de la iglesia. Las fotos archivadas deben estar etiquetadas y con referencias cruzadas con el formulario de permiso de los padres.

Protección

Tomar fotografías en los eventos a los niños y jóvenes, brinda la oportunidad de captar una película de recuerdos de estos eventos. No hay nadie más orgulloso que un padre o un abuelo cuando sus hijos y/o nietos están en un campamento de teatro actuando en el escenario y haciendo amigos para toda la vida. Sin embargo, algunas personas no quieren que les tomen fotografías. Esto es especialmente cierto si hay una batalla de custodia o padres preocupados por la privacidad de sus hijos en el internet.

Para honrar la solicitud de los padres, recomendamos que la organización designe a un fotógrafo especialmente dedicado para capturar estos momentos en video.

Para las actividades públicas en general, incluidos los eventos en los que se realizarán grabaciones de video, recomendamos que se publiquen avisos para notificar a los asistentes que la actividad se capturara en una película. Las personas que no deseen que se grabe su imagen o la imagen de sus hijos, pueden dar a conocer su deseo al fotógrafo de la iglesia y deberán comunicarse con el líder por medio de una carta.

Para programas y actividades de niños y jóvenes, obtenga el permiso de los padres que se encuentra dentro del formato anual de registro. Este permiso admitirá a los padres la oportunidad de diferenciar si las fotografías se pueden ser utilizadas para propósitos únicos de la Iglesia, boletín informativo, tabón de anuncios, material para promoción, o el uso en internet.

Los padres también deben ser informados que el consentimiento de fotografía se puede retirar en cualquier momento.

Procedimientos de Protección Juvenil

I- Estándares para el Personal del Ministerio Juvenil

A) Estilo de Vida
B) Oportunidades para Ponerse en Contacto
C) Política de Puerta Abierta

D) Contacto Físico
E) Relaciones
F) Acoso y Discriminación

II- Programación del Ministerio Juvenil

A) Plan para Proteger™ Mantenimiento del Programa
B) Proporciones para el Personal del Ministerio
C) Supervisión del Personal del Ministerio
D) Formatos de Autorización y Consentimiento del Ministerio Juvenil
E) Planeación para la Seguridad
F) Afrontando las Lesiones
G) Planificación de Eventos Fuera del Sitio

H) Retiros y Eventos Nocturnos
I) Vivienda y Hospedaje
J) Transportación
K) Uso de Computadoras, Internet y Redes Sociales
L) Pautas de Confinamiento
M) Reglamento para el Uso de la Regadera y Vestuario
N) Alojamiento Nocturno

III- Asuntos Importantes del Ministerio Juvenil

A) Asistencia Juvenil
B) Abuso de Sustancias

C) Intervención de Suicidios y Crisis
D) Disciplina del Comportamiento Inapropiado.

Caso de Estudio

Procedimientos de Protección Juvenil

Aarón bajó su mirada y leyó la descripción del trabajo. Estaba emocionado porque Dios le había concedido los deseos de su corazón y por haberlo llamado para ser el Pastor Juvenil. Esta era su primera semana de trabajo, y lo primero que quería hacer era contactar con todos los jóvenes individualmente, encontrarse con ellos en su territorio y conocerlos. Una vez que conoció a los muchachos, comenzó a reclutar a otros líderes del ministerio en la iglesia para trabajar en equipo con el ministerio juvenil.

No podía esperar a tener oportunidades para ayudar a los muchachos a resolver sus problemas y desafiarlos a crecer en su fe con Cristo. Había estado soñando durante años con llevar a los muchachos a realizar buenas obras en la comunidad. Ya tenía planeada una semana muy ocupada y tenía una cita de terapia programada.

Aquí estaba el reto: ¿Cómo iba a reunirse con los muchachos individualmente y aun así cumplir con los procedimientos de protección de no estar a solas con los ellos? ¿No derrota esto la idea de pastorear a los jóvenes? Incluso si se reuniera con dos o tres a la vez, ¿cómo podría hacer arreglos para recoger a uno de ellos en el automóvil y dejar al último?

Al mirar su agenda, Aarón sabía que necesitaba comenzar con el pie derecho con respecto a la protección juvenil... pero la gran pregunta era ¿cómo?

Lunes:
- 12:00 p.m. Reunirse con Sandy en la puerta principal de la Preparatoria Creston y llevarla al McDonald al final de la calle para almorzar.
- 3:00 p.m. Recoger a John
- 3:05 p.m. Recoger a Trevor. Llevar a John y Trevor al partido de básquetbol de Jim.

Martes
- 7:00 a.m. Recoger a Leanne para desayunar y llevarla a la escuela a las 9:00 a.m.

Miércoles
- 12:00 p.m. Reunirse con Todd y Josh en el McDonald, a un lado de la Preparatoria Creston.
- 3:00 p.m. Reunirse con Victoria en la Preparatoria St. George para una caminata en el centro de la ciudad y un par de sándwiches.

Jueves
- 7:00 p.m. Práctica del grupo de alabanza.
- 9:00 p.m. Reunirse con Jane para terapia en la iglesia.

Viernes
- 7:00 p.m. Grupo Juvenil

Continuación de Estudio de un Caso...

Retrospectiva es 20/20:

Aarón tiene el corazón adecuado para el ministerio. Él también está muy ansioso por comenzar su ministro y conocer a los jóvenes. Revise y discuta las prioridades de Aarón y considere cómo Aarón puede superar el desafío de su horario e implementar Plan para Proteger® mientras trabaja con los jóvenes. Todas las respuestas se encuentran en esta sección, Procedimientos de Protección Juvenil. A menudo podemos ver las políticas como un obstáculo para el ministerio, en lugar de como un amigo que nos ayuda a proteger tanto a los jóvenes y como a nosotros mismos. No permita que los desafíos derroten su pasión y el deseo de pasar tiempo con tus jóvenes, sea creativo, proponga soluciones -están ahí para encontrarlas.

> Esta sección de Procedimientos de Protección Juvenil es una sección complementaria y no reemplaza las secciones de reclutamiento y selección del personal para el ministerio y la sección de Denuncia y Respuesta al Abuso de Plan para Proteger™, a menos que se indique lo contrario en esta sección se aplicarán estas políticas.

I. Estándares para el Personal del Ministerio Juvenil

Política

1.- Para la protección de nuestros jóvenes, el personal del ministerio debe estar comprometido a mantener una vida espiritual consistente. Esto incluye oraciones, leer la Biblia, y asistir a los eventos juveniles, a las reuniones de planificación, y servicios de adoración.

2.- El personal del ministerio debe ser un modelo de integridad en todo momento. El personal debe abstenerse de realizar actividades ilegales o que pueden considerarse moral y bíblicamente cuestionables.

A. Estilo de Vida

protección

El ejemplo que damos a los estudiantes es mucho más crítico de lo que pensamos. Ya sea que lo sepamos o no, los estudiantes verán la consistencia y el valor de nuestras vidas espirituales. A menudo emitirán juicios basados en lo que ven en la vida de las personas que los rodean. En el ministerio juvenil de la iglesia, la modelación clara de nuestras creencias es más que una declaración de nuestros valores. Habla claramente de los valores de nuestra iglesia, de nuestro ministerio juvenil y de nuestro Señor.

Una de las grandes cosas de los jóvenes -que también es uno de los aspectos más peligrosos- es que los estudiantes llevan las cosas al extremo. Cuando reunimos a las tropas para vivir para Dios y lo demostramos bien en nuestras vidas, los estudiantes pueden emocionarse y hacer que su comportamiento tenga un impacto real con más energía. Un ejemplo es cuando un líder maneja como un loco con un coche lleno de estudiantes. Es divertido y se ve bien. Sin embargo, cuando esos estudiantes obtengan sus licencias de conducir, ¿cómo conducirán cuando su automóvil esté lleno de otros estudiantes?

Si los líderes están involucrados en privado en comportamientos cuestionables o límites, no pueden mantener la integridad personal.

plan

○ Reclutar y seleccionar al posible personal para el ministerio de acuerdo con las políticas descritas en la sección de Reclutamiento y Selección del Personal para el Ministerio de Plan para Proteger™.

○ Comunicar claramente los requisitos de estilo de vida y las expectativas espirituales del personal del ministerio.

Continuación de la ...

Protección

¿Cómo es que esto impacta la protección?

Lo que usted enseña con su vida, actitudes, valores y comportamiento comunicará más allá de lo que enseña con sus palabras. Necesitamos pensar en la seguridad a largo y a corto plazo.

Estamos haciendo todo lo posible para proporcionar un entorno seguro para nuestros estudiantes. Entre más trabajo hagamos al inicio de la selección del posible personal para el ministerio, así como asegurar su propia consistencia y crecimiento espiritual, solidificando las ideas afines en el equipo, y entre más confianza tengamos en el rol individual de cada líder y el riesgo potencialmente involucrado, conociendo el corazón espiritual, la consistencia del estilo de vida de cada voluntario se reducirá considerablemente el riesgo de que suceda algo horrible.

"En la juventud aprendemos:
con la edad entendemos".
Marie Van Ebner-Eschenbach

Política

B. Oportunidades para Ponerse en Contacto

1. Se alienta al personal del ministerio a reunirse con jóvenes en grupos pequeños y en equipos.

2. El líder del ministerio debe preparar la conducción de cualquier tutoría uno-a-uno, con la información siendo documentada y archivada.

3. La tutoría uno-a-uno deberá realizarse en público, y sólo bajo las siguientes condiciones:

   • El líder del ministerio deberá estar informado del lugar y la hora donde se llevará a cabo la reunión, antes de que esta suceda.
   • Se conceda por escrito el permiso de los padres.
   • Se organicé el transporte por separado.

plan

○ Realizar oportunidades de contacto con jóvenes principalmente en grupos pequeños.

○ Llevar a cabo la tutoría de los jóvenes fuera de las instalaciones con la aprobación previa del líder del ministerio y en cumplimiento de las políticas de uno a uno.

○ Instruir al personal del ministerio a que evite llevar a los estudiantes a casa cuando se quedan solos con un estudiante en el vehículo.

profección

Se consideró que esto era solo problema de género cruzado.

Ahora entendemos que es un riesgo tanto para el personal masculino del ministerio como para los niños menores de edad. Debemos evitar cualquier riesgo de ser acusados. Estar a solas con un estudiante, aunque nunca pase nada, esto abre la puerta al riesgo de una acusación. Evite el riesgo no colocándose en una situación vulnerable sin testigos.

"Algunas dinámicas que crean un entorno favorable, podrían en última instancia proteger contra el abuso infantil pero también pueden abrir las puertas a conductas de abuso sexual. Las investigaciones han demostrado que los jóvenes emocionalmente inseguros, ansiosos y sin apoyo pueden ser más vulnerables a las atenciones de los delincuentes. Al promover relaciones cercanas y afectuosas entre jóvenes y adultos, las organizaciones pueden ayudar a los jóvenes a sentirse apoyados y amados, y así reducir el riesgo de abuso sexual infantil. Pero esa misma cercanía entre un joven y un adulto también puede brindar la oportunidad de que ocurra abuso. Al desarrollar políticas para la prevención del abuso sexual infantil, la organización deberá equilibrar la necesidad de mantener a los jóvenes seguros con la necesidad de cuidarlos".[1]

---

1. Saul J. and NC Audage, Prevention Child Sexual Abuse Within Youth-serving Organization. Getting Started on Policies and Procedures, (Atlanta, Centers for Disease Control and Prevention, National Center for Injury Prevention and Control, 2007) 2.

Política

1.- El Personal del ministerio que trabaja con jóvenes no tendrá reuniones uno-a-uno ni de grupos-pequeños a puerta cerrada. Se requiere que la misma permanezca abierta en todo momento, o que el lugar de la reunión tenga una ventana con líneas de visibilidad claras.

C. Política de la Puerta Abierta

protección

Asegúrese de que siempre haya líneas de visibilidad claras y abiertas. No permita oportunidades en las que alguien haga acusaciones falsas por no tener testigos. Esto es especialmente importante cuando solo un trabajador está presente.

Si usted necesita hablar uno-a-uno, reúnase en un restaurante de comida rápida, o en una cafetería donde haya más personas alrededor (no manejen juntos). Alternativamente usted podría reunirse en uno de las habitaciones de la iglesia que tenga ventanas grandes, para que así la gente pueda verlos, pero no escucharlos. Evite lugares o situaciones donde podrían resultar acusaciones.

plan

○ Capacitar a los líderes para que lleven a cabo reuniones de jóvenes uno-a-uno y/o en grupos pequeños en áreas con las puertas abiertas y/o en habitaciones que tengan ventanas grandes y sin obstáculos.

Política

D. Contacto Físico

1. Las pautas de contacto físico deben ser publicadas en el departamento de jóvenes.

2. El personal del ministerio debe de estar consciente de lo que constituye un toque apropiado:
- abrazos de un solo brazo.
- abrazos de hombro a hombro.
- toque en la parte posterior del hombro.

3. El personal del ministerio debe de abstenerse de cualquier contacto inapropiado en todo momento, como:
- Abrazo de pecho a pecho.
- Abrazos prolongados.
- Afecto excesivamente exuberante.
- Sentarse en las piernas de otro.
- Besos.
- Tocar muslos, rodillas o partes inapropiadas del cuerpo.

4. El personal del ministerio debe ser consciente de una conducta que podría ser malinterpretada.
- Payasadas.
- Cosquilleos.
- Masajes prolongados en la espalda

plan

○ Comunicar claramente las "Pautas de Contacto Físico" durante la capacitación, y publíquelas en el departamento de jóvenes, así como en el manual para voluntarios.

protección

La conducta puede parecer inocente para una persona, pero puede ser considerada inapropiada para otros o para quien esté observando. Tal comportamiento debe ser monitoreado muy de cerca y se debe alentar al personal del ministerio a que se abstenga de tal conducta.

Es importante que los líderes sean "adultos que amen y se preocupen por los adolescentes" - no adultos que intentan ser niños o alargar su juventud estando con niños. Es más probable que los estudiantes respondan y amen de la manera correcta si actúas de manera apropiada. Es más probable que los estudiantes respondan de manera inapropiada cuando les envíes señales que pueden ser malinterpretadas (o si intencionalmente les envías señales inapropiadas).

Política

E. Relaciones

1.- El personal que trabaja con jóvenes no puede entablar una relación amorosa con un estudiante.

2.- El personal debe notificar de inmediato al líder sobre cualquier incumplimiento de esta política. El incumplimiento de esta puede conducir a un despido inmediato.

protección

plan

Nunca. Nunca es la única palabra necesaria aquí. Incluso si una relación puediera darse en el futuro, nunca es apropiado entre un líder y un estudiante. A menudo el liderazgo espiritual y la tutoría puede conducir a una intimidad espiritual que puede ser mal entendida y malinterpretada. Puede fácilmente dirigir a otro tipo de intimidades.

Líderes del ministerio juvenil normalmente son oficialmente adultos (más de 18 años de edad). Lo más probable es que los estudiantes en nuestros ministerios no sean todavía oficialmente adultos (menores de 18 años). Cualquier contacto físico entre ambos no solo es inapropiado, sino que podría ser ilegal. No solo eso, sino que la intimidad emocional, mental y física con una menor crea un ENOMRE riesgo de acción legal.

Porque somos líderes espirituales que se preocupan y escuchan, los enamoramientos y las atracciones son muy comunes. Esta no es una base válida para una relación íntima en el sentido de las citas. Los líderes deben ser conscientes y fuertes. Ceder ante los enamoramientos y las atracciones es como caminar sobre hielo fino.

○ Aplicar estrictamente la política de "Prohibidas las Citas" entre el personal del ministerio y los estudiantes.

política

F. Acoso y Discriminación

1.- Nuestra iglesia se compromete a fomentar un ambiente libre de acoso, en el que todas las personas sean tratadas con respeto y dignidad. Cada miembro de la comunidad de nuestra iglesia tiene el mismo derecho a un trato equitativo con respecto al empleo y a la recepción de servicios e instalaciones sin ser acosados basándose en los siguientes motivos que son prohibidos sin importar: raza, linaje, lugar de origen, color, origen étnico, ciudadanía, credo, sexo, edad, estado civil, situación familiar o discapacidad.

2.- El trato desigual de un miembro de la comunidad de nuestra iglesia a causa de una persona con la que mantiene una relación o está asociada, basándose en cualquiera de los motivos prohibidos enumerados anteriormente, constituye también una violación del derecho de esa persona a no sufrir acoso.

3.- Los comportamientos de acoso son ofensivos, degradantes e ilegales. Cada miembro de la comunidad de nuestra iglesia, especialmente el personal del ministerio seleccionado, es responsable de crear un ambiente el cual es libre de acoso. Aquellos que hayan incurrido en dicha conducta serán objeto de medidas disciplinarias.[2]

plan

○ Comunicar claramente las normas de Acoso y Discriminación durante las capacitaciones y publicarlas en los departamentos de niños y jóvenes, así como en el manual para voluntarios.

○ Hacer que los líderes de la iglesia determinen los procedimientos disciplinarios adecuados y que proporcionen normas claras por escrito de estos procedimientos.

protección

Genesis 1:27 nos dice "Y Dios creó al ser humano a su imagen; lo creó a imagen de Dios. Hombre y mujer los creó" En el Nuevo Testamento, el apóstol Pablo escribe: "Ya no hay judío ni griego, esclavo ni libre, hombre ni mujer, sino que todos ustedes son uno solo en Cristo Jesús". (Gálatas 3:28 NVI) Ante los ojos de Dios, todos los seres humanos son Su divina creación y en conjunto, se nos ha dado la administración de la tierra. Ningún ser humano es superior a otro, pues todos hemos sido creados a la imagen de Dios. Debemos respetar la creación de Dios respetando a los demás.

El acoso puede ser físico, sexual, verbal, y visual contra un individuo o grupo. Esto puede ocurrir entre niños, adultos o adultos con niños. Ya sea intencional o no, el acoso demuestra una falta de respeto por la dignidad y el carácter de la persona a quien se dirige. Dado que la persona puede ser una persona vulnerable como un niño (menor de 18 años) un adulto con retraso en el desarrollo o un empleado de la organización (acosado por un supervisor), no hay ningún requisito de que él o ella se opongan formalmente a la conducta antes de que se convierta en violación.

2, Ryerson University, Discrimination and Harrasment Prevention Policy, 2008. http://www.ryerson.ca

©Plan para Proteger™ 2023

Continuación de la
Protección

La característica definitiva es que el comportamiento no es deseado por el receptor (excepto en el caso de los niños que no pueden consentir en virtud de su edad), e injustificada por la relación. También sería considerado como tal por cualquier persona razonable. Las personas en cargos de confianza y autoridad tienen la obligación particular de asegurarse de no utilizar su poder para acosar. Dichas personas deben ser consciente de que la autoridad genuina se basa en el respeto.

El acoso, la victimización y la intimidación pueden incluir:
- Insultos despectivos.
- Comentarios que se conocen o deberían razonablemente no ser bienvenidos.
- Represalias o amenazas de represalias.
- Comentarios denigrantes, abusos verbales, insultos y amenazas.
- Ridiculizar o menospreciar a una persona.
- Exhibición de materiales ofensivos, como imágenes racistas o sexistas.
- Ofensas pesadas o bromas verbales.
- Grafitis o insignias ofensivas.
- Exhibición o transmisión electrónica de material ofensivo.
- Ataque físico consistente en golpear, dar puñetazos o jalar la ropa o el cabello de alguien, que no sea deseado por un individuo.

El acoso sexual puede ser directo, implícito, obvio o sutil. El acoso sexual es la atención sexual no solicitada y no deseada y otras conductas verbales, visuales o físicas de naturaleza sexual por parte de una persona que sabe o debería saber que no es bienvenida. En el caso donde los niños son víctimas, ellos no están obligados a verbalizar que el contacto no es deseado. El comportamiento sexual de cualquier naturaleza hacia los niños por parte de un adulto en calidad de cuidador o con funciones de autoridad es un delito penal y será tratado en consecuencia.

El Acoso Sexual puede incluir:
- Comentarios sexuales degradantes, declaraciones sexuales explícitas, preguntas, calumnias, bromas sexuales, anécdotas o insultos.
- Comentarios inapropiados sobre la ropa o la apariencia física, o solicitud repetida de compromisos sociales en los casos donde existe una relación profesional.
- Cartas, notas o invitaciones sugestivas u obscenas.
- Miradas lascivas, gestos, exhibición de objetos o imágenes sexualmente sugerentes, caricaturas o pósters.
- Comentarios sexistas, solicitudes de favores sexuales, insinuaciones o demandas sexuales, ya sean físicas, verbales incluyendo comunicación electrónica.
- Agresión sexual, caricias, toques, roces y besos.
- Seguir expresando interés sexual después de haber sido informado de que este no es bienvenido
- Hacer represalias o amenazas, después de una respuesta negativa al avance sexual o después de una queja de acoso sexual.
- La sumisión a la tolerancia del acoso sexual en un término o condición explícita o implícita de cualquier servicio, beneficio o programa patrocinado por la iglesia.

Continuación de la
Protección

Un solo incidente de suficiente gravedad puede constituir acoso sexual. Al determinar si un acto específico o un patrón de comportamiento viola esta política, las circunstancias que rodean la conducta deberán considerarse junto con la definición mencionada de acoso sexual. Dicha determinación se deberá realizar desde la perspectiva de una "persona razonable" del mismo sexo y la víctima.[3]

Es importante que tratemos a las familias de nuestra organización de manera justa y amablemente, creando ambiente de comprensión cultural entre los niños y el personal. Las prácticas de crianza de los niños son muy diversas, como lo son las diferencias de culturas, religión, clase, ideología y sexualidad. El negocio de la práctica contra la discriminación es asegurar que todas las diferencias sean valoradas y comprendidas. Juicios acerca del cuidado y protección de un niño tienen que estar basados objetivamente en una evaluación de los hechos y no en suposiciones o estereotipos de valores culturales y estilo de crianza divergentes. El abuso y negligencia infantil existen en todas las comunidades y todas las culturas. Nunca tolere el abuso y ni la negligencia, ni colabore con él para evitar ser etiquetado de racista... Si el comportamiento de los padres se percibe como dañino, rételo, pero hágalo con sensibilidad y no de una manera que agrave la desventaja. Muchas familias han experimentado en algún momento servicios discriminatorios y/o insensibles. Asegúrese de que la ayuda que se les brinde sea de una manera que no discrimine más, pero que promueva positivamente la seguridad y el bienestar de todos los niños.[4]

Sométanse unos a otros,
por reverencia a Cristo
Efesios 5:21 (NVI)

---

3. Ryerson Unniversity. "Discrimination and Harassment"
4. Barker and Hodes. The Child in Mind 21.

II. Programación del Ministerio Juvenil

Política

1. Cada año, al inicio del ciclo del programa, se desarrollará y se revisará una estrategia para el mantenimiento de este, para garantizar que tanto la capacitación, la actualización de los archivos, y el entorno físico cumplan con la política.

A. Plan para Proteger™ Mantenimiento del Programa

protección

La tarea de implementar Plan para Proteger™ en la vida de la iglesia es un proceso continuo. Actualizará sus políticas a medida que descubra vacíos o estrategias que simplemente no están funcionando. Debe capacitar anualmente al inicio del ciclo del programa tanto a los posibles candidatos para el ministerio como reeducar al personal existente. Es necesario dar un paseo por las instalaciones y mirar los salones de clases, ventanas y equipos desde una perspectiva de seguridad y protección.

Su sistema de archivo debe ser revisado anualmente tomando notas acerca de las capacitaciones, renovaciones anuales y sobre las actualizaciones de verificación de antecedentes penales. "Una vez que la persona deja de ser un voluntario o abandone la iglesia, todos sus formularios y documentos confidenciales deberán colocarse en un sobre sellado y conservarse en un archivo bajo llave. Si se produjera una denuncia de abuso en el futuro, y algunos cargos aparecieran décadas después, la iglesia necesitará esos documentos para demostrar que tuvo un cuidado razonable en la selección del voluntario.[5]

plan

○ Determinar una estrategia anual para el mantenimiento del programa.

○ Confirmar los planes con los líderes de la iglesia sobre cómo se llevará a cabo la revisión.

---

5. Cabble, Hanna and Klipowicz, Reducing the Risk II, 29.

Continuación de la
Protección

Quizás la iglesia podría animarse a nombrar un oficial de Plan para Proteger™, que no sea ni el Pastor de los Niños ni el Pastor de los jóvenes, sino alguien encargado de la responsabilidad de encontrar las respuestas a las siguientes preguntas anualmente.

- ¿Ha capacitado cada departamento a sus trabajadores sobre Plan para Proteger™?
- ¿Están las políticas impresas y disponibles?
- ¿Existen suficientes materiales para la capacitación e información?
- ¿Están siguiendo los trabajadores las políticas y procedimientos requeridos?
- ¿Cuáles son los obstáculos que impiden el cumplimiento de las políticas y cómo se pueden eliminar?

Considere invertir en el entrenamiento de certificación de Plan para Proteger™, administradores, líderes y entrenadores. (visite www.plantoProteger.com)

"Saber a dónde vas,
es el primer paso para llegar allí".
- Ken Blanchard - Somos los Amados

política

1. Los programas para jóvenes deben cumplir con la proporción de personal establecidas de la siguiente manera:
- **Eventos de Secundaria** – dos personas del ministerio por cada 16 estudiantes.
- **Eventos de Preparatoria** – dos personas del ministerio por cada 20 estudiantes.
- **Eventos nocturnos fuera de sitio** – dos personas del ministerio por cada 16 estudiantes.

2. Para cumplir con los estándares del seguro, en todos los eventos deberá de haber al menos dos personas del ministerio no relacionadas entre sí.

3. Los eventos nocturnos con géneros mixtos deben estar acompañados por personal del ministerio tanto masculino y como femenino.

4. Se recomienda que haya una brecha de cinco años entre el personal y el grupo de jóvenes a su cargo.

B. Proporciones para el Personal del Ministerio

plan

- Mantener el personal adecuado en todos los eventos juveniles.

- Asignar dos personas del ministerio no relacionadas entre sí.

- Observa los requisitos de diferencia de edad.

protección

Entendiendo que cada situación es diferente, hará que siempre hagamos todo lo posible para reducir el riesgo. No es siempre apropiado tomar el camino fácil y pasar por alto temas importantes. Póngase en contacto con el abogado de la iglesia y la compañía de seguros para ver cómo responden a las proporciones arriba mencionadas. Tenga una discusión y escuche su perspectiva. Esto le ayudará a comprender su propio riesgo como lider por si algo sucediera.

A medida que muchas iglesias se mueven para promover la familia y el ministerio familiar, se presentan más y más casos en que miembros de la misma familia (ejemplo: esposo y esposa) se ofrezcan como voluntarios por lo que es fundamental recordar que se debe asignar otro voluntario al equipo que no esté relacionado con la familia. Los miembros de la familia constituyen solo una voz en una sala de tribunal. Si es imposible que se asigne a alguien más para trabajar con la familia, se debe aplicar la política de puerta abierta y ventas libres en conjunto con un monitor de sala.

Política

1. La supervisión del personal del ministerio será intencional. Se llevará a cabo mediante visitas formales e informales a los salones de clases y los programas.

C. Supervisión del Personal del Ministerio

protección

Lista de los cuatro principios de supervisón para Reducir el Riesgo:

• A medida que aumenta el riesgo, la supervisión también deberá
aumentar.
• El riesgo aumenta a medida que aumenta el aislamiento.
• El riesgo aumenta a medida que disminuye la responsabilidad.
• El riesgo aumenta cuando existe un desequilibrio de poder, autoridad, influencia y control entre un abusador en potencia y una posible víctima.[6]

Un paso muy importante para proporcionar un ambiente seguro y confiable en su ministerio es la supervisión del personal. Esto se puede hacer revisando a través de las ventanas del salón para asegurarse de que todo va bien, planeando visitas formales e informales a los salones o simplemente haciendo rondas. La supervisión brinda a los líderes oportunidades para dar direcciones y asistir a quienes pueden tener dificultades o estar frustrados. También refuerza y fomenta el buen manejo del aula.

"La supervisión de los trabajadores del ministerio infantil debe... promover la confianza, la responsabilidad y la relación entre el líder y el trabajador. Esto se puede lograr a través de un enfoque ministerial orientado al equipo en donde los líderes y los
trabajadores se esfuerzan por lograr juntos el mismo objetivo. Una forma en que los líderes pueden promover el trabajo en equipo es mantener una alta visibilidad, lo que facilita la comunicación y construye el sentido de trabajo en equipo y confianza. La alta visibilidad también fomenta la responsabilidad. Es saludable para los trabajadores ser responsables de proporcionar un ministerio de calidad".[7]

Para refutar acusaciones falsas, la supervisión debe ser intencional. Los tribunales buscarán un proceso sistemático mediante el cual la iglesia supervise al personal de su ministerio.

plan

◯ Establecer un plan y proceso para supervisar al personal.

◯ Tome medidas para garantizar la visibilidad en las aulas a través de las puertas o ventanas

---

6. Cabble, Hanna and Klipwitz. Reducing the Risk II,50
7. Zarra, It Should Never Happen Hee, 65.

política

1. Al comienzo de cada año, todos los jóvenes deben presentar los Formatos de Autorización y Consentimiento (apéndice 14) completos y firmados por sus padres o tutores. Estos formularios deben fotocopiarse y los originales deben conservarse y archivarse de forma permanente. Las copias fotostáticas deberán tenerse a la mano en todos los viajes y salidas fuera de sitio en caso de que se requiera asistencia médica y los padres no puedan ser notificados.

2. La Autorización del Ministerio Juvenil no reemplazará los formatos de autorización y consentimiento específicos para las actividades que impliquen un riesgo elevado o viajes nocturnos.

3. Se ha considerado la posibilidad de incluir "escudos de protección de la responsabilidad" en los formularios de consentimiento para las actividades que implican un nivel de riesgo. (Apéndice 16).

4. Se incluirá una declaración de liberación y permiso en todos los formularios de registro liberando a la iglesia de daños
y accidentes imprevistos.

Yo/Nosotros, los padres o tutores arriba mencionados, autorizamos al personal del ministerio de la Iglesia _____, a firmar el consentimiento para el tratamiento médico y autorizo a cualquier medico u hospital para realizar una evaluación médica, tratamiento o procedimientos en el participante arriba mencionado.

Yo/Nosotros mencionados anteriormente, nos comprometemos y acordamos indemnizar y eximir de culpa al personal del ministerio, la iglesia _____, sus pastores y miembros de la junta directiva de y contra cualquier pérdida, daño o lesiones sufridas por el participante como resultado de ser parte de las actividades de la iglesia _____ así como de cualquier tratamiento médico autorizado por las supervisores que representan a la iglesia. Este consentimiento y autorización son efectivos solo cuando se participa o se viaja a eventos de la iglesia _____.

5. En todos los formularios de inscripción se incluirá una declaración que estipule el propósito y el alcance de la recopilación de información personal de los jóvenes.

Propósito y Alcance:
La iglesia _____ está recopilando y reteniendo esta información personal con el propósito de inscribir a su hijo en nuestro programa, para asignar al estudiante a las clases apropiadas, para desarrollar y nutrir las relaciones continuas con usted y su hijo, y para informarle de las actualizaciones del programa y las próximas oportunidades en nuestra iglesia. Esta información se mantendrá de forma permanente, ya que es un requisito de nuestra compañía de seguros y del asesor legal. Si desea que la iglesia _____ límite la información recopilada, o para ver la información de su hijo, por favor póngase en contacto con nosotros.

D. Formatos de Autorización y Consentimiento del Ministerio Juvenil

plan

○ Distribuir los formularios de autorización y consentimiento, una vez estén completos, archívelos anualmente.

○ Desarrollar procesos para que los nuevos jóvenes que asisten a mitad de año completen los formatos.

○ Asegúrese de que el personal del ministerio lleve consigo las fotocopias de los formatos de autorización y consentimiento del ministerio juvenil, en todos los viajes fuera del sitio.

protección

Vivimos en una época en la que la información se utiliza y se malgasta. Al tratar de trabajar con las realidades del ministerio mientras los niños están bajo nuestro cuidado y la necesidad de proteger a la iglesia, es que hemos desarrollado estas políticas de registro para niños.

En muchos estados no hay plazo para la prescripción sobre el abuso infantil. Por lo tanto, de acuerdo con las responsabilidades legales, tenemos una razón legítima para mantener registros de forma permanente.

Los formularios de registro deben estar disponibles en cada evento. Ayude a sus familias a comprender que cuando traen a un niño que los visita, ellos deben hacer que la familia del niño complete el formato de permiso o de liberación. Si eso no es posible para el evento, el padre que traiga al niño será considerado el tutor de la noche, y se enviará a casa con el estudiante, un formulario de inscripción.

Los formularios de inscripción son realmente una herramienta de ministerio que le ayudan a entender a la familia. Le permiten a usted conocer las necesidades de un niño, incluyendo necesidades especiales o algún arreglo de custodia. El asesor legal recomienda verificaciones puntuales periódicas y la confirmación con los padres de que los formularios de consentimiento recibidos hayan sido firmados por los padres.

Continuación del plan

○ Desarrollar y distribuir formatos de consentimiento específicos para eventos y escudos de responsabilidad para viajes nocturnos y otras actividades de alto riesgo.

○ Desarrollar todos los formatos para el ministerio juvenil y mantenerlos en el archivo de forma permanente.

○ Hacer verificaciones de comprobación periódicas y confirmaciones para asegurarse que la firma de los padres sea genuina.

Política

1.- Todo el personal debe garantizar un entorno seguro en la planificación y evaluación de las actividades.

2.- Las precauciones de seguridad deben ser publicadas y altamente visibles para los estudiantes.

E. Planeación para la Seguridad

protección

No hay duda de que "perder el tiempo", participar en actividades inseguras tales como juegos bruscos, trepándose uno al otro y luchas aumentan el riesgo de un accidente o una lesión. Incluso un dedo roto puede ser suficiente para detonar una demanda. El hecho de que un padre haya completado y firmado el formato de liberación no significa que una demanda no sucederá. Si usted está supervisando "negligencia" puede ser una palabra aterradora. Recuerde - Los padres no le han dado su consentimiento para que usted actúe con negligencia. Aquí hay un escenario: un joven se rompe un brazo jugando baloncesto. Los padres no tienen ningún problema con la actividad ya que ellos son enormes partidarios del programa juvenil. Sin embargo, ellos hacen un reclamo de seguro para pagar el costo adicional de la atención médica y la recuperación. Aunque es posible que la familia no tome medidas legales, las consecuencias del reclamo ocasionarán obtener la cobertura de seguro en el futuro y que sus primas lleguen a aumentar.

¡Reduzca SU riesgo!

plan

○ Capacitar a los equipos de planeación de eventos para asegurar que siempre haya un ambiente seguro.

○ Publicar las precauciones de seguridad en áreas altamente visibles para los jóvenes y el personal del ministerio.

○ Aconsejar al personal juvenil de evitar juegos de alto riesgo.

Política

F. Afrontando las Lesiones

1. En el caso de una lesión en un evento juvenil, los siguientes pasos deben de ser seguidos:

- El joven no debe ser movido, a menos que este pueda pararse y caminar por su cuenta. Si se puede mover solo, llévelo fuera del área de actividad. Uno o dos testigos, así como también un personal del ministerio permanecerán con el joven lesionado para asistirlo, consolarlo, y para confirmar la información para el reporte del incidente.

- Si la lesión es grave y el tiempo es esencial:
  a. Llame inmediatamente al 911 y solicite una ambulancia;
  b. Contacte a los padres del joven lesionado y hágales saber de la situación;
  c. Si se ha tomado la decisión de llevar al joven al hospital, el líder del programa deberá acompañarlo;
  d. Cuando los padres del joven lleguen al hospital, el líder del programa deberá:
     i. Presentasre e indentificar su papel que lo relaciona con el joven,
     ii. Explicar la situación y la lesión, y consultar con un abogado antes de admitir responsabilidad,
     iii. Regresar al evento, a menos de que exista una buena razón para quedarse en el hospital,
     iv. Pedir a los padres que llamen al Pastor de los jovénes o al líder del ministerio el día siguiente por la mañana en caso de tener preguntas o inquietudes.
  e. Si los padres no pueden ser localizados, sigue las instrucciones dadas en el formato de consentimiento.

- Complete un Reporte de incidente. Avise al Pastor de jóvenes o al líder del ministerio del incidente y determine si se debe notificar a la compañía de seguros de la iglesia.

plan

- ◯ Poner a disposición de todo el personal del ministerio los reportes de incidentes (apéndice 17).

- ◯ Capacitar al personal del ministerio con respecto a los procedimientos adecuados de primeros auxilios.

profección

Vea la politicas en "Procedimientos de Protección Infantil" (sección anterior), que se relacionan con botiquines de primeros auxilios, medicamentos, procedimientos para tratar heridas y lesiones que involucran sangre, emergencias por incendio y precauciones arquitectónicas.

Política

1. Todos los viajes fuera de sitio deben ser aprobados por el líder del ministerio.

2. La comunicación escrita sobre los viajes fuera del sitio deberá estar disponible para las familias, por lo menos una semana antes del evento. Incluyendo la ubicación exacta del evento, números telefónicos de emergencia, y una lista de los adultos del personal del ministerio que asistirán al evento. Si hay un viaje involucrado, o cualquier elemento de riesgo en la actividad, se deberá solicitar a los padres la firma de una autorización adicional.

3. Se requiere una supervisión de dos adultos del personal del ministerio, para garantizar la protección y seguridad de todos los involucrados.

4. Se deberán tener a la mano copias de los Formatos de Autorización y Consentimiento del Ministerio Juvenil por cada estudiante que asista al evento. (Apéndice 14)

5. La asistencia de todo el personal del ministerio y de los jóvenes deberá ser registrada en los formatos de Viaje y Salidas Fuera del Sitio (Apéndice 20). Los formatos deberán guardarse y archivarse bajo llave en la oficina de la iglesia. Los formatos deberán mantenerse de forma permanentemente.

G. Planificación de Eventos Fuera del Sitio

plan

○ Hacer que el líder del ministerio apruebe todos los viajes fuera de sitio.

○ Distribuir la comunicación escrita con una semana de anticipación al viaje, incluyendo la locación, así como los números telefónicos y nombres del personal del ministerio que asistirá.

○ Distribuir formatos de consentimiento cuando las actividades incluyan un alto riesgo.

profección

Cada vez que usted esté con o suponga estar con estudiantes, lo hace a usted ser la persona legalmente responsable de lo que sucede. Desde el momento en que los dejan, hasta el momento que los recogen, usted es el responsable. Si viaja con ellos o se compromete con ellos fuera de la iglesia, reducir cualquier riesgo es aún más importante. Protéjase así mismo, protegiéndolos a ellos. Sepa a dónde va, cómo va a llegar ahí. Sepa qué va a suceder ahi cuando llegue y comuníquelo a los padres y a los lideres de la iglesia antes de que salga.

Le recomendamos que tome asistencia en todos los eventos juveniles y los guarde permanentemente. Mantener registros de asistencia permanentes puede ser una tarea pesada. Existen excelentes Sistemas para la Administración de Información disponibles que le pueden ayudar con el seguimiento de registro tanto de las inscripciones como de la asistencia.

continuacion...

plan

○ Cumplir con los requerimientos del personal para viajes fuera de sitio.

○ Informar al personal del ministerio de llevar las copias fotostáticas de los formatos de autorización y consentimiento en cada viaje.

○ Completar los formatos de viajes y asistencia de todos los asistentes jóvenes y del personal del ministerio y archivarlos permanentemente en la oficina de la iglesia

política

H. Retiros y Eventos Nocturnos.

1. Todos los retiros y eventos nocturnos deben ser aprobados previamente por el líder de la iglesia.

2. La comunicación escrita sobre retiros y eventos nocturnos deberá estar disponible para las familias no menos de una semana antes del evento. Incluya la ubicación exacta del evento, números telefónicos de emergencia, y una lista del personal adulto del ministerio que asistirá. Si hay viajes involucrados, o cualquier elemento de riesgo en las actividades se deberá solicitar a los padres la firma adicional para su autorización.

3. Se requerirán los Formatos de Autorización y Consentimiento del Ministerio Juvenil por cada estudiante que participe en eventos nocturnos. El líder del ministerio deberá tener a la mano las copias de los formatos en todos los viajes y eventos, manteniendo los originales archivados en la oficina de la iglesia. Estos originales se mantendrán de forma permanentemente.

4. Se seguirán las políticas para la proporción del personal del ministerio. Al personal del ministerio femenino se le asignará la responsabilidad de las mujeres jóvenes, y al personal del ministerio masculino se le asignará la responsabilidad de los varones jóvenes.

5. Los jóvenes que asistan a los retiros y eventos nocturnos no podrán abandonar el evento. Cualquier excepción deberá agregarse al formato de permiso firmado por el padre.

6. Por ningún motivo durante los retiros y eventos nocturnos se les permitirá a los jóvenes masculinos y femeninos entrar a las habitaciones o en las tiendas de campanas de los demás. No se les permitirá dormir en compañía mixta.

plan

◯ Tener la aprobación de los líderes de la Iglesia para todos los retiros y eventos nocturnos.

◯ Distribuir a los padres de los jóvenes con una semana de anticipación la comunicación escrita del evento, con locación, números telefónicos de emergencia y la lista del personal del ministerio que asistirá al evento.

◯ Fotocopie los formatos de autorización y consentimiento del Ministerio Juvenil y archive los originales en la oficina de la iglesia.

◯ Planifique la proporción del personal y la supervisión de los retiros y eventos nocturnos para cumplir con las políticas de dotación de personal del ministerio.

Protección

Cada vez que estás, o se supone que estás con estudiantes, eres legalmente responsable de lo que sucede. Desde el momento en que los dejan hasta el momento en que los recogen, usted es responsable. Dado que viajará con ellos y se relacionará con ellos fuera de las instalaciones de la iglesia, reducir cualquier riesgo se vuelve aún más importante. Protéjase así mismo, protegiéndolos a ellos. Antes de salir, comunique a los padres y líderes de la iglesia todos los detalles del evento. Si su evento involucra elemento de riesgo, el asesor legal recomienda que los padres confirmen que han recibido y firmado los formatos de consentimiento.

Un fin de semana con los estudiantes te pone en el papel responsable las veinticuatro horas del día. No pierda tiempo ni asuma que puede escabullirte. Si ocurre algo imprevisto, es su responsabilidad.

política

1. Todos los retiros y eventos nocturnos deben ser aprobados previamente por el líder de la iglesia.

2. La comunicación escrita sobre retiros y eventos nocturnos deberá estar disponible para las familias no menos de una semana antes del evento. Incluya la ubicación exacta del evento, números telefónicos de emergencia, y una lista del personal adulto del ministerio que asistirá. Si hay viajes involucrados, o cualquier elemento de riesgo en las actividades se deberá solicitar a los padres la firma adicional para su autorización.

3. Se requerirán los Formatos de Autorización y Consentimiento del Ministerio Juvenil por cada estudiante que participe en eventos nocturnos. El líder del ministerio deberá tener a la mano las copias de los formatos en todos los viajes y eventos, manteniendo los originales archivados en la oficina de la iglesia. Estos originales se mantendrán de forma permanentemente.

4. Se seguirán las políticas para la proporción del personal del ministerio. Al personal del ministerio femenino se le asignará la responsabilidad de las mujeres jóvenes, y al personal del ministerio masculino se le asignará la responsabilidad de los varones jóvenes.

5. Los jóvenes que asistan a los retiros y eventos nocturnos no podrán abandonar el evento. Cualquier excepción deberá agregarse al formato de permiso firmado por el padre.

6. Por ningún motivo durante los retiros y eventos nocturnos se les permitirá a los jóvenes masculinos y femeninos entrar a las habitaciones o en las tiendas de campanas de los demás. No se les permitirá dormir en compañía mixta.

I. Vivienda y Hospedaje

plan

○ Completar el proceso de selección para todos los adultos que vivan en las casas que darán hospedaje.

○ Distribuir las pautas de información para hospedaje.

○ Informar sobre las alergias de los jóvenes antes de que lleguen a la casa de hospedaje.

○ Hacer cumplir el toque de queda.

○ Informe a los jóvenes sobre la etiqueta adecuada y el toque de queda mientras se quedan en las casas de hospedaje.

Protección

La implementación de estas políticas crea trabajo adicional, pero no permita que la dificultad le impida seguir adelante, por su propia protección. Verifique con el abogado de su iglesia y el agente de seguros para ver lo que ellos dicen al respecto. Se sorprenderá de lo estrictos que son en este tipo de cuestiones.

> Por lo tanto, mis queridos hermanos, manténganse firmes e inconmovibles, progresando siempre en la obra del Señor, conscientes de que su trabajo en el Señor no es en vano.
> 1 Corintios 15:58 (NVI)

política

J. Transportación

1.- Nuestra primera preocupación en el transporte es la seguridad de nuestros jóvenes. Los conductores deben obedecer todas las reglas de tránsito, incluyendo los límites de velocidad. No se tolerará la conducción imprudente o insegura.

2.- Para las actividades relacionadas con la iglesia, es preferible que los padres dejen y recojan a sus hijos en la locación del evento. Para los eventos fuera de la ciudad, daremos prioridad al uso de transporte comercial.

3.- Todos los conductores del personal del ministerio que transporten jóvenes durante las actividades de la iglesia deberán completar lo siguiente antes del evento;
- Ser aprobado previamente por el líder del programa.
- Proporcionar copia de su licencia de conducir válida,
- Proporcionar copia de su actual póliza de seguro del automóvil, y,
- Tener mínimo 5 años de experiencia manejando.

4.- Los vehículos de la iglesia deberán ser conducidos por personal previamente aprobado. Estos conductores estarán autorizados bajo la póliza de automóvil de la iglesia.

5.- El número de ocupantes en el vehículo, no excederá el número de cinturones de seguridad del vehículo. Todos los ocupantes deberán utilizar el cinturón de seguridad y permanecer abrochados en todo momento cuando el vehículo esté en movimiento.

6.- Copias de los formatos para Viajes y Fuera del Sitio (apéndice 20) permanecerán con el grupo, manteniendo los originales archivados permanentemente en las oficinas de la iglesia. Los formatos consisten en:
- Nombre y número de todos los participantes.
- Locación del evento y teléfonos de emergencia.
- Conductores y vehículos involucrados.

plan

○ Asegúrese de que cada conductor tenga una copia de una licencia de conducir válida y una cobertura de seguro.

○ Informar al personal del ministerio de la necesidad de que todos los conductores tengan un mínimo de 5 años de experiencia conduciendo.

○ El líder del ministerio deberá asegurarse de que la supervisión en todos los automóviles cumpla con las pautas de proporción del personal del ministerio.

protección

El transporte es otra de esas situaciones de "no tomé el camino fácil" o "el camino fácil conduce al desastre". Primero, se trata de seguridad y responsabilidad. "Ahora hay muchos casos precedentes en los tribunales de Norte América, en los que un negocio u organización han sido legalmente responsable por daños, lesiones o muertes derivados de accidentes por el uso de vehículos privados para programas y eventos patrocinados. Mientras que el seguro de responsabilidad civil del propietario del vehículo es siempre la principal fuente de cobertura… la póliza del seguro del vehículo del propietario puede contener sólo una cantidad limitada de cobertura de responsabilidad civil frente a terceros. Asegúrese de que la cobertura de responsabilidad general del seguro de su iglesia incluya una póliza de responsabilidad para vehículos que no sean de su propiedad (también conocida como SPF #6 -Formulario de Póliza Estándar #6) para cubrir a la iglesia, sus líderes y voluntarios contra la responsabilidad legal derivada del uso de vehículos personales en un evento patrocinado, programas o transporte regular".[8]

Otra cosa importante que hay que considerar son las matemáticas. Todos odiamos las matemáticas, pero hágalo aquí por un minuto. Podemos tener 30 estudiantes en un viaje y distribuirlos en cinco camionetas, o podemos tener 30 estudiantes en un viaje y transportarlos en un autobús. ¿Qué es más probable tener un problema de responsabilidad o un accidente? Hmm… ¡los cinco vehículos en la carretera! Y, dado que la responsabilidad es un problema, ¿por qué no hacer que la responsabilidad sea de una empresa de autobuses con un conductor profesional?

Si los líderes de la iglesia renuncian a la política recomendada de historial de manejo de cinco años, debe tener en cuenta lo siguiente: Antes de designar a cualquier joven que no tenga un mínimo de cinco años de experiencia de manejo, se deberá notificar a los padres. Se les debe brindar la oportunidad de que sus hijos sean llevados por conductores adultos. Consulte con la compañía de seguros de la iglesia y los líderes antes de tomar esta decisión.

continuación del plan

○ Aconsejar al personal del ministerio de viajar en la menor cantidad de vehículos posibles, y advertir que el riesgo se reduce considerablemente al utilizar autobuses con conductores profesionales.

○ Enviar las fotocopias de los formatos de autorización con el conductor, y archivar los originales en la oficina de la iglesia; hacer planes para mantener los originales de forma permanentemente.

○ Enviar las fotocopias de los formatos de viaje con el líder del ministerio durante la duración del evento y mantener los originales permanentemente.

8. Kenneth A. Hall. "Facing the Risk – Precious cargo: Managing Transportation Risk for Churches and Charities, "The Advantage, April 10, 2015-3, http://www.robertsonhall.com/pdf/advantage%20%20Precious%20Cargo.pdf

Política

K. Uso de Computadoras, Internet y Redes Sociales

1. Para la protección de los jóvenes en el uso de computadoras durante nuestros programas, las mismas serán colocadas en áreas abiertas donde las pantallas sean visibles y fáciles de monitorear. Los usuarios serán responsables mediante el registro de inicio/cierre de sesión y/o contraseña de usuario.

2. Filtros de uso de internet serán instalados en cada computadora para limitar el acceso a ciertos contenidos.

3. Los líderes de la iglesia designarán y autorizarán a un técnico en sistemas informáticos quien revisará periódicamente los historiales de los navegadores. También revisará los documentos y software descargados en las computadoras.

4. Se desarrollará una "Política de Uso Aceptable de la Computadora" y se publicará en el centro de cómputo. (apéndice 24).

5. La comunicación con jóvenes de 13 años y mayores, a través de redes sociales, correos electrónicos, vía telefónica y mensajes de texto están permitidas bajo las siguientes condiciones:
- La comunicación con los jóvenes a través de correo electrónico, mensajes de texto, Instagram, Facebook, Twitter u otras redes sociales en línea serán monitoreadas de cerca y solo se utilizarán con el permiso escrito de los padres.
- El personal se podrá comunicar con los jóvenes por correo electrónico, con permiso escrito de los padres (apéndice 24a), estando de acuerdo en copiar en todos los correos electrónicos a los padres/tutores.
- El personal del ministerio podrá contactar a los jóvenes de 13-17 años vía texto o a través de las Redes Sociales con el permiso escrito de los padres (apéndice 24a) y copiando a otro líder en el mensaje, o usando otra opción de Redes Sociales Públicas (muro-a-muro, páginas de grupos).
- El personal del ministerio limitará su comunicación en línea con los jóvenes a través de las Redes Sociales en un horario durante el día (8:00am a 11:00pm).
- La comunicación en línea no involucrará mensajes de video de ninguna forma (FaceTime, Skype, etc.), a menos que sea una publicación de capacitación o conferencia de grupo aprobada por un líder del ministerio.
- El Personal del Ministerio se asegurará de que toda comunicación en línea con los jóvenes se realice a la vista de otras personas, (páginas de grupos, textos en grupo, muro-a-muro) y/o copiando a los padres/tutores. La comunicación también deberá ser copiada al líder del ministerio o compañero de trabajo.
- En el raro caso de que una conversación con un joven vaya más allá de la comunicación de información, el personal del ministerio notificará al líder del ministerio de inmediato y le entregará una copia de la conversación. El personal del ministerio solicitará al joven que continúe la conversación en persona junto con el líder del ministerio o su designado/a.
- El Personal del Ministerio Juvenil estará de acuerdo en permitir al Líder del Ministerio Juvenil, o su designado por el Liderazgo de la Iglesia, el acceso a sus Redes Sociales para facilitar la supervisión regular.
- A los miembros de la iglesia, seguidores y al Personal del Ministerio se les anima a demostrar y modelar pureza, integridad, transparencia y responsabilidad en todas las comunicaciones incluyendo los señalados anteriormente.

profección

No podemos controlar a nuestros niños y jóvenes que se vean todo el tiempo. Sin embargo, podemos ayudar a los que están bajo nuestro cuidado a tomar decisiones acertadas estableciendo pautas en nuestra organización y predicando con el ejemplo.

La seguridad de los niños en el internet es asunto de todos. Elloss deben de comprender de una manera apropiada para su edad, los riesgos que corren. Los padres, maestros, y cuidadores también deben de conocer estos riesgos.

"Entre los riesgos potenciales, la explotación sexual y el abuso de niños y jóvenes a través del internet son motivo de gran preocupación. Los niños y los jóvenes pueden ser abusados a través el internet de muchas maneras. Estas actividades de explotación sexual relacionadas con internet directa o indirectamente resultan en situaciones de abuso sexual fuera de línea dirigidas hacia los niños". 9 La conciencia y educación sobre la seguridad del internet han aumentado. Sin embargo, todavia hay muchos peligros al permitir a los niños explorar el internet, especialmente si están solos al momento de hacer esto.

plan

- Establecer un centro de cómputo clave para favorecer la visibilidad y fomentar la responsabilidad, con líneas de visión claras hacia todas las pantallas.

- Requerir que todas las computadoras tengan un sistema de registro.

- Instalar filtros de Internet.

- Designar y autorizar a un técnico en sistemas informáticos para monitorear los filtros de internet y revisar los historieales de los navegadores y los documentos descargados.

- Designar a un personal del ministerio la responsabilidad de monitorear y supervisar el centro de cómputo.

- Publicar una "Política para el uso aceptable de la computadora.

- Obtener aprobación para comunicarse con jóvenes fuera del programa y discutir los parámetros de interacciones con los padres.

- Designar a un personal del ministerio para administrar y supervisar con frecuencia las redes sociales.

9.sexual explotation of children and youth over the internet, institute of health economics, april 2010: ii, http://wwwresearch4children.com/data/documents/sexualexplotationofchildrenandyouthovertheinternetarapidreviewofthescientificliteraturepdf.pdf

Continuación de la

Protección

"Existen pocos riesgos para los niños que usan el internet u otro servicio en línea. Los adolescentes corren un riesgo particular porque a menudo se conectan sin supervisión y tienen más probabilidades que los niños más pequeños de participar en discusiones en línea sobre relaciones o actividad sexual. Algunos riesgos son:

• Exposición a material inapropiado.
Un niño puede estar expuesto a material inapropiado ya sea sexual, detestable, o violento por naturaleza, o que fomente actividades que son peligrosas o ilegales. [Los jóvenes] pueden buscar dicho material, pero también pueden encontrarlo en la web a través de áreas de chat, sitios de redes sociales, correos electrónicos, e incluso mensajería instantánea, si no lo están buscando.

• Ser el blanco de extraños en línea.

• Abuso Físico
Un niño puede proporcionar información u organizar un encuentro que pondría en riesgo su seguridad o la seguridad de otros miembros de la familia. En algunos casos, los abusadores de niños han usado áreas de chat, correo electrónico, y mensajes instantáneos para ganar la confianza de un niño y luego organizar una reunión cara a cara.

• Acoso e Intimidación
Un niño puede encontrar mensajes de chat, o correo electrónico, en su sitio de redes sociales o en sus [teléfonos celulares] que son agresivos, degradantes o acosadores. "Los acosadores" típicamente son jóvenes, que a menudo usan el internet para molestar a sus víctimas.

• Virus y Hackers
Un niño podría descargar un archivo que contenga un virus que podría dañar la computadora o aumentar el riesgo de un "hacker" para obtener acceso remoto a la computadora, poniendo en peligro la privacidad de la familia.

• Financiero y Legal
Un niño podrá hacer algo que tenga consecuencias legales o financieras negativas, como dar el número de tarjeta de sus padres o hacer algo que los pueda meter en problemas con la ley o funcionarios escolares. Dejando a un lado las cuestiones legales, a los niños se les debe enseñar una buena "etiqueta" lo que significa evitar ser desconsiderados, malos o groseros".10

Además de la Política de Uso Aceptable para sus salas de informática, es posible que su organización desee considerar también el uso de un Contrato Familiar para la Seguridad En-línea (Apéndice 24ª), que puede modificarse para un entorno de la organización y/o una Acuerdo de Política Informática para el Personal (Apéndice 25), que ayudará a su organización a establecer estándares para su personal y dar un buen ejemplo a los jóvenes bajo su cuidado.

(vea página www.safefamilies.org/SoftwareTools.php para más sugerencias).

10, Magid, Child Safety on the information Highway.

Política

L. Pautas de Confinamiento

Estas pautas deben ponerse en práctica en caso de confinamiento o durante un simulacro del mismo. Aunque cada escuela u organización debe redactar su propia Política de Confinamiento con en base a sus necesidades e instalaciones, esta política ayudará a dar a los líderes de la iglesia un punto de partida.

1. Identificar zonas verdes y zonas rojas dentro de las instalaciones.
    Zonas Verdes: más seguras -habitaciones que tengan seguro en la parte interior de las puertas.
    Zonas Rojas: áreas abiertas incluyendo, gimnasios y auditorios.

2. Tan pronto como la instalación se ponga en "Alerta de Confinamiento", la persona designada a cargo anunciara "Código Rojo" a todas los salones de clases y a todo el personal: Anuncio: "Emergencia Código Rojo, las instalaciones entran en confinamiento, repito, Emergencia Código Rojo, las instalaciones entran en Confinamiento".

3. Inmediatamente después del anuncio, todos los presentes serán instruidos a apagar su teléfono celular.

4. Todos los presentes deben alejarse de la zona roja tan rápido como le sea posible, deberán dirigirse a la zona verde más cercana o si una puerta exterior está más cerca, evacuarán el edificio.

5. Antes de cerrar las puertas, los responsables de los salones de clase deben asegurarse de que cualquier persona que ande por los pasillos dentro de las proximidades de su salón de clase será llevada adentro de del salón inmediatamente. Entonces la puerta deberá cerrarse con seguro. Si la puerta del salón de clases tiene una ventana, el personal del ministerio deberá cubrirla y apagar las luces.

6. Los encargados del salón de clases ayudarán a los estudiantes a poner las mesas de lado, colocándolas lejos de la puerta y las ventanas. Los estudiantes entonces deberán refugiarse detrás de estas.

7. Se tomará asistencia, incluyendo una lista de todos los estudiantes que faltan y los que están de más en el salón. Esta lista se enviará por correo electrónico a la oficina. El maestro deberá llevar la lista consigo si se le indica que abandone la habitación.

8. Los ujieres y/o monitores de sala revisarán todos los baños en las instalaciones, sacarán a los individuos que estén dentro y cerrarán los baños desde el exterior.

9. Todos tienen prohibido abandonar las zonas verdes, hasta que se les indique lo contrario ya sea por el responsable designado o un oficial de la pol policía ícia. Aquellos que están encargados de los salones de clase deberán permanecer en ellos, guardar silencio y mantener a los estudiantes tranquilos. No se comunique con la oficina de la iglesia. La oficina se pondrá en contacto con usted cuando sea seguro hacerlo.

10. Cuando se le indique evacuar el edificio, hágalo rápido y en silencio.

11. Una vez que la policía llegue a escena, ellos tendrán el último mando de la situación. Sus instrucciones deberán seguirse sin protestar.

12. Al menos dos veces al año, la iglesia deberá realizar un simulacro de confinamiento. Los líderes de la organización notificarán a la comunidad de la iglesia y/o escuela del simulacro una semana antes, así como un día antes del simulacro.

13. Las circunstancias y detalles del simulacro serán grabados y guardados en el archivo. Se recomienda encarecidamente tener una reunión informativa con los participantes. Mantenga notas de estos informes en el archivo.

plan

Estos procedimientos deben aplicarse antes de la realización de un simulacro de confinamiento de las instalaciones.

○ Asegurarse que su iglesia esté en la lista de contactos de emergencia de la policía local.

○ Identificar las zonas verdes y rojas en las instalaciones.

○ Informar a las escuelas y comunidad de la iglesia el significado del Código. Rojo

○ Instruir a la escuela o a la comunidad de la iglesia sobre los procedimientos de confinamiento.

○ Agendar al menos dos simulacros de confinamiento al año.

○ Avisar a la escuela o a la comunidad de la iglesia antes de un simulacro de confinamiento.

○ Designe a una persona para que sea responsable de registrar los detalles y el informe de cada simulacro.

Protección

Si bien la información sobre el confinamiento es dirigida principalmente a escuelas, es importante que las iglesias, especialmente las más grandes, sepan cómo enfrentar una amenaza en sus instalaciones o en la comunidad.

"La policía y [escuelas e iglesias] imponen confinamientos cuando [las instalaciones] no pueden ser evacuadas con seguridad en caso de una emergencia y cuando consideren que es seguro que los estudiantes permanezcan dentro de las habitaciones con las puertas cerradas.11 El confinamiento de la escuela / iglesia debe ocurrir cuando:

1. Hay un tirador activo, o un presunto tirador en las instalaciones o,
2. Hay un presunto tirador en la comunidad o,
3. La escuela / iglesia es contactada por la policía y se les comunica que hay una amenaza de peligro en la comunidad que rodea las instalaciones.

"Mientras los confinamientos crean ansiedad en algunos niños, estos pueden ser manejados con procedimientos cuidadosos y el personal capacitado. Los simulacros de encierro son una polémica, pero preparan a los estudiantes y maestros para una situación real y tienen el potencial de salvar vidas.12 Al hacer que los simulacros sean una parte habitual del calendario anual, como los simulacros de incendio, ayudan a que los estudiantes y la comunidad en general permanezcan calmados y sepan cómo comportarse en el caso real de un confinamiento.

11. Trillium Lakelands District School Board, "Violent Incident Emergency Response Plan"
12. Melanie Barwick, "School Violence: What you should know, what you can do"

Protección

Si el pastor u otro miembro del personal llama al 911, este deberá de proporcionar la siguiente información:

- Identificarse, otorgar el nombre de la iglesia y la dirección completa;
- Describir la situación y proporcionar toda información que se conozca;
- Identificará si hay personas heridas y la gravedad de las mismas;
- Permanecerá en la línea telefónica y continuará proporcionando la información que la operadora de emergencia necesite;
- Explique el enfoque seguro (rutas/entrada) para las fuerzas del orden y aconséjeles dónde se encontrarán, y empezar a documentar la hora y los eventos de lo que está sucediendo.
- Inicie a documentar la hora y los eventos relacionados con el incidente.13

Asegúrese de que su iglesia esté en la lista de contactos de la policía local para recibir notificaciones en caso de un posible incidente violento.

Asegurarse de que todos los jóvenes y el personal apaguen sus celulares; es muy importante porque:
- Los celulares pueden alertar al sospechoso de que alguien está en ese salón, y
- El uso excesivo del celular puede bloquear las líneas para los canales de comunicación.

Alerte a las familias de que no recibirán ninguna llamada de sus hijos en caso de un simulacro o emergencia.

Mantener a los jóvenes seguros y calmados debe ser la prioridad número uno de los maestros durante el cierre o el simulacro. Los jóvenes deben sentirse seguros. Depende del personal del ministerio brindar esa sensación de seguridad a los jóvenes bajo su cuidado. No importa cuánto tiempo pueda parecer la espera dentro de un aula encerrada, es imperativo que nadie salga hasta que la policía o el director lo indique. BAJO NINGUNA CIRCUNSTANCIA DEBE UN JOVEN, PERSONAL DEL MINISTERIO O MIEMBRO DEL PERSONAL ENFRENTAR AL SOSPECHOSO. Las compañías de seguro también advierten que la activación de la alarma de incendio debe ser ignorada, la iglesia nunca evacuará el edificio a través de este medio.

"Recuerde: Si bien la policía estaría ahí para ayudar con la capacitación, la implementación, y los simulacros, este plan es totalmente responsabilidad de la escuela / iglesia. Si ocurre un incidente grave, es poco probable que la policía esté en las instalaciones al comienzo del incidente. Toda la organización incluyendo el personal, los estudiantes, la administración y los visitantes, deben estar preparados para implementar este plan de manera rápida y efectiva. Estos tipos de incidentes terminan en cuestión de minutos. El alcance del impacto de un incidente de este tipo dependerá de la capacidad de la organización para cerrarse lo más rápido posible. 14

La prevención reduce riesgos. La preparación reduce el impacto.

---

13. Trillium Lakelands Disctrict School Board, "Violence Incident Emergency Respose Plan.
14. Ibid.

Política

M. Reglamento para el Uso de la Regadera y Vestuarios

1.- Dos adultos del personal del ministerio deberán estar presentes en el vestuario, mientras los jóvenes se cambian, un personal del ministerio NO deberá estar solo con los jóvenes en esta situación. [15]

2.- Por respeto a los jóvenes y para mantener un alto nivel de profesionalismo, el personal seleccionado anunciará su llegada antes de ingresar al vestidor.

3.- El personal seleccionado tiene prohibido bañarse y/o cambiarse al mismo tiempo que los jóvenes.

4.- Se proporcionarán regaderas y vestuarios para ambos géneros, si esto no es posible se deberán organizar horarios para el uso de las regaderas para que nunca usen las regaderas al mismo tiempo.

5.- Queda prohibido en todo momento la toma de fotografías y/o videos dentro de las regaderas y vestidores.

plan

○ Poner en práctica procedimientos para que el personal no esté solo con jóvenes dentro de los vestidores y/o regaderas.

○ Organizar horarios para el uso de las regaderas en caso de no ser posible facilitar regaderas separadas para ambos géneros.

15. USTA, "USTA Safe Plan Conduct, Policies and Guideline, " January 1, 2017, http://www.usta.com/en/home/about-usta/who-we-are/national/safe-play-conduct-policies-guidelines.html.

Protección

Puede reducir situaciones de abuso de niños y ayudar a proteger al personal y a los voluntarios mediante una buena práctica. Es muy importante darse cuenta de que (mientras) tenga el deber de trabajar con niños, deberá también evitar cualquier acusación de abuso y/o comportamiento inapropiado con los jugadores.[16]

Las iglesias y su personal deben: Estar conscientes de las situaciones en las cuales sus acciones puedan ser malinterpretadas o manipuladas por otros[17] y evitar cualquier oportunidad para que surja una acusación.

16. ITF Coaching, "Avoding Child Abuse Guidelines for those working wiht children in tennis, "http://asiantennis.com/wp-content-uploads/2016/03/IFT-guidelines-on-Avoding-child-abuse.pdf:6
17. Ibid

Política

N. Alojamiento Nocturno

incluyendo:
- Conferencias
- Campamentos
- Hoteles
- Moteles

1. Para la protección de nuestros niños y jóvenes, se seguirán las siguientes pautas antes de los todos los viajes fuera del sitio donde se debe asegurar el alojamiento nocturno:
   - Se enviará a la familia un aviso con la carta de consentimiento, informándoles que se está planeando un viaje nocturno, lo que requiere que el equipo se quede en hoteles, campamentos, y/o centro de conferencias, y asegúrese de tener en cuenta:
     a. Que se estén tomando las precauciones necesarias para minimizar el riesgo y elevar el nivel de seguridad para sus hijos y jóvenes.
     b. Que se han planeado los arreglos específicos para dormir.
   - El padre o tutor deberá devolver la Carta de Información y Consentimiento firmada y atestiguada, y que incluya el escudo de responsabilidad requerido.

2. Los jóvenes deben siempre colocarse en grupos pequeños del mismo género.

3. Todo el personal que viaja con niños y jóvenes debe completar el proceso de selección y capacitación descrito en este manual antes de la partida. El personal seleccionado y capacitado que se coloca en una posición de confianza con niños y jóvenes, debe ser reconocido por la organización 6 meses antes del evento.

4. Cualquier persona que viaje con el equipo que no califique con el personal selectivo, debe tener arreglos para dormir por separado.

5. Cuando los viajes requieren alojamiento nocturno, se recomienda encarecidamente que el alojamiento se organice en casas de anfitriones previamente seleccionados y aprobados, o en un centro de conferencias o campamento, donde los niños y jóvenes puedan permanecer juntos y donde pueda estar más de un personal seleccionado. (consulte la política de alojamiento), cuando esto no es posible, y sea necesario que el grupo se quede en hoteles, los planes deben hacerse para que niñas y jóvenes tengan cuartos separados de los adultos. En tus planes te recomendamos que:
   - Los cuartos de hotel se encuentren en el mismo piso; y,
   - Los papas sean alentados a acompañar al equipo en el viaje y así asignar cuartos por familia; o,
   - Solicite cuartos con dos o tres recamaras. Asigne de dos estudiantes a una habitación separada, apartada de los dos adultos que han sido seleccionados; o
   - Asigne dos personas no relacionadas entre sí, trabajadores adultos seleccionado en el mismo cuarto con dos o más estudiantes; o
   - En cuartos de hotel o/y motel con recamaras adjuntas, asigne un personal adulto seleccionado con dos estudiantes en cada cuarto. Para la rendición de cuentas la puerta que une a los dos cuartos deberá permanecer abierta en todo momento. Niños y jóvenes deberán tener arreglos para dormir claramente separados de los adultos.

6. El personal seleccionado nunca deberá permanecer en el cuarto a solas con un niño o joven.

7. Los niños no se deberán quedar solos en un cuarto de hotel.

8. En ningún momento, el personal deberá dormir en la misma cama que un niño o joven.

9. Los toques de queda para los niños se establecerán y se harán cumplir cuando viajan durante la noche.

10. Los toques de queda para los jóvenes se establecerán y se harán cumplir cuando viajan durante la noche.

protección

Han planeado. Han recaudado fondos. Han trabajado juntos como un equipo y están contando los días antes de salir. Tal vez es un viaje de junta escolar, tal vez un torneo de béisbol fuera de la ciudad, los estudiantes apenas pueden esperar el día para realizar este viaje.

Viajes de la escuela o torneos de béisbol son muy importantes en diferentes maneras. Enseñan responsabilidad, comprensión del trabajo en equipo y pueden ser oportunidades que cambian la vida.

A su vez nuestra responsabilidad es planificar estos eventos para proteger los resultados que esperamos lograr. Cuando se necesita alojamiento de noche, es importante que se establezcan planes. Estos planes son para asegurar que los estudiantes no estén en situaciones vulnerables.

plan

◯ Enviar a los padres las cartas de consentimiento informadas en las que se indiquen los arreglos de alojamiento nocturno, para que sean firmadas y devueltas.

◯ Gestionar los arreglos de alojamiento para cada noche, para garantizar que la asignación de las habitaciones, del personal y el número de estudiantes para que cumplan con el requisito.

◯ Establecer toques de queda.

III. Asuntos Importantes del Ministerio Juvenil

Nota: Iglesias y el personal de los ministerios juveniles, pueden desear considerar estos temas particulares y cómo se relacionan, en contexto, con sus jóvenes. Determine si se requieren políticas documentadas y planes para una protección adicional.

A. Asistencia Juvenil

1.- Consciencia y adherencia a la siguiente ética en el asesoramiento:
- ¡Respetar la dignidad y el valor de la persona, ya que son creados en la imagen de Dios con un enorme potencial!
- Vivir, actuar y aconsejar con integridad de acuerdo con los valores de Dios.
- Trabaje hacia el mejor interés de ellos, no el suyo.
- No fuerce su ayuda a nadie. Asegúrese de no manipular o usar la culpa en su asesoría.
- Infórmeles completamente, de hacia dónde conduce su asesoramiento.
- Nunca explote la confianza o la dependencia.
- Comparta los límites de la confidencialidad desde el principio.
- Si los sentimientos de atracción comienzan en cualquiera de las partes, finalice el asesoramiento inmediatamente.
- Nunca aconseje si la persona está bajo la influencia del alcohol, drogas o está enferma.
- Nunca cree falsas expectativas de resultado favorables.
- Mantenga la información confidencial a menos que esté en juego el bienestar de la persona. Como regla general, solo comparta información si la persona está de acuerdo.
- Todos los asesores están legalmente obligados a denunciar el abuso físico o negligencia de un menor a la agencia correspondiente en su estado/provincia o a la policía. Cualquier persona que no cumpla con esta ley estará sujeta a una multa y/o cárcel.
- Refiera a las personas que requieran un diagnóstico, terapia, o tratamiento físico, mental o emocional especializado a los profesionales de la salud calificados.

> "Todos los asesores están legalmente obligados a denunciar el abuso físico o negligencia de un menor a la agencia correspondiente en su estado/provincia o a la policía. Cualquier persona que no cumpla con esta ley estará sujeta a una multa y/o cárcel."

2.- Conciencia de los problemas de asesoramiento que se relacionan específicamente con los jóvenes:
- Necesitan formar su propia identidad y autoestima. Usted puede ayudar a construir su carácter.
- Ellos se están adaptando rápidamente a cambios físicos. Esto puede aumentar la confusión en muchas situaciones.
- Ellos se están adaptando a cambios sexuales. Los sentimientos extraños, las fantasías y la confusión hacen que la toma de decisión sea más difícil.
- Están luchando con la dependencia vs independencia. Los adolescentes están comenzando a alejarse de sus padres, pero saben que los aman y los necesitan. Esta lucha puede volverlos irritables, discutidores, irracionales y difíciles. Por lo general, los conflictos surgen de la diferencia de opinión sobre cuánta libertad pueden tener.
- Hay un importante crecimiento en las relaciones íntimas y con los compañeros; necesitan aprobación y, a menudo, reaccionan de forma exagerada al rechazo.
- Están formando todos los valores y creencias que dirigen su vida. La mayoría de estas lecciones (carreras, estilo de vida, comportamientos, e incluso resolución de problemas) deben de aprenderse de forma experimental.
- Necesitan desarrollar una amplia variedad de habilidades sociales e interpersonales. Afrontar los conflictos, sobrellevar las situaciones, el estrés, la tentación, el estudio, la productividad, la interacción, la autoridad o el manejo de dinero son habilidades que se necesitan comprender y desarrollar.

3.- Reconocimiento de cómo los jóvenes responden a los problemas:

- La represión se exhibe a través de la negación, la evitación y al intentar olvidar. Esto a menudo resulta en comportamientos más serios tales como trastornos alimenticios, ira, apatía, mal desempeño, aislamiento, o abuso de sustancias.
- La supresión no es una actividad de negación, sino un intento de ocultarlo a los demás. Los comportamientos pueden ser similares a la represión, pero podrían expresarse mediante la huida, el abuso de sustancias o el suicidio.
- La antítesis de la represión y supresión es expresión. Es una respuesta negativa obvia que puede manifestarse a través de la ira, dejar la escuela, mentir, robar, abuso de substancias, comportamiento desafiante, o rebelión. Estas respuestas son un grito de auxilio y pueden conducir a una depresión más grave.

4.- Reconocimiento de problemas de cobertura relacionados con el asesoramiento.

"Es importante que las iglesias y organizaciones de beneficencia Cristianas obtengan la cobertura adecuada para el tipo, o los tipos de asesoramiento realizados por empleados y voluntarios".

A menos que sea designado como un consejero profesional, la mayoría de los tipos de asesorías que ocurren dentro de los programas juveniles se denominan consejería "no- profesional", "que se puede definir aproximadamente como instrucciones generales, consejo u orientaciones de naturaleza religiosa facilitadas por personas que tiene responsabilidades reconocidas, pero que no tienen la capacitación o calificaciones especiales. La única responsabilidad legal que plantea este asesoramiento se basa en los principios legales generales que infieren la existencia de un deber estándar de cuidado exigido a cualquier persona en una posición de responsabilidad, para actuar como lo haría cualquier persona razonable y prudente con el fin de evitar daños o lesiones a otro. Entre los ejemplos de asesoramiento religioso no profesional se encuentran los ancianos, los laicos, los líderes juveniles, los maestros, los consejeros voluntarios, los líderes de grupos celulares y ciertos empleados".[18] Necesitamos recordar que hay diferentes entendimientos del "Estándar del deber de cuidado". La ley del gobierno tendrá prioridad sobre la ley de la iglesia.

Las iglesias y organizaciones de beneficencia cristianas que están brindando asesoramiento profesional o no-profesional deberán revisar con la compañía de seguros para asegurarse que la cobertura adecuada esté disponible para los empleados y voluntarios, y las actividades de asesoramiento que ofrecen.

"Las organizaciones que brindan cualquier tipo de asesoramiento ya sea profesional o no-profesional como parte de su programa o actividades deben organizar la cobertura adecuada según la póliza de responsabilidad general, o bajo una póliza de responsabilidad profesional separada. Si la cobertura se organiza bajo una póliza de responsabilidad general, asegúrese de que la redacción de la póliza sea suficientemente amplia como para incluir el tipo o los tipos de asesoramiento facilitados por empleados y voluntarios, y que la definición de lesión corporal incluida en la política incluya "angustia metal. Si la cobertura se organiza bajo una póliza separada, intente obtener una póliza con una base de 'ocurrencia' en lugar de 'reclamo de hechos' para evitar futuras brechas en su cobertura".[19]

---

18. Kenneth A, Hall, "Facing the Risk of Counseling Liability", Robertson Hall Insurance, January 16, 2012, http://www.robertsonhall.com/pdf.counseling%20.iability.pdf
19. Ibid

B. Abuso de Sustancias

1.- Se Prohíbe el abuso de sustancias en eventos y servicios relacionados con la iglesia.

2.- Observación de Indicadores de abuso de sustancias.

Indicadores Sociales
- Historia familiar de abuso de sustancias
- Cambios en el grupo de amigos
- Irritabilidad o mal humor inusuales
- Sospecha y agresión contra amigos, maestros, padres
- Mentira, robo, promiscuidad, rebeldía, comportamiento antisocial
- Aislamiento
- Incumpliendo constante de obligaciones.

Indicadores Físicos
- Resaca
- Temblores de mano
- Aumento o pérdida de peso y de apetito
- Dificultad para dormir
- Disimular la Apariencia
- Fatiga
- Cambios en higiene, vestimenta o aseo
- Ojos rojos, pupilas dilatadas
- Vago, aburrido, confuso.

Indicadores de Comportamiento
- Autoestima baja o deteriorado
- Pérdida de interés en actividades usuales
- Sentimientos grandiosos
- Incapacidad para hacer frente a las situaciones y Fácilmente frustrado
- Comportamiento impulsivo
- Depresión ideas o intentos suicidas
- Confusión, mala memoria
- Declaraciones y sentimientos paranoicos
- Irritabilidad o mal humor inusuales
- Aislamiento
- Incumplimiento de obligaciones

C. Intervención de Suicidios y Crisis

1.- Conciencia y detección de depresión y tendencias suicidas entre jóvenes.

Preocupación directa o indirecta con la muerte:
- Declaraciones/referencias suicidas verbales o escritas
- Arte o dibujo gráfico
- Regalar pertenencias personales
- Redacción de un testamento
- Intentos anteriores

Cambios significativos en el estilo de vida:
- Pérdida de una persona importante ya sea por muerte, divorcio o separación
- Pérdida de un objeto de afecto (novia, novio, amigos)
- Pérdida de salud
- Dificultades financieras
- Pérdida de estatus

Cambios observables en el comportamiento o la motivación:
- Disminución del rendimiento académico
- Aumento de los problemas de asistencia o retraso
- Malas relaciones interpersonales
- Disminución de la actividad social
- Abuso de sustancias

Cambios observables en la personalidad y sus emociones:
- Sentimientos de impotencia, desesperación, desánimo
- Sentimientos de que la vida es demasiado dolorosa o difícil
- Llanto frecuente, berrinches
- Irritabilidad, mal humor

Cambios Físico y Somáticos
- Pérdida o aumento de apetito
- Dolores de cabeza o de estómago
- Cambio en los patrones de sueño
- Síntomas de abuso de sustancias
- Deterioro de la higiene o del orden

2.- Todas las amenazas de suicidio deben ser respondidas de la siguiente manera:
- Siempre tome en serio las amenazas de suicidio y responda de forma adecuada.
    - i. No minimice su dolor
    - ii. No haga preguntas específicas (cerradas), más bien refleje sus sentimientos hacia ellos.
    - iii. No haga promesas que no puede cumplir.
    - iv. Óigalos, escúchelos y anímelos
- Determine la seriedad de los pensamientos suicidas del individuo, anotando los detalles del plan, incluyendo fech específicas, horarios, métodos y cualquier preparación previa ya completada.
- Recuérdeles que Dios no le ha dado la espalda, (Romanos 8:38-39)
- Asegúrale que está preocupado y que le gustaría ponerlo en contacto con alguien que lo pueda ayudar.
- No asuma el papel de terapeuta
- Mantégalo a salvo. Informe al líder del programa, padres y busque ayuda profesional.
- Las leyes de notificación obligatoria y del deber de cuidado exigen notificar a las autoridades si se expresan amenaz graves o ideas suicidas.

Línea de vida Nacional para la Prevención de Suicidio   1-800-273-TALK (8255)

continuación de...

Intervención de Suicidios y Crisis

3.- Conciencia de la Necesidad de Intervención de Crisis

- Determinar la necesidad de asistencia profesional. Si la situación es peligrosa o siente que está más allá de su capacidad, remítase a un profesional lo antes posible. El asesoramiento requiere tiempo, energía y recursos para lidiar efectivamente con ciertas situaciones.
- Establecer una relación.
    - i. Mostrar calidez e interés
    - ii. Escuchar cuidadosamente
    - iii. Tomarlos en serio
- Reducir la Ansiedad
    - i. Mantener la calma y tranquilo
    - ii. No ofrecer respuestas sencillas como "Dios te cuidará"
    - iii. Dar afirmaciones tranquilizadoras válidas como: "Veamos qué podemos hacer al respecto. Creo que puedo ayudarte. Conozco alguien que pueda ayudarte".
- Identificar y dar prioridad a los problemas. Enfocarse en el presente y determinar que se debe de hacer de inmediato.
- Evaluar recursos
    - i. Personal: Fortalezas, habilidades, experiencias y actitudes que aprovechar.
    - ii. Interpersonal: Decidir de quien pueden los dos depender. Usar otras personas para que ayuden
    - iii. Comunidad: Aprovechar la experiencia de los recursos legales, médicos, pastorales, de entrenamiento y de asistencia social disponibles.
    - iv. Espirituales: Este no es un momento para evangelizar, pero si es tiempo de recordarles que Dios está con ellos.
- Planear un curso de acción
    - i. Establecer un plan de acción específico para sus necesidades
    - ii. Animarlos a hacer lo que puedan
    - iii. Darles ayuda y apoyo con las cosas que no puedan hacer
- Fomentar la esperanza. Sin esperanza estamos inmovilizados. No permita declaraciones contraproducentes como: "nunca lo haré", "las cosas nunca cambiarán".
- Seguimiento
    - i. Mantener contacto a medida que se implementan los pasos que ha establecido.
    - ii. Estar en contacto con redes de soporte, si es que han sido refereidos a ellos.

D. Disciplina del Comportamiento Inapropiado

1.- Como organización determine y establezca expectativas de comportamiento apropiado.

Denuncia y Respuesta

I. Procedimientos de la Denuncia

A. Escuchar una Acusación o Sospecha de Abuso.

B. Levantando una Denuncia o Sospecha de Abuso

C. Evaluación e Investigación de una Denuncia o Sospecha de Abuso

D. Protección de la Confidencialidad y Dignidad de la Victima y el Acusado

II. Respuesta a las Denuncias

A. Respuesta Espiritual y Asesoramiento para la Víctima

B. Respuesta Bíblica y Disciplina para el Acusado o Condenado

C. Relaciones con los Medios de Comunicación

D. Investigación en Curso

Caso de Estudio

Procedimiento de la Denuncia

La llamada telefónica interrumpió el trabajo del pastor principal. Al responder, él reconoció la voz de un miembro fiel de la congregación. Al principio hubo un silencio al otro lado del teléfono, seguido de "¡Pastor, vamos a ir a verte, estamos en camino!"

En menos de treinta minutos, la pareja había llegado a la iglesia. Les faltaba esa calidez y el saludo que normalmente le habrían dado. Era evidente que ambos habían estado llorando.

En el transcurso de la siguiente hora, la historia se desbordó. La pareja se turnaba para contar lo que habían escuchado de su hija de 8 años de edad. Los detalles que contaron son la peor pesadilla de cualquier pastor.

Los padres informaron al pastor principal lo que su hija les había comentado la noche anterior. El pastor asistente de la iglesia la había tocado donde sus papas le han dicho nadie debe tocar. Pasó durante la lectura de la Biblia en la escuela dominical. La mano del Pastor Ben subió por su falda y sus dedos tocaron sus partes privadas. Él le había susurrado al oído, y le hizo prometer que no le diría a nadie o Dios se enojaría con ella.

El dolor estaba grabado en sus caras, estaban completamente quebrantados.

Finalmente, el papá continuó diciendo que se quedaron despiertos toda la noche, orando y discutiendo los pasos tomar. ¿A quién le dirían? ¿Qué pasara con su hija y la iglesia a quienes ellos amaban profundamente? Los padres habían invertido sus vidas y su servicio en esa iglesia. Ellos no querían atraer la atención de los medios tanto para su familia ni para su hija. Tampoco querían traer ninguna desgracia a la iglesia. Finalmente le dijeron al pastor principal, que, si él se ocupaba de ello y destituía al pastor Ben, no lo denunciarían a las autoridades.

Mientras el sol se ponía, los tres individuos en la oficina del pastor acordaron que se le pedirá al pastor asistente que abandone la iglesia. Graciosamente, Ben presentó su renuncia. El admitió que sí, que él había caído en la tentación con la niña de ocho años.

Los miembros de la mesa directiva y el pastor principal no estaban preparados para enfrentar la caída de la iglesia. Así que organizaron una fiesta de despedida para el Pastor asistente. El día de hoy trabaja como laico en su nueva iglesia, enseñando en la escuela dominical en forma rotativa. Recientemente él asistió a la celebración por el aniversario de su anterior iglesia, donde lo recibieron cálidamente y le expresaron cuando lo extrañaban.

La Retrospectiva es 20/20:

A menudo, la gente no sabe cómo manejar las malas noticias. Los cristianos no anticipan que ocurrirá abuso en sus propias iglesias y ministerios. ¿Y usted? En su intento de proteger a su iglesia y comunidad harías lo conveniente. ¿Harías lo "conveniente"? ¿Cree usted que está por encima de las leyes de denunciar a las agencias apropiadas o a la policía y proteger a los niños que le han confiado a su cuidado? Lo alentamos a leer detenidamente esta sección sobre el procedimiento de la denuncia. Nuestra esperanza es que una situación como esa nunca suceda en su iglesia, pero por favor, esté preparado en caso de que así sea.

continuación del *Estudio de un Caso...*

Preguntas Para Responder:

¿Cuál debería haber sido la respuesta del pastor principal?

¿Quién debería haber sido informado?

Si esta situación tuvo lugar en estado sin estatuto de limitaciones sobre el abuso infantil. ¿Qué podría suceder en el futuro?

I. Procedimientos de la Denuncia

Política

A. Escuchar una Acusación o Sospecha de Abuso

Las siguientes políticas describen los procedimientos y procesos recomendados para levantar una denuncia de abuso o de la sospecha de un abuso.

1. Para la protección de nuestros niños y jóvenes todas las acusaciones y/o sospechas de abuso se tomarán seriamente.

2.- Al enterarse de una sospecha abuso o acusación de abuso de un niño o joven, el personal del ministerio deberá completar el formato de Informe de Sospecha de Abuso documentando toda la información pertinente (apéndice 29). No se le deben hacer preguntas cerradas a la víctima. Nadie más, incluyendo el acusado deberá ser contactado mientras se completa el formato de Informe de Sospecha de Abuso. Todos los formatos deberán conservarse de forma permanentemente a menos que lo indique un abogado.

3.- Cualquier acusación de un abuso de niño o joven debe ser denunciada a las autoridades correspondientes. La denuncia debe hacerse en conjunto con el pastor principal, pastor de los niños o jóvenes.

Protección

Una acusación de abuso sexual infantil puede ocurrir en cualquier iglesia, porque siendo realistas, ninguna estrategia de prevención es 100% efectiva. Por lo tanto, antes de escuchar una acusación o sospecha de abuso, las iglesias deberá desarrollar planes premeditados para denunciar y responder a las acusaciones de abuso sexual. Tenga en cuenta que las acciones incorrectas pueden multiplicar el dolor y la responsabilidad heredados en un caso de abuso. [1]

"Reduciendo el riesgo" (www.reducingtherisk.com) destaca temas importantes para recordar cuando se trata de una acusación de abuso. "Primero, prepárese mentalmente para recibir una acusación. No exprese incredulidad ni responda de ninguna manera que minimice la queja o culpe al denunciante... Comentarios como: "'Ocurrió solo una vez' y 'No suena tan grave'" deben ser reemplazadas por "'Sé lo difícil que debe ser para ti' y 'Queremos hacer todo lo que esté a nuestro alcance para ayudarte y apoyarte'". [2]

1.Coddle, Hammar, and Klipowiz, Reducing the Risk 1, 55
2. Ibid, 55-56

Continuación de...

profección

"En segundo lugar, prepárese para las emociones intensas del denunciante. Serán necesarias preguntas de sondeo, pero delicadas, para descubrir algunos detalles. No intente sacar conclusiones sobre la verdad de la denuncia en este momento. Más bien, concéntrese en tres puntos simples:
- Que la queja se tome en serio
- Que existan procedimientos para tales quejas y que se sigan para garantizar un seguimiento adecuado,
- Que la iglesia desee extender la atención y el apoyo de cualquier manera posible a la víctima y a la familia de la víctima. [3]

No haga su propia investigación.

Al completar el formato de Información de Sospecha de Abuso, tenga cuidado de simplemente recopilar la información requerida. Recuerde que no es su responsabilidad investigar o sacar conclusiones. Más bien, proporcionar información sobre la víctima, el presunto perpetrador, la naturaleza de la sospecha de abuso y los indicadores de la sospecha de abuso. Si un niño está informando, escriba lo que dijo el niño junto con su respuesta.

plan

Este plan está escrito para una situación en la cual se ha expresado una acusación o se ha identificado una sospecha de abuso.

◯ Preparar formato de Denuncia de Sospecha de Abuso y hacerla accesible para todo el personal del ministerio.

◯ Notificar a líder del ministerio.

◯ Complete el formato de la Denuncia de Sospecha de Abuso con toda la información pertinente.

◯ Líder del ministerio y personal del ministerio deberán notificar al pastor principal.

◯ El pastor principal deberá notificar al presidente de la mesa directiva.

3. Cable,Hammar, and Klipoweiz, Reducing the Risk
III, 55-56

Política

1. Cualquier persona, incluyendo, pero no limitando al personal del ministerio, quien tiene motivos razonables para creer que un niño necesita protección, deberá inmediatamente denunciar el asunto a la agencia correspondiente de su estado o a la policía. La denuncia deberá ser oral por teléfono o en persona.

2. La persona que sabiendo no informa en estas circunstancias puede haber infringido la ley y haber cometido un delito. Ellos también pueden estar sujetos a medidas disciplinarias en la iglesia.

3. El pastor principal o su designado deben notificar a la compañía de seguros de la iglesia y buscar asesoría legal al enterarse de un caso de sospecha de abuso infantil.

4. La iglesia notificará y trabajará en conjunto con los líderes de la denominación en todas y cada una de las acusaciones o sospechas de abuso que pudo haber sucedido en el contexto del ministerio de la iglesia.

5. Si el abuso sucedió en el contexto del ministerio de la iglesia, o un miembro de la iglesia o uno de los asistentes de los servicios de la iglesia fuese el presunto abusador, los padres de la víctima deberán ser notificados inmediatamente por el pastor principal o por los líderes de la iglesia.

B. Levantando una Denuncia o Sospecha de Abuso

Plan

Este plan está escrito para una situación en la cual se ha expresado una acusación o se ha identificado una sospecha de abuso.

- Los líderes de la iglesia deberán investigar las leyes estatales y adaptarán la política de denuncia respectivamente.

- Los líderes de la iglesia se comprometen a denunciar todas las sospechas de abusos a las autoridades.

protección

Los requisitos para la denuncia, y lo que legalmente constituye abuso, difieren de un estado a otro. "Las circunstancias bajo las cuales el denunciante tiene la obligación de hacer una denuncia varían de estado a estado. Por lo general, se debe presentar una denuncia cuando el denunciante en su capacidad oficial, sospecha o tiene razones para creer que un niño ha sido abusado o descuidado. Otra norma que se utiliza con frecuencia es cuando el denunciante tiene conocimiento o está observando que un niño está siendo sometido a condiciones que razonablemente podrían resultar en un daño para él". [4]

¿Qué constituye un motivo razonable para denunciar una sospecha de abuso? Motivos razonables son lo que una persona promedio, dada su capacitación, antecedentes y experiencia ejerciendo un juicio normal y honesto, asumirá como una acción que necesita atención. No se tomarán acciones legales contra una persona que presente una denuncia a menos que esa persona lo haya hecho con malicia o sin fundamentos razonables para la creencia.

4. Child Welfare Informatin Gateway, "Mandatory Reporters of Child Abuse and Neglect: State Statutes," U.S Department of Health and Human Services, Administration on Children, youth and Families, 2013:3 http://www.childwelfare.gov/pubPDFs/manda.pdf

©Plan para Proteger™ 2023

continuación del...

plan

○ Notificar la denuncia o la sospecha de abuso al departamento de servicios sociales o la policía.

○ Buscar asesoría legal.

○ Contactar a la compañía de seguros de la iglesia para satisfacer las condiciones de la póliza y determinar la posible cobertura de responsabilidad y defensa legal.

○ Notificar a los padres de la víctima si la acusación o la sospecha involucra al personal del ministerio.

○ Notificar a la denominación si la acusación o la sospecha sucede en el contexto del ministerio de la iglesia.

Continuación de...

Protección

El único grito común es hacer lo que sea mejor para el niño. Le sugerimos que empiece por el departamento de la policía local. Infórmese del proceso, los procedimientos y las agencias que están disponibles para apoyar la protección de niños y jóvenes.

Es posible que tenga preguntas sobre el incidente específico que enfrenta. Los trabajadores sociales en los departamentos de servicios humanos y sociales están capacitados para evaluar si una situación constituye o no un delito denunciable. El personal del ministerio deberá denunciar cualquier asunto relacionado con el abuso o negligencia infantil del cual tenga conocimiento o haya observado dentro del alcance de sus deberes.

Denuncia Obligatoria

Todos los estados tienen una lista de profesionales que están obligados a denunciar el abuso y la negligencia infantil. Como estas listas difieren de estado en estado, le sugerimos que consulte con el departamento de la policía local para averiguar quién debe informar en su estado. Siempre es mejor errar en el lado de la denuncia que no denunciar.

Algunos ejemplos de reportes obligatorios en abuso infantil son:
- Trabajadores sociales
- Maestros y personal de las escuelas
- Médicos y otros trabajadores de salud
- Profesionales de la salud mental
- Cuidadores infantiles
- Médicos o Investigadores forenses
- Agentes de la ley y el orden

Continuación de...

Protección

Los miembros del clero son obligados a denunciar en veintisiete estados.[5]

En todos los estados, todas las personas, aunque quizá no sea obligatorio, tienen permitido denunciar el maltrato infantil. "Toda jurisdicción tiene disposiciones en los estatus para mantener la confidencialidad de los registros de abuso y negligencia. La identidad del denunciante está especialmente protegida de la divulgación al presunto autor en 39 estados, El Distrito de Columbia, Puerto Rico, American Samoa, Guam, Islas Marianas del Norte. Esta protección se mantiene incluso cuando otra información del denunciante pueda ser revelada".[6]

Para obtener más información sobre las denuncias obligatorios sobre el abuso infantil en su estado, consulte el portal de Información sobre el Bienestar Infantil en, www.childwelfare.gov.

5. Mation Child Welfare Informatio Gateway, "Mandatory Reporters," 2013:
6. Ibid, 4.

política

C. Evaluación e Investigación de una Denuncia o Sospecha de Abuso

1.- Ninguna persona, incluyendo los líderes de la iglesia organización, deben asumir la función de evaluar la justificación o investigar la necesidad de intervención o interpretación de sospecha de abuso infantil.

2.- La organización y sus individuos deben evitar cualquier interferencia indebida cuando se haya presentado un informe de abuso infantil ante el departamento de servicios sociales o la policía. La organización debería preguntar al departamento de servicios sociales como podrían ayudar y apoyar a la investigación, el niño y la familia. Después de que la policía o el departamento de servicio sociales hayan dado permiso para hacerlo, la organización debe mantener una comunicación frecuente y relaciones de apoyo con aquellos sospechosos o culpables de abuso infantil, siempre y cuando estas personas muestren la disposición de escuchar, cambiar y buscar ayuda. Esto no excluye la necesidad de lastimar a las personas y buscar ayuda profesional.

plan

Este plan está escrito para una situación en la cual se ha expresado una acusación o se ha identificado una sospecha de abuso.

◯ Los líderes de la iglesia y el personal del ministerio apoyarán al departamento de servicios sociales o al departamento de policía en el curso de una investigación y se ofrecerán a prestar toda la ayuda necesaria.

protección

El personal debe asumir claramente que no es responsabilidad investigar o sacar conclusiones sobre las denuncias o sospechas de abuso. Su responsabilidad es informar los motivos razonables de creencias de que un niño o persona joven necesita intervención.

La devastación que sigue en una denuncia de abuso es de varias capas, independientemente si la denuncia es o no cierta. Claramente la prevención es la mejor defensa. Sin embargo, en el caso de que ocurra una situación abusiva a pesar de todos los esfuerzos para evitar su existencia, y el cumplimiento de políticas y procedimientos claros será un factor importante para determinar si se ejerció o no la debida diligencia. [7]

---

7. McCornick and Mitchell, "Preventing Child Abuse.

Continuación de...

Protección

Una de las mejores maneras en que podemos apoyar el proceso después de que se haya levantado la denuncia de sospecha de abuso es proporcionar informes completos y registros del registro de cada niño, toma de asistencia, solicitudes de trabajadores, referencias y formularios de la selección.

A medida que la iglesia de pone del lado de la víctima después de que se haya levantado la denuncia, los líderes deben tener cuidado de no revictimizar a la víctima. La iglesia deberá estar consciente de que la comunicación con el agresor debe realizarse con cuidado y no antes de que la policía o el departamento de servicio sociales haya dado permiso para hacerlo.[8] La iglesia necesita brindar apoyo, atención y servicios necesarios a medida que comenzamos a trabajar juntos en este viaje y restaurar la esperanza.

---

8. Cobble, Hammar, and Klipowiz, Reducing the Risk II, 57

Política

1. Durante el proceso de la denuncia y respuesta, todo el personal del ministerio se comprometerá a orar y a mantener la calma y la esperanza.

2. Se debe observar la discreción y los detalles del presunto abuso, que no se debe de compartir entre la comunidad de la iglesia. La información se debe compartir con base en la necesidad de conocer, expandiéndose solo a la medida que los individuos se vean solicitados a responder en la investigación. Se debe proteger la confidencialidad de la víctima y el acusado.

D. Protección de la Confidencialidad y la Dignidad de la Víctima y el Acusado

protección

El abuso sexual es un problema en cada comunidad e iglesia, las estadísticas son horribles - una de cada tres niñas y por lo menos uno de cada siete niños es víctima de abuso sexual.[9]

"Sin embargo, las estadísticas, solo nos dan una idea de lo extendido que está el problema. Representa la punta del iceberg y no muestran la imagen completa. Tampoco captan el impacto del problema en la víctima o la familia que lucha a través de la devastación del abuso. El abuso infantil y la negligencia son amplios temas que abordan experiencias complejas que debilitan a los niños".[10]

Debemos hacer todo lo posible para asegurarnos de que nuestros ministerios sean lo más seguro posible. "Necesitamos enfrentar la realidad del abuso infantil y encontrar formas de llegar efectivamente con amor, esperanza y sanación a los niños y a las familias heridas por este abuso".[11] Todos hemos leído historias o conocemos alguien que ha sido herido por el abuso ya sea como víctimas o como otros afectados por el abuso o aquellos acusados falsamente.

Para proteger la confidencialidad y dignidad de todo los involucrados, nuestro deseo sería que el presunto abuso, no se compartiera con la comunidad en general. Sin embargo, sería ingenuo pensar que todas las situaciones se pueden controlar a ese nivel. "No decir nada crea sospechas que ponen en peligro el trabajo de una organización". Decir todo puede poner a la organización misma y a los líderes en riesgo.[12]

plan

Este plan está escrito para una situación en la cual se ha expresado una acusación o se ha identificado una sospecha de abuso.

○ Se mantendrá la confidencialidad en todo momento.

9. Children Ministry Magazine "Spotting and Stopping Child Sex Abuse, "children Ministry Magazine, January 5, 2016, http://childrenministry.com/articles/they-are-in-our-midst/

10. Dr. Emine Leader, "Lets talk about child abuse", Canadian Adventist Messenger, Octber 2002, http://www.christianity.ca/page/aspx?pid=11548

11. Children ministry magazine, "supporting and stopping child sex avuse, 2016.

12. Cable, Hammar, and Klipowiz, Reducing the risk II, 60

Caso de Estudio

Respuesta a la Denuncia

Un domingo después del servicio, Mike, un visitante regular durante los últimos meses, le dijo al pastor del personal de una iglesia multicultural que tenía un gran problema. El pastor del personal se reunió con Mike el martes siguiente para hablar sobre el tema. En medio de su conversación, Mike le dijo al pastor que fue condenado por abusar sexualmente de un niño mientras estaba en el extranjero. Mike le informa al pastor que todavía está luchando con la atracción por los niños y que recientemente lo echaron de su apartamento por decirle al propietario que se sentía atraído por los niños de una familia que vivía allí. Muy angustiado, Mike le pidió al pastor que no lo echara de la iglesia.

El pastor del personal se comunicó inmediatamente con el pastor principal. Después de consultar con él, se lo dijeron al resto de la junta de ancianos y al superintendente de distrito. El anciano responsable de Plan para Proteger™ en su iglesia revisó sus procedimientos para asegurarse de que estaban siguiendo el protocolo. El superintendente de distrito aconsejó que los pastores hablaran con el editor de Plan para Proteger™ así como con un abogado que trabaja en Plan para Proteger™.

Por corto plazo, los pastores informaron a los encargados del ministerio infantil del trato específico antes del próximo domingo. Además, le dijeron a Mike que el área de niños en el tercer piso estaba prohibida. No habría tolerancia de que él estuviera allí en ninguna circunstancia.

La semana siguiente, los pastores y la junta se reunieron para tratar la situación. Luego le pidieron a Mike que se reuniera con ellos, quien tuvo la gentileza de complacerlos. Mike compartió su lucha con ellos, del abuso, su tiempo en prisión, sus tentaciones actuales y cómo estaba tratando de recomponer su vida. Oraron con él. Hablaron sobre qué tipo de estructuras podrían establecer para protegerlo a él y a la iglesia. Uno de los principales problemas a superar fue decidir a quién contarle. Mike quería que la menor cantidad de personas lo supiera, temiendo que si todos lo supieran sería imposible para él estar en la iglesia. La junta consideró decírselo a todos los que tenían hijos. En cambio, decidieron contarle solo a los trabajadores de niños y los diáconos en la iglesia, además de los pastores y la junta de ancianos, que ya lo sabían. Luego se redactó una carta para enviar a Mike describiendo las estipulaciones para que él permaneciera en la iglesia. También hicieron que el abogado de Plan para Proteger™ diera su perspectiva.

Caso de Estudio

Mike estaba obligado a someterse a lo siguiente:

Al ingresar a la iglesia el domingo por la mañana, se registrará con uno de los dos ancianos designados.

Además, se "asociará" con un compañero designado que conoce su situación. Este sistema de compañerismo se implementará en todas las reuniones de la iglesia, incluidas las reuniones de oración, las reuniones de compañerismo o cualquier otro evento.

Todo el tercer piso, el área de niños, está prohibido.

No habrá interacción con familias con niños menores de doce años que no conozcan su situación.

La iglesia estará fuera de los límites durante el campamento diurno de nuestros niños y cualquier otro evento que se considere de alto riesgo.

Cualquier incumplimiento de la política anterior dará como resultado que la iglesia esté fuera de su alcance.

El pastor del personal le dio estas estipulaciones a Mike. Además, el pastor principal o el pastor del personal se reunían con Mike, a menudo semanalmente, durante varios meses. No hubo incidentes reportados y Mike cumplió con las estipulaciones. Los pastores y la junta estaban agradecidos por la oportunidad de funcionar como el cuerpo de Cristo, sosteniendo a su hermano en su necesidad. Aprendieron a amar como Cristo amó. También fue un recordatorio de que todos somos vulnerables al pecado oculto. La iglesia necesita estar alerta. Los pastores han crecido con Mike a través de su tiempo juntos.

Retrospectiva 20/20

Desafortunadamente, este caso de estudio es verdadero y muy alarmante. Aplaudimos a la iglesia por responder con amor y gracia durante este tiempo difícil. Por favor lea cuidadosamente a través de esta sección, Respuesta a la Denuncia. Considere como puede usted responder al acusado con amor y gracia, y como puede usted ayudar a extender y facilitar la compasión y la curación de la víctima al mismo tiempo que garantiza la confidencialidad.

Continuación del .... *Caso de Estudio*

Preguntas Para Considerar:

- ¿Cree usted que la iglesia siguió el protocolo de Plan para Proteger™ en esta situación?

- ¿Qué fue lo que la Iglesia hizo bien?

- ¿Dónde siente usted que la iglesia pudo haber sido negligente?

- ¿Cree usted que se notificó a las personas apropiadas? ¿Fueron demasiadas o insuficientes?

- ¿Qué precauciones cree usted que la iglesia podría tomar para proteger a los niños y jóvenes en esta situación?

- Discuta con su equipo de liderazgo ¿Cómo lidiarían ustedes con escenarios similares a este en su organización?

II. Respuestas a las Denuncias

Política

A. Respuesta Espiritual y Asesoramiento para la Víctima

1. Para la protección de nuestros niños y jóvenes, todas las acusaciones y/o sospecha de abuso se tomarán en serio y se manejarán con mucho cuidado. Las presuntas víctimas serán tratadas con dignidad y respeto.

2. Durante el proceso de la denuncia y respuesta, todo el personal del ministerio se comprometerá a orar y a mantener la calma y la esperanza.

3. Las situaciones de abuso deberán manejarse con franqueza, con el debido respeto a la privacidad y confidencialidad de las personas. Se debe observar discreción y no se deben compartir los detalles del presunto abuso entre la comunidad de la iglesia. Se debe observar la discreción y los detalles del presunto abuso, que no se debe de compartir entre la comunidad de la iglesia. La información se debe compartir con base en la necesidad de conocer, expandiéndose solo a la medida que los individuos se vean solicitados a responder en la investigación. Se debe proteger la confidencialidad de la víctima y el acusado.

4. Los líderes de la organización buscarán oportunidades para proporcionar atención individual y asesoramiento tanto para la víctima como para la familia. Los líderes de la iglesia determinarán la necesidad de asistencia profesional y evaluará y designará los recursos según sean necesarios.

Protección

Una mamá comparte el dolor que sintio cuando descubrió que su hija de 5 años había sido abusada por un voluntario de 16 años en el cuarto de adoración y alabanza llena de niños y líderes. ¿Dónde pueden están seguros nuestros hijos? Su pregunta es profunda. ... Dado que Dios es un Dios de verdad, ¿No debemos de honrar la verdad sin importar cómo afectará el futuro de nuestra iglesia? Y dado que nuestros hijos pertenecen ante todo a Dios, ¿No debemos de hacer todo lo que esté a nuestro alcance para mantenerlos a salvo? ¿Especialmente porque nuestros hijos no pueden defenderse solos?[13]

"Pastores y Protegedores de corderos y oveja adultas"[14] Se necesita mucho coraje para elegir corregir un error. Las víctimas que dan este primer paso de confesar merecen apoyo y protección a través de los muchos pasos difíciles por venir.

La sanidad de Dios comienza cuando la iglesia inicia a tomar los pasos hacia el cuidado y el apoyo. Recomendamos nombrar a alguien para asegurar que la iglesia cumpla con su responsabilidad. La iglesia debe comunicarse con la víctima y la familia de la víctima mientras intentan reconstruir la confianza.

---

13. Samantha Davis, "It Happend to Us," *Children's Minsitry Magazine*, September/October 2003:58
14. Zarra, *It Should Never Happen Here*, 9.

plan

Este plan está escrito para una situación en la que se ha expresado una denuncia o donde se ha identificado una sospecha de abuso y se ha levantado una denuncia ante el departamento de la policía.

○ Observe y Ofrezca discreción en todo momento. Extienda confidencialidad y dignidad a la presunta víctima y su familia.

○ Designar individuos para que brinden atención y asesoramiento tanto a la presunta víctima como a su familia.

○ Recomiende asesoría profesional según sea necesario.

○ Asignar recursos según se considere necesario y que estén disponible.

Proteger Mediante el Desarrollo de Programas: Denuncia y Respuesta

política

1. El acusado debe ser tratado con dignidad y respeto. Si este es un trabajador del ministerio remunerado, esa persona será relevada temporalmente de sus deberes hasta que se complete la investigación. Se harán arreglos para mantener o suspender sus ingresos hasta que se aclare la alegación.

2. Es responsabilidad y derecho de los líderes de la iglesia ejercer y practicar la disciplina de la iglesia como se describe en Mateo 18 y como se estipule en las pautas de la denominación.

3. Los líderes de la iglesia buscarán oportunidades pra proveer al individuo cuidados y consejo tanto paara el acusado como para la familia. Los líderes de la iglesia determinarán la necesidad de la asistencia profesional y de evaluar y designar recursos tanto como sea necesario y como estén disponibles.

4. A cualquier persona acusada por abuso a niños o jóvenes se le prohibirá el acceso a ellos hasta que estén libres de todos los cargos. Se le proporcionarán pautas claras por escrito a este individuo en donde se enlistarán las áreas restringidas a las que podrá ingresar o hacer uso, así como de las actividades en las que no podrá participar.

5. A cualquier persona condenada por abuso infantil se le prohibirá el acceso a los niños y jóvenes. Los líderes de la iglesia pueden designar a un individuo como el responsable de informar cuando la persona convicta atienda una de las actividades. Esta persona designada acompañara al convicto mientras esté dentro de las instalaciones / propiedad de la iglesia. Se le proporcionarán pautas claras por escrito donde se enlistarán las áreas restrictas y puntos de acceso a la propiedad de la iglesia.

B. Respuesta Bíblica y Disciplina para el Acusado y el Condenado

plan

Este plan está escrito para una situación en la que se ha expresado una denuncia o donde se ha identificado una sospecha de abuso y se ha levantado una denuncia ante el departamento de servicios sociales.

○ Remover al acusado de la participación del ministerio hasta a que su nombre sea limpiado por los funcionarios.

©Plan para Proteger™ 2023

189

profección

En el sistema legal estadounidense, el acusado es inocente hasta que se pruebe su culpabilidad. La confidencialidad es fundamental, no sea que se difundan falsedades y resulten falsas acusaciones. Por consiguiente, los líderes de la iglesia involucrados en un caso de abuso sexual no deben discutir el caso con otros.

La respuesta de la iglesia para el acusado es fundamental en la restauración de la salud de la persona. "La respuesta fiel al abusador acusado incluirá el reconocimiento no solo de que él o ella es una persona de valor sagrado; sino también que él o ella debe detener el comportamiento abusivo, arrepentirse en oración y volverse en una nueva dirección. La respuesta fiel incluirá la destitución del acusado de su puesto como trabajador con niños y jóvenes hasta que las acusaciones se investiguen y resuelvan por completo. No significa necesariamente que el imputado asumirá en el futuro ser colocado nuevamente en un puesto de confianza que influya a niños y jóvenes".[15]

continuación del
plan

○ Observar y ofrecer discreción en todo momento. Extender confidencialidad y dignidad al acusado y su familia.

○ Designar a un individuo para que brinde la atención y consejo al acusado y su familia.

○ Recomendar consejo legal según sea necesario.

○ Asignar recursos según se considere necesario y según estén disponibles.

○ Notificar a las personas sobre la necesidad de saber sobre la sospecha de abuso.

○ Notificar a las personas sobre la necesidad de saber sobre los abusadores convictos que asisten a la iglesia.

○ Comunicar claramente a los acusados convictos de abuso infantil y/o juvenil sobre las restricciones para el contacto con menores y las restricciones con respecto a las instalaciones de la iglesia.

---

15. Thornburg Melton, *Safe Sanctuaries*, 54.

Protección

Las iglesias deben hablar en contra del abuso y tomar las precauciones necesarias para evitar que ocurran más incidentes. "'La tendencia ha sido hacer todo lo posible para proteger el buen nombre de la iglesia o la reputación del ministro acusado de abuso sexual...' dijo el especialista en ética Joel Trull de Denton. "A menudo, la iglesia vuelve a victimizar a la víctima".[16]

Según el Dr. Peter Sidebotham de Christian Medical Fellowship, "Sin embargo, donde todos los modelos de abuso infantil fallan es en su falta de reconocimiento de la responsabilidad y la elección individuales. Todos tenemos opciones sobre cómo nos comportamos".[17]

Para aquellos que han sido condenados por abuso infantil sexual y físico, hay aspectos de estos comportamientos criminales que deben de ser considerados.

- Los abusadores o los agresores de incesto volverán a delinquir a menos que reciban un tratamiento especializado.
- Los agresores contra los niños minimizan, mienten y niegan su comportamiento de abuso.
- Los delincuentes no pueden llevar a cabo sus buenas intenciones o sus genuinos remordimientos sin la ayuda del exterior.
- El tratamiento de los delincuentes es más efectivo cuando es ordenado y supervisado por los tribunales.
- El secreto del abuso infantil debe ser descifrado para ayudar a la víctima y al agresor.
- Los clérigos no tienen todas las habilidades y recursos necesarios para tratar a los delincuentes y/o ayudar a las víctimas.
- Es probable que el perdón rápido sea una gracia barata y es poco probable que conduzca al arrepentimiento, cuando se trata del tratamiento de los delincuentes y en el ofrecimiento de asistencia a las víctimas.[18]

"Por mucho tiempo la iglesia ha estado temerosa de tratar abiertamente y bíblicamente el pecado. Al cubrir el pecado, no solo estamos fomentando la oportunidad de que vuelva a ocurrir, sino que también estamos limitando la obra de sanación y redención que Dios desea que suceda. 'Dee Ann Miller, de la Iglesia Bautista del Sur y defensora de los abusos sexuales, ha estado solicitando, por años, un cambio de la actitud entre las iglesias; su esperanza es que este cambio se produzca cerca de casa... tan cerca como los corazones, entre los líderes de la iglesia. Lo mejor que puede suceder ahora - sin mucha discusión y cambio de actitudes, así como la creación de nuevas estructuras- es que las personas pongan la ética por encima de la autoprotección y la protección de la institución".[19] El arrepentimiento, el perdón y la gracia solo pueden entonces ser el resultado.

16. Greg Warner, "The Recycle of Clergy Abuse," *The Baptist Standard*, June 8, 2007, https://www.baptiststandard.com/respirces/archives/47-2001-archives/6566-the-recycle-of-the-clergy-abuse?

17. Dr. Peter Sidebotham, "*Child Abuse*,"Triple Helix, Autum 2003: 10, http://admin.cmf.org.uk/pfd/helix/aut03/suabuse/pdf

18. Rev. Dr. Marie M. Forturne, "Confidentiality and Mandatory reporting: A Clergy Dilemma? Faith Trust Institute, 2014;3, http://www.faithtrustinstitute.org/resources/articles/Confidentiality-and-Mandatory-Reporting2014.pdf

19. Warner, "The Recyvle of Clergy Abuse".

Política

C. Relaciones con los Medios de Comunicación

1.- Es responsabilidad de los lideres de la iglesia el designar a un portavoz para que hable en nombre de la iglesia ante los medios de comunicación y el público en relación con el caso de sospecha de abuso infantil. Todas las preguntas deberán dirigirse a este portavoz. Ningún otro individuo podrá hacer comentario alguno a menos que se le haya dado permiso para hacerlo.

2.- Las declaraciones públicas deberán ser bien preparadas y presentadas bajo la dirección de un asesor jurídico.

protección

Los casos de abusos sexuales en la iglesia a menudo resultan tener una amplia cobertura en los medios de comunicación. Un individuo debe de ser el designado como portavoz de la iglesia. Sin embargo, "Un equipo de miembros deberá estar listo para enfrentar a los medios de comunicación, los asuntos legales, de consejo/asesoramiento, y los aspectos financieros de la .iglesia si se hace una acusación". Se requiere de una educación para poder responder a los medios de comunicación ya que se debe de comprender que podrían haber ramificaciones legales.[20]

Los líderes de la iglesia deberán preparar una declaración para uso público en caso de que se produzca una denuncia de abuso. "El tener una declaración cuidadosamente preparada es por sobre todo mejor que no hacer ningún comentario. Esta es una oportunidad para influir positivamente en la opinión pública haciendo hincapié en la concientización sobre el problema de abuso infantil, así como la preocupación por las víctimas y las amplias medidas que la iglesia ha tomado para reducir el riesgo de abuso infantil de forma seria y sobre todo que ha actuado de manera responsable. Describa todas las precauciones que la iglesia ha tomado y las políticas que se han implementado. Este no es un momento para guardar silencio y no hacer comentarios. Tome la iniciativa para mantener una imagen pública positiva de su iglesia.[21]

plan

Este plan está escrito para una situación en la que se ha expresado una denuncia o donde se ha identificado una sospecha de abuso y se ha levantado una denuncia ante el departamento de servicios sociales.

○ Designar un portavoz para los medios de comunicación.

○ Preparar una declaración pública para el portavoz de los medios de comunicación bajo la dirección de un asesor jurídico.

---

20. Mike Wooddruff and Dennis Kasper, "Confronted with the Shameful: How you should respond – Legally and Responsibly – Whem a staff member is accused of child molestation. "Leadership Journal, No. 3 Summer 2001:96
21. Cabble, Hammar and Klipowiz, Reducing the Risk II,6

Continuación de la... *Protección*

En una denuncia de abuso, sugerimos una redacción como en la siguiente declaración para una respuesta pública.

Creemos que nuestros niños y jóvenes son regalos de Dios, y que ellos son el futuro de Su iglesia. Por lo tanto, nosotros en la Iglesia _____ estamos comprometidos a proteger a los niños y jóvenes que se nos han confiado bajo nuestro cuidado. Todo el personal del ministerio es seleccionado y capacitado. Se han establecido políticas para brindar seguridad y protección a nuestros estudiantes. Siempre es trágico cuando los niños son abusados o explotados, y estamos angustiados y conmocionados por cualquier acusación de abuso infantil. Estamos comprometidos a hacer todo lo que esté a nuestro alcance para abordar cualquier necesidad en esta situación y cooperar con la investigación. Para el bienestar de los involucrados, hemos dirigido toda la información a la policía y al Departamento de Servicios Sociales.

El coraje enfrenta al miedo,
y por lo tanto lo domina.
- Dr. Martin Luther King Jr.

política

D. Investigación en Curso

1.- Todas las partes deberán cooperar completamente con las autoridades civiles bajo la dirección de un asesor jurídico.

2.- Hasta que sea aconsejado por un asesor jurídico, los líderes e individuos de la iglesia no deberán involucrarse en la negación, ni en la minimización o culpa, ni admitir la responsabilidad que pueda perjudicar el caso o aumentar la responsabilidad de la iglesia.

3.- El pastor principal, el pastor de niños o el pastor de jóvenes deberá documentar el seguimiento del reporte de manera confidencial incluyendo las conclusiones de las acciones tomadas después de la denuncia de abuso. Este documento deberá colocarse en un archivo personal confidencial del ministerio y mantenerse permanentemente.

4.- Los departamentos del ministerio Infantil y Juvenil informarán a los demás de cualquier investigación en curso estrictamente sobre la base de una necesidad.

plan

Este plan está escrito para una situación en la que se ha expresado una denuncia o donde se ha identificado una sospecha de abuso y se ha levantado una denuncia ante el departamento de servicios sociales.

○ Ofrecer cooperación a las autoridades civiles con dirección de asesor jurídico.

○ Documente todas las acciones y archive en la oficina de la iglesia para mantenerlos de forma permanentemente.

profección

Esta puede ser la última política en el plan para proteger a nuestros niños, jóvenes y a nuestras iglesias. Sin embargo, si ha tenido que trabajar con estas políticas, es simplemente un paso en el largo camino hacia la recuperación.

"La reconstrucción de las vidas destrozadas por el abuso comienza enfocándose en tres preocupaciones principales:
* Sanación de las vidas de las víctimas,
* Arrepentimiento, reparación, y eventual restauración del acusado y,
* Reconstruir nuestra confianza y unidad en la comunidad de la iglesia".[22]

22. Zarra, It Should Never Happen Here, 91

Apéndices y Bibliografía

Las siguientes preguntas surgen con frecuencia. Confiamos en que encontrará respuestas a sus preguntas en esta sección de Plan para Proteger™. Visite nuestro sitio web (www.plantoProteger.com) para ver las actualizaciones de las preguntas frecuentes. No dude en enviarnos un correo electrónico a info@plantoProteger.com si tiene sugerencias para preguntas frecuentes adicionales.

1. ¿Por dónde inicio para empezar con Plan para Proteger™?

Reconocemos que implementar un plan de prevención del abuso es una tarea abrumadora. No caiga en la tentación de tomar atajos. Será manejable si lo divides en secciones.
Siga la estrategia de implementación en las páginas 29-30 y deje que el manual lo guíe paso a paso.

2. ¿Han buscado asesoría legal para Plan para Proteger™?

Antes de publicar Plan para Proteger™, obtuvimos información de nuestro equipo legal y una compañía de seguros que se especializa en proteger iglesias y organizaciones sin fines de lucro. Ambas partes revisaron el manuscrito y se hicieron ajustes para seguir sus recomendaciones. Estamos seguros de que le estamos brindando la mejor y más confiable investigación disponible en el momento de la publicación.

3. Hablamos con nuestro departamentos de policía, abogado y compañía de seguros. Nos han dicho algo diferente a la información de Plan para Proteger™. ¿A quién creemos?

Lo alentamos a que busque asesoramiento legal del abogado de la iglesia. Descubrimos en nuestra investigación que, si le pides consejo a diez personas, incluso a expertos, puedes recibir diez respuestas diferentes. Antes de publicar Plan para Proteger ™, aseguramos las aportaciones tanto de nuestro equipo legal como de una agencia de seguros que se especializa en proteger iglesias y organizaciones sin fines de lucro. Ambas partes revisaron el documento y se hicieron ajustes siguiendo sus recomendaciones. Estamos seguros de que estamos brindando la mejor y más confiable investigación disponible en el momento de la publicación.

4. ¿Cómo podemos trabajar con otros líderes si ellos no sienten que el tema de la prevención del abuso es importante, o que estamos exagerando?

Las herramientas y el material que necesitará para presentar el tema a su mesa directiva se encuentran en "Proteger a Través de la Concientización" (pág. 17), junto con la presentación para la mesa directiva proporcionada en "Proteger Mediante la Implementación y la Capacitación" (pág. 27). Como líder ministerial, puede implementar decisiones cotidianas que comenzarán a brindar un entorno de protección para niños y jóvenes. Trabaje dentro de los parámetros que les han sido dados y continúen orando por la protección de los niños y jóvenes y también para que los líderes de la iglesia se unan a ustedes en esta importante tarea. La oración y la creación de conciencia son sus mejores vehículos para hacer avanzar la prevención del abuso.
Sin embargo, le sugerimos que presente su recomendación a la mesa directiva en su totalidad.

5. ¿Debería la Mesa Directiva o el Pastor Principal colocar al personal y a los voluntarios en puestos de responsabilidad sin haber pasado por el proceso de reclutamiento y selección?

Una vez que la mesa directiva ha desarrollado y aprobado la política de la iglesia, ninguna persona deberá tomar la decisión de no observar estas políticas. Una vez que las políticas son aprobadas por la mesa directiva, todos son responsables de someterse a estas políticas, porque proporcionan los parámetros que ofrecen protección a los niños, a los jóvenes, al personal del ministerio y a la iglesia. Si la mesa directiva decide por unanimidad anular una política, esa es su prerrogativa. Sin embargo, les recomendamos que documenten esta decisión y excepción junto con la debida diligencia con la que llegaron a este acuerdo, e incluyan esto como parte de sus actas.

6. No tenemos personal remunerado en el ministerio infantil o juvenil. ¿Cómo pueden implementar los voluntarios este programa?

Esta pregunta representa a la mayoría de nuestras iglesias. Requiere de un arduo trabajo y un gran compromiso por parte de los voluntarios el poder implementar Plan para Proteger™. Identifique a las personas que se preocupan por la protección de los niños y jóvenes, y capacítelos para que puedan implementar el plan. Una persona con grandes talentos administrativos también es clave para el éxito del programa. Algunas iglesias han llegado a contratar a una persona por corto plazo para ayudar con la implementación inicial de Plan para Proteger™. Otros se conectan a sus contactos para encontrar las herramientas y la ayuda que se necesita.

7. Algunos de nuestros adultos mayores se han ofrecido como voluntarios durante años. ¿Es realmente necesario que pasen por el proceso de reclutamiento y selección?

En general, les recomendamos que tengan una regla de no excepción para el reclutamiento y la selección del personal y voluntarios. Una regla de no excepción le quitará la responsabilidad de determinar quién la requerirá y quién está exento. También le permite asegurarse de que todos sus voluntarios estén en igualdad de condiciones, usted sabe que todos fueron evaluados por completo. Sin embargo, si su mesa directiva decide permitir excepciones para los voluntarios que han estado en su iglesia durante años, entonces les recomendaríamos varias cosas. Su mesa directiva debe decidir cuántos años debe haber estado trabajado un voluntario con la iglesia para calificar en esas excepciones de reclutamiento y selección. Una vez que lo hayan decidido así, les recomendamos que les solicite a estos voluntarios que completen el formato de la aplicación, además de que se realice la verificación de antecedentes penales y que asistan a la capacitación de orientación; ya después anualmente deberán asistir a la capacitación de actualización. Cualquier excepción debe anotarse en el archivo personal de ese voluntario, según sea aprobado por la junta.

8. Si no podemos hacer todo, ¿cuáles son los requisitos básicos que debemos cumplir?

Aunque se ha dicho que la verificación de antecedentes penales y el período de espera de seis meses son cruciales, permítanos aclarar que no queremos sugerirle que tome atajos con Plan para Proteger™. Muchas compañías de seguros (consulte el apéndice 34) ahora dicen que las pólizas que se describen en Plan para Proteger ™ son requisitos básicos para la cobertura de seguros. Estas pautas también garantizarán la debida diligencia en caso de que su iglesia sea citada en un juicio. Le animamos a que no tome atajos. Tomen todas las precauciones para proteger a los niños y jóvenes que Dios les ha confiado.

9. ¿Necesitamos hacer verificaciones de antecedentes penales? Si es así, ¿con qué frecuencia tenemos que hacerlos?

Recomendamos que para obtener un perfil completo de los candidatos y para el personal del ministerio, se realicen verificaciones de antecedentes penales cada tres (3) años para los mayores de dieciséis años que ocupan puestos de confianza. Obtenga el permiso para realizar comprobaciones de bienestar infantil si es necesario. Se deben realizar verificaciones de antecedentes penales para todo el personal asalariado, los miembros de la mesa directiva y el personal del ministerio en puestos de confianza. Todos los puestos que impliquen contacto con el sector vulnerable, o donde considere que el individuo ocupa un puesto de confianza, deberán pasar por el proceso de selección.

10. Es demasiado costoso para nuestra iglesia verificar los antecedentes penales de todos nuestros voluntarios. ¿Qué sugieres?

Sí, es costoso que todo el personal de su ministerio complete las verificaciones de antecedentes penales al mismo tiempo, o cuando comienza el proceso por primera vez. Algunas jurisdicciones han llegado a dispensar el costo para el personal si este se requiere para su voluntariado en el ministerio, y si la iglesia está registrada con el departamento de la policía. Si su iglesia no puede permitirse el lujo de incluir verificaciones de antecedentes penales para todo el personal del ministerio en su presupuesto, le recomendamos que pida a las personas que cubran el costo por sí mismas o que se hagan donaciones para este proyecto. También puede encontrar personas en su congregación que estén dispuestas a subsidiar el costo de aquellos que no pueden pagar. Recuerde, este es un pequeño precio que pagar en comparación con los cientos de miles o millones que la iglesia puede tener que pagar en una demanda si la declaran culpable por no proporcionar un entorno seguro y de tener la debida diligencia en la prevención del abuso.

11. Nos resulta difícil recuperar todos los formatos de nuestra gente. ¿Alguna sugerencia?

Este es un desafío común que enfrentan muchas iglesias. Anime a los candidatos para el personal del ministerio a completar sus formatos antes de la sesión de capacitación. Si eso no funciona, reserve tiempo durante las capacitaciones para llenar, completar, recolectar y someter los formatos. Las jurisdicciones de aplicación de la ley varían en sus requisitos para enviar formatos y recopilar resultados. Si la policía le permite enviar todos los antecedentes penales a la vez, haga que le envíen los resultados directamente a la iglesia. Esto minimizará el tiempo de respuesta y evitará tener que esperar a que las personas las traigan a la iglesia. Tenemos asociaciones establecidas con proveedores externos de verificaciones de antecedentes penales.

12. ¿Podemos simplemente distribuir nuestras políticas en lugar de realizar capacitaciones?

La distribución de políticas es importante para que el personal de su ministerio tenga una ventaja inicial sobre los requisitos específicos de su iglesia para la prevención del abuso. Sin embargo, las políticas no reemplazan las discusiones tomadas durante las sesiones de capacitación, los videoclips y las ilustraciones que ayudan a poner las políticas en perspectiva. Muchas compañías de seguros ahora requieren capacitación anual para todo el personal del ministerio. Le hemos proporcionamos el programa recomendado para las capacitaciones, los formatos y los datos para contactarnos para obtener los recursos necesarios.

13. ¿Podemos enviar un video/DVD a casa para la capacitación en vez de llevar a cabo el programa de capacitación?

La mejor opción es realizar una capacitación personal en el sitio en un entorno grupal donde haya oportunidad de interacción, discusión y un recorrido por sus instalaciones. Lo alentamos a buscar el más alto nivel de capacitación para el personal de su ministerio, evitando los atajos. Tenemos capacitación Plan para Proteger™ disponible en línea en http://plantoProteger.schoolkeep.com las 24 horas del día, los 7 días de la semana, así como un seminario en línea en vivo una vez al mes, cuando las personas no pueden asistir a las sesiones de capacitación grupales programadas. No recomendamos la capacitación en video/DVD, ya que es difícil garantizar que la capacitación se vea en su totalidad. Si llegase haber una rara ocasión en que se requiera el uso de un video/DVD para capacitación, alentamos al líder del ministerio a reunirse personalmente con el candidato para el personal del ministerio para que supervise la visualización del video/DVD de la capacitación. Los capacitadores certificados de Plan para Proteger™ no pueden distribuir nuestros materiales protegidos por derecho de autor, incluyendo PowerPoint y los cursos de la capacitación.

14. Como una iglesia más pequeña, conocemos a todos los que asisten a nuestra iglesia. ¿Es realmente necesario todo lo de Plan para Proteger™?

La cuestión de los abusos no tiene un alcance limitado. Afecta a las organizaciones independientemente de su tamaño, función o geografía. Lamentablemente, también está presente en nuestras iglesias. Solo necesitamos leer el periódico y escuchar las noticias para enterarnos de que se han producido abusos en congregaciones de todos los tamaños y condiciones demográficas.

15. Somos una plantación de iglesia pequeña ubicada en una escuela. ¿Cómo podemos implementar Plan para Proteger™?

El momento perfecto para establecer buenos hábitos, prácticas sólidas y disciplinas que los llevarán adelante a medida que su iglesia crezca es justamente cuando se lanza o se planta una iglesia por primera vez. Al asegurar una ubicación para una iglesia, observe el entorno y la configuración estructural. Encuentre un lugar que tenga ventanas en las puertas y que no tenga materiales riesgosos y peligrosos. Comuníquese con el proveedor de mantenimiento del sitio. Limite el acceso al edificio en el contrato de alquiler. Debido a que las plantaciones de iglesias e iglesias pequeñas tienen personal ministerial limitado, el reclutamiento y la selección de un monitor de sala para caminar por las instalaciones durante los servicios le permitirá ofrecer programas con el requisito mínimo del personal ministerial. Esto es muy importante, considerando que las escuelas son lugares públicos, donde los visitantes pueden pasar fácilmente desapercibidos.

16. ¿Cómo afecta Plan para Proteger™ a los entornos de grupos pequeños que se reúnen en los hogares o fuera de la propiedad de la iglesia?

Se deben tomar precauciones para todas las reuniones de la iglesia, incluso si son eventos de grupos pequeños que se llevan a cabo en el hogar. Intente seleccionar a todas las personas que cuidarán a los niños como parte del ministerio de su iglesia. Esfuércese por crear una atmósfera de responsabilidad a través del cumplimiento de las políticas. Es conveniente recordar que estos son escenarios probables de abuso.

17. Si los niños que necesitan ir a la iglesia son nuevos en la iglesia, ¿pueden sus padres sentarse en la clase con sus hijos sin ser seleccionados?

Los observadores ocasionales, incluidos los padres de los niños, pueden visitar el salón de clases y sentarse con sus propios hijos, entendiendo que no están en una posición de confianza con ningún otro niño. Es importante limitar esta asistencia ya que los niños pueden comenzar a considerar a estos adultos como maestros/líderes. Las personas que se conviertan en participantes regulares en un salón de clases o ministerio deben someterse a su proceso de reclutamiento y selección. Aquellos que aún no hayan completado el proceso de reclutamiento y selección deben presentar y completar todos los requisitos en un plazo de tres meses. Mientras tanto, su acceso a los niños será limitado y no se les debe colocar en una posición de confianza. Si se requiere su servicio, serán colocados en ambientes ministeriales con personal ministerial aprobado. Solo el personal aprobado del ministerio acompañará a los niños al baño y asumirá la responsabilidad de su cuidado.

18. ¿Puede la compañía de seguros retener la cobertura si no cumplimos con todo o parte del programa?

Sí, ha habido muchos incidentes en los que la cobertura del seguro se ha retenido o puesto en espera si la iglesia no cumple con los requisitos considerados como diligencia debida, según lo describe la compañía de seguros. El Apéndice 34 proporciona una copia de una Declaración de Prevención de Abuso que las compañías de seguros envían anualmente antes de la renovación del seguro.

19. Nos preocupa poner en marcha las políticas. Si lo hacemos, entonces tenemos que asegurarnos de cumplirlas y no sabemos cómo podemos hacer esto; es mucho trabajo. Creemos que es mejor no poner las políticas en marcha, que tenerlas y no cumplirlas. ¿No es así?

Desde una perspectiva general de la organización, es cierto que la creación de políticas significa que su organización debe cumplir con las políticas. Sin embargo, hay una diferencia significativa entre crear un riesgo o una carga administrativa, al adoptar un programa de beneficios complementarios para los empleados que no es requerido por la ley, y crear un riesgo al no implementar políticas y procedimientos que ayudan a asegurar el cumplimiento de las leyes existentes y otras regulaciones gubernamentales. La protección del sector vulnerable es un asunto que el gobierno federal y estatal se toma muy en serio y que ninguna organización puede darse el lujo de ignorar. El costo de hacerle frente a un incidente si no existen políticas, o el coste del incumplimiento de una política establecida, puede superar con creces las molestias y el costo del cumplimiento. Por lo tanto, siempre recomendamos que se implementen políticas y que se tome el tiempo para asegurar que las políticas implementadas tengan sentido para el contexto de la iglesia.

20. ¿Cuál es la mejor manera de mantener de forma permanentemente los formatos y los archivos del personal del ministerio?

Un sistema de archivo eficiente es fundamental para mantener los registros de asistencia y los formatos del personal del ministerio. Los registros de asistencia se pueden conservar electrónicamente; sin embargo, asegúrese de que exista un procedimiento para hacer una copia de seguridad de estos archivos electrónicos de forma regular. Se deben conservar los originales de las verificaciones de antecedentes penales y los formatos de aplicación firmados. Escanear y archivar electrónicamente documentos de entrevistas, verificación de referencias y asistencia a seminarios de capacitación también puede minimizar los archivos en papel.

21. ¿Cómo puedo determinar los motivos razonables para denunciar sospechas de abuso al Departamento de Servicios Sociales?

Los motivos razonables son lo que una persona promedio, dada su formación, antecedentes, experiencia, ejerciendo un juicio normal y honesto, supondrá que esa acción necesita ser atendida. (Consulte el Apéndice 28 para obtener una lista completa de las características que debe observar para ayudarlo a determinar los motivos razonables). Una sola señal no constituye abuso y simplemente podría ser indicativa de otros problemas. Aquí es donde necesitas pedirle a Dios discernimiento y sabiduría mientras buscas patrones o una combinación de estas señales de advertencia. No se tomarán medidas contra una persona que presente un informe a menos que se haga con malicia o sin motivos razonables para creerlo.

22. ¿Mi iglesia es responsable de los eventos que ocurren fuera del sitio?

Un tribunal podría considerar a una organización ser la responsable indirecta de los abusos que tienen lugar fuera de las instalaciones y/o fuera de las actividades patrocinadas y causados por el personal del ministerio si el niño o el joven fue presentado a ese individuo como una persona colocada en una posición de confianza (trabajador de guardería, Maestros de la Escuela Dominical, líder de club, líder juvenil) por la organización. Esta es una de las razones por las que es tan importante la evidencia de la debida diligencia de la iglesia en la aplicación de la ley de la seguridad infantil.

23. Si el abuso ocurre bajo la vigilancia de alguien que alquila nuestras instalaciones, ¿quién es responsable?

Una iglesia o centro de beneficencia puede decidir permitir el alquiler o el uso de sus instalaciones a un grupo, organización o individuo externo. Si es así, es sumamente importante transferir la responsabilidad de la responsabilidad legal al inquilino. Verificar que el inquilino tenga los recursos para respaldar la responsabilidad legal por una posible negligencia en la supervisión y operaciones de sus actividades en las instalaciones de la iglesia. Esta transferencia de riesgo cumple con las responsabilidades de administración de los miembros de la mesa directiva de la organización anfitriona en la preservación y el uso eficiente de la propiedad y los recursos de la organización. Evitando colocar innecesariamente a la iglesia anfitriona en una posición de responsabilidad legal exclusiva por negligencia del líder y los voluntarios de la organización de inquilinos. También satisface el principio de rendición de cuentas. El líder debe asumir la responsabilidad solo cuando también ejerza plena autoridad y control. Todas las iglesias deben tener pautas para el uso formal de la propiedad y exigir una exención de responsabilidad legal y un Certificado de responsabilidad proporcionado por el inquilino o grupo de usuarios. Esto debe incluir un mínimo de $2,000,000 en Cobertura de Responsabilidad Civil General y de Inquilinos nombrando a la iglesia anfitriona como asegurada adicional. Esta documentación debe proporcionarse a la iglesia anfitriona antes de usar sus instalaciones.

24. Si empezamos a implementar Plan para Proteger™ y nos quedamos atrás, ¿cómo nos ponemos al día?

Plan para Proteger™ implica tanto una extensa etapa de implementación como el compromiso de mantener el programa para procesar la gestión. Muchas de las iglesias que encuestamos reconocieron que realizan algunos pasos en Plan para Proteger™, pero no todos. No es necesario que empieces de nuevo, sino que retomes donde lo dejaste. Tómese el tiempo para familiarizarse con esta adición a Plan para Proteger™ y evalúe dónde se encuentra y qué debe hacerse. Continúe elevando los estándares y las expectativas sobre la prevención del abuso y establezca metas SMART hasta que se cumpla al cien por ciento.

Los objetivos SMART (que en español significa inteligente-listo) son:

S – eSpecífico
M – Medible
A – Alcanzable
R – Realista
T – Tiempo (orientado por el tiempo)

RECOPILACIÓN DE LAS POLÍTICAS

PROTEGER MEDIANTE LA IMPLEMENTACIÓN DE LA CAPACITACIÓN: SELECCIÓN Y RECLUTAMIENTO

A. Proceso de Selección y Reclutamiento

1. Los líderes de la Iglesia y el líder del ministerio determinan si un individuo es un posible candidato para el ministerio de niños o jóvenes.

2. El posible candidato para el ministerio debe someterse al proceso de selección y reclutamiento administrado por el líder del ministerio. Las personas completarán lo siguiente:
    - Formato de Aplicaión para el Ministerio (Apéndice 3).
    - Período de espera de 6 meses.
    - Declaración de fe firmada.
    - Verificación de antecedentes penales.
    - Capacitación.
    - Controles de referencia.
    - Entrevista cara a cara.
    - Aprobación final de los líderes de la iglesia.

3. El posible candidato para el ministerio debe completar el proceso de selección y reclutamiento antes de ser colocado en una posición de confianza.

4. El personal del ministerio que sirve a los niños y jóvenes debe tener un expediente personal guardado con los registros de la iglesia. Estos expedientes deben mantenerse de forma permanente.

B. Requerimientos para el Ministerio

1. Un mínimo de seis meses como tiempo de espera es el requerido para las personas que desean servir en el ministerio ya sea de niños o jóvenes. Todos los posibles candidatos para el ministerio habrán asistido regularmente a la iglesia durante los últimos seis meses.

    - Se pueden hacer excepciones cuando el personal del ministerio haya sido transferido de otra iglesia de la misma denominación. Sin embargo, deberán haber sido miembros de la Iglesia por mucho tiempo y haber sido voluntarios seleccionados y aprobados dentro del ministerio de niños y con buena reputación. Se deben recibir referencias de al menos tres personas, incluyendo una de su anterior ministerio o director del ministerio de niños.[3]

2. El personal ministerial que sirve en el ministerio de niños y jóvenes son miembros o adherentes en regla que apoyan las doctrinas, la dirección y los estatutos o la constitución de la iglesia.

3. Las personas que hayan sido acusadas, condenadas o estén bajo sospecha de delitos contra niños y/o jóvenes, o que han sido condenados por crímenes violentos u otros delitos relevantes no tendrán ninguna participación en ministerios o programas en los que participen niños o jóvenes.

C. Formatos de Aplicación para el Ministerio

1. El posible candidato para el ministerio debe completar un formulario de Aplicación para el Ministerio (Apéndice 3). Los líderes estudiantiles deben completar el formulario de Aplicación para el Ministerio para Jóvenes que trabajan con niños (Apéndice 4).
    - Se requiere una firma autentificada para la protección de todas las partes.
    - Algunas personas pueden transferirse de una congregación que es desconocida para los líderes de la iglesia. Deben incluir información de contacto o una referencia de un miembro del personal pastoral de su iglesia anterior.
    - Para cumplir con las leyes y regulaciones de privacidad, los formularios de Aplicación para el Ministerio deben indicar el motivo por el cual se recopila la información.

2. Los formularios de Aplicación para el Ministerio deben ser confidenciales y estar disponibles para el líder del ministerio, los líderes de la iglesia y/o el equipo Plan para Proteger™.
    - Los formularios de Aplicación para el Ministerio deben guardarse en un lugar seguro.
    - Los formularios de Aplicación para el Ministerio deben guardarse en el archivo de forma permanente.

D. Verificación de Referencias

1. El personal para la selección del personal designado llevará a cabo la verificación de referencias de todo el posible candidato para personal de trabajo o voluntario para el ministerio. (Apéndice 6).
    - El posible candidato para el ministerio debe firmar una liberación de responsabilidad antes de que se realicen las verificaciones de referencia.[12]
    - Asegúrese de que las referencias proporcionadas se ajusten dentro de las categorías aceptables para adultos y para jóvenes que trabajan con niños.
    - Las verificaciones de referencia se realizan por teléfono para confirmar las capacidades y experiencia para decidir el puesto del posible candidato para personal/voluntario para el ministerio.

E. Entrevista

1. Las entrevistas personales serán conducidas por el líder del ministerio o una persona que sea aprobada por los líderes de la iglesia. (Apéndice 8).

F. Verificación de Antecedentes Penales

1. El líder del ministerio debe identificar los procedimientos estatales y locales para la verificación de antecedentes penales.

2. Se deben realizar verificaciones de antecedentes penales a todo el personal del ministerio que está al servicio de los niños o jóvenes.
   • Las verificaciones de antecedentes penales se renovarán cada tres años.
   • Se deben realizar verificaciones de antecedentes penales a todo el personal del ministerio de dieciséis años en adelante. Estos deberán ser archivados y guardarse permanentemente.

3. Si el posible candidato para el ministerio ha tenido un historial con la agencia de bienestar infantil, los líderes de la iglesia pueden solicitar una firma de consentimiento para solicitar una verificación de registros de bienestar infantil.

G. Capacitación de Plan para Proteger™

1. La educación y capacitación sobre la prevención de abuso es requerida para todo el personal del ministerio que presta sus servicios a niños y jóvenes y debe ser completado antes de la colocación en el ministerio.

2. Se debe tomar la asistencia de la capacitación y se debe anotar en el archivo personal de cada individuo.

H. Proceso de Aprobación

1. Todo el personal del ministerio debe ser aprobado por los líderes de la iglesia al completar el proceso de selección y reclutamiento.
   • La aprobación debe estar firmada y fechada.

2. El proceso de selección y reclutamiento debe completarse dentro de un período de tres meses.
   • Los trabajadores que no completaron el proceso de selección y reclutamiento no serán puestos en puestos de confianza.
   • El acceso a los niños será limitado hasta que reciba la aprobación final.l.

PROTEGER MEDIANTE EL DESARROLLO DE PROGRAMAS: PROCEDIMIENTOS DE PROTECCIÓN INFANTIL

A: Supervisión del Personal del Ministerio

1. Para la protección de nuestros niños, la supervisión del personal del ministerio será intencional. Se llevará a cabo a través de visitas formales e informales a las aulas y programas.

B: Mantenimiento del Programa Plan para Proteger™

1. Se desarrollará y revisará una estrategia para el mantenimiento del programa al comienzo de cada año ministerial. Esto asegura que el entrenamiento, la actualización de archivos y el entorno físico cumplan con la política.o de cada año ministerial. Esto asegura que el entrenamiento, la actualización de archivos y el entorno físico cumplan con la política.

C: Proporciones Profesor/Alumno

1. La configuración del aula debe cumplir con las proporciones establecidas para adultos y niños en todo momento. Esto incluye actividades y viajes fuera del sitio. Las proporciones establecidas son:
   • Dos personas del ministerio por cada seis bebés (desde el nacimiento hasta los 18 meses)
   • Dos personas del ministerio por cada ocho a diez niños pequeños o preescolares.
   • Dos personas del ministerio por cada catorce a veinte niños de edad primaria.

Estas proporciones no excluyen la necesidad de tener dos líderes presentes en el aula en todo momento.

D. Personal para el Salón de Clases

1. Para cumplir con los requisitos de seguro y proporcionar una supervisión adecuada para los niños, debe estar presente uno de los siguientes:
   - Un mínimo de dos personas del ministerio no relacionadas entre sí estén presentes para la supervisión, excepto en el caso de una emergencia, o
   - Un personal del ministerio presente dentro de un salón que tenga ventanas con líneas claras de visibilidad o la puerta abierta con vigiladores de sala. Los monitores de sala designados circularán periódicamente de habitación en habitación.

2. El personal del ministerio entre las edades de doce y dieciséis años deberán ser asignados para trabajar junto a otro personal ministerial mayor de dieciséis años. El personal del ministerio debe tener diecisiete años o más para trabajar solo en el aula. En ambas situaciones, la puerta debe permanecer abierta con los monitores de sala designados circulando periódicamente de habitación en habitación.

E. Observadores Ocasionales

1. Los observadores ocasionales que se unan a una clase deberán registrar su asistencia y mantenerla archivada con la asistencia de la clase correspondiente a ese día. Los visitantes estarán claramente identificados. Si no han sido seleccionados y aprobados, no se podrán colocar en una posición de confianza con niños que no sean los suyos.

F. Identificación para el Personal del Ministerio

1. El personal del ministerio usará etiquetas de identificación visibles o ropa como uniforme de trabajo aprobado, identificándoles así con los padres, los niños y los recién llegados.

G. Registro de Niños

1. Los nombres y direcciones de los niños y sus padres o tutores se mantendrán cuidadosamente. Se actualizarán anualmente y se guardarán permanentemente en un archivo central.

2. Se incluirá una declaración de liberación y permiso en todos los formularios de registro. Esto protege a la iglesia de daños imprevistos y accidentales y proporciona la información del contacto en caso de accidente.

   > Yo/Nosotros, los padres o tutores anteriormente citados, autorizamos al personal del ministerio de la Iglesia _____ para firmar el consentimiento para el tratamiento médico y para autorizar a cualquier médico u hospital a proporcionar evaluación médica, tratamiento o procedimientos para el participante antes mencionado. Yo/Nosotros, anteriormente citados, nos comprometemos y acordamos indemnizar y mantener sin culpa al personal del ministerio, La Iglesia _____, sus pastores, diáconos y ancianos de y contra cualquier pérdida, daño o lesión sufrida por el participante como resultado de ser parte de las actividades de la Iglesia _____, así como de cualquier tratamiento médico autorizado por las personas supervisoras que representan a la iglesia. Este consentimiento y autorización es efectivo solo cuando
   >
   > se participa o se viaja hacia y desde eventos de la Iglesia _____.

3. Se ha considerado la posibilidad de incluir "escudos de protección de la responsabilidad" en los formularios de consentimiento para las actividades que implican un nivel de riesgo. (Apéndice 16).

4. Se incluirá en todos los formularios de registro una declaración que estipule el propósito y la intención de recopilar la información personal de los niños y los jóvenes.

   Propósito e Intención

   > La Iglesia _____ está recopilando y conservando esta información personal con el propósito de inscribir a su hijo en nuestros programas, asignarlo a las clases apropiadas, desarrollar y cultivar relaciones continuas con usted y su hijo, y para informarle de actualizaciones del programa y próximas oportunidades en nuestra iglesia. Esta información se mantendrá de forma permanente según lo requiera nuestra compañía de seguros y nuestros asesores legales. Por favor contáctenos si desea que la Iglesia _____ limite la información recopilada, o si desea ver la información de su hijo.

5. Los formularios de inscripción estarán disponibles para todos los programas. Es responsabilidad del líder del ministerio o del personal del ministerio asegurarse de que los formularios se completen y se presenten para todos los participantes. En el caso de un niño que asista como visita, el padre que traiga al niño será considerado el tutor de la noche. El formulario de inscripción debe enviarse a casa al finalizar el primer programa. Se debe hacer un esfuerzo diligente para mantener los formularios de registro actualizados y vigentes. Los formularios de inscripción deben ser archivados y guardados permanentemente.

H. Recepción y Liberación de Niños

De Bebés a Niños de Kínder:

1. La recepción y liberación de todos los niños menores de seis años debe estar muy bien vigilada. Se utilizará obligatoriamente un formulario de registro y de salida en toda la programación infantil (Apéndice 26).

2. No se dejarán a los niños solos en un salón de clases sin la presencia del personal del ministerio.

3. Los bebés y niños en edad preescolar solo serán entregados al cuidado de los padres del niño o de alguien designado por los padres, con firma, número de seguridad o tarjeta de identificación.

4. Los padres y visitantes no deben ingresar al salón preescolar o a la guardería cuando recogen a su hijo a menos que así se le solicite.

Estudiantes de primaria:

1. Los estudiantes más jóvenes de primaria y los recién llegados deberán permanecer en el salón de clases hasta que el padre o la persona designada por el padre venga a recogerlos y que el alumno demuestre reconocimiento.

2. Se debe tener en cuenta la seguridad, las instalaciones de la iglesia y la ubicación al determinar la edad de liberación de los niños mayores de primaria. El personal del ministerio debe preguntar de manera informal si el niño sabe dónde encontrar a sus padres. Si el niño demuestra incertidumbre, el personal del ministerio mantendrá al niño con ellos en el salón de clases hasta que el padre o el designado recojan al niño.

I. Asistencia

1. La asistencia de los niños se toma cada vez que un salón de clases o un programa está en sesión. Estos registros de asistencia se mantienen en el archivo de forma permanente.

2. Se mantiene un registro del personal del ministerio en servicio de cada salón de clases o programa. Este registro se guarda junto con los registros de asistencia y se mantiene en el archivo de forma permanente.

J. Pautas para el Uso del Baño

El personal del ministerio debe alentar a los padres para que se ocupen de las necesidades de baño de su bebé y lleven a sus hijos al baño antes de cada clase o servicio.

Guardería:

1. Los procedimientos de cambio de pañales deberán estar claramente expuestos en la zona de cambio de pañales de la guardería (Apéndice 10).

2. Si es posible, se recomienda encarecidamente que el padre del niño realice el cambio de pañal.

3. El cambio de pañales deberá ser realizado solo por el adulto designado del ministerio. Debe llevarse a cabo a la vista de otro personal del ministerio.

Niños de preescolar:

1. Los niños de edad preescolar no deben ir solos al baño.

2. Para acompañar a los niños de edad preescolar al baño se cumplirá una de las siguientes condiciones:
   - Dos empleados del ministerio escoltarán a un grupo de niños al baño, o
   - Un trabajador del ministerio escoltará a un grupo de niños al baño junto con un monitor de la sala designada para ayudar con el baño y las tareas de seguridad.

3. Ningún personal del ministerio deberá estar a solas con el niño en el baño sin supervisión. Jamás deberán entrar a la cabina del baño junto con el niño y cerrar la puerta.

4. Cuando el niño de edad preescolar necesite ayuda en el baño, el personal del ministerio podrá ingresar a la cabina del baño para ayudarlo, de acuerdo con las siguientes pautas:
   - La puerta del baño exterior deberá estar abierta y el adulto pararse en la entrada de la cabina del baño dejando la puerta de este abierta,
   - El personal del ministerio tendrá en cuenta la privacidad del niño.

Niños de primaria:

1. Los niños de primaria no deberán ser enviados al baño solos. Deberán ir acompañados de un amigo del mismo sexo y de la misma edad.
2. El personal del Ministerio escoltará a los niños al baño y mantendrá la puerta del baño abierta para asegurarse de que todo esté en orden. El personal del ministerio deberá permanecer afuera del baño y esperar a que los niños salgan para escoltarlos de regreso al salón de clases.
3. El personal del ministerio no deberá estar a solas con los niños en el baño sin supervisión. Jamás deberán entrar a la cabina del baño junto con el niño y cerrar la puerta.
4. El personal masculino del ministerio no deberá acompañar a las niñas al baño.

K. Precauciones Arquitectonicas

Cuando las iglesias planean renovar o construir, se recomienda que tengan en cuenta las siguientes sugerencias al diseñar los salones de clases para los niños.

Puertas y Ventanas:

1. Instale la puerta y las ventanas interiores con líneas de visibilidad claras en los salones de clases donde se lleven a cabo los programas para los niños y jóvenes.
2. Instale medias puertas en los salones para bebés, niños pequeños y preescolares.

Baños e Instalaciones de Baño:

1. Construya cuartos de baño en los salones preescolares con ventana en la puerta del baño.
2. Considere instalar inodoros infantiles en los salones de clase del grupo preescolar.
3. Designe instalaciones de baño para el uso exclusivo de los niños.
4. Planifique instalar lavamanos en las aulas.

Instalaciones de la Guardería:

1. Asegure las puertas de la guardería desde su interior.
2. Tenga ventanas en las puertas de los dormitorios de la guardería, así como un monitor de bebé en la habitación contigua.
3. Cubra todas las tomas de corriente eléctricas con tapas de enchufe.

L. Pautas de Salud y Seguridad

1. Se alienta a las personas a certificarse y capacitarse en primeros auxilios y RCP.
2. Los nombres y la información de contacto de las personas que han sido certificadas en primeros auxilios y RCP se publicarán en los
3. departamentos de niños y jóvenes para facilitar el acceso.
4. El personal del ministerio será notificado a través de los formularios de inscripción sobre los niños y jóvenes que presenten alergias graves.
5. La información se publicará en los departamentos de niños y jóvenes para facilitar el acceso. El personal del ministerio que esté al cuidado de esos niños deberá ser informado.
6. La limpieza y desinsectación tanto de juguetes como de las superficies de las mesas se deberá de realizar cada vez que se utilicen.

Enfermedad:

1. Al niño que esté enfermo y que por lo tanto exponga la enfermedad a otros, no deberá ser recibido en la guardería o salón de clases. Los factores y síntomas por considerar son:
   - Fiebre, cansancio inusual, tos, estornudos, secreción nasal, ojos llorosos, vómitos, diarrea, boca inflamada y dolor de garganta.
   - Niños con una enfermedad transmisible conocida.
2. Condiciones para permitir el regreso:
   - Niños con enfermedad contagiosa no podrán regresar a la guardería o salón de clases sin una nota del doctor.
   - Todo niño que requiera la administración de medicamento con receta deberá quedarse en casa 24 horas, excepto si el doctor por escrito indica lo contrario, como, por ejemplo:
     – El niño no tiene enfermedades contagiosas.
     – El niño no sufrirá efectos secundarios.
     – El niño puede manejar un tiempo fuera de casa sin problemas.

Medicamentos:

1. El personal del ministerio no deberá dar o administrar cualquier medicamento. Los padres deberán ser contactados y ellos serán quienes administren el medicamento a sus hijos.

2. Cualquier medicamento prescrito deberá estar en su envase original con la etiqueta del doctor y el nombre del niño, así como la dosificación que se debe administrar. Los padres deberán llenar y firmar el formato para la administración del medicamento, anotando sus instrucciones. El medicamento deberá ser presentado al líder del programa. (Apéndice 14y 15).

3. Al momento de dosificación, el líder del programa o supervisor deberá verificar las instrucciones de su dosificación indicadas en el formato para la administración del medicamento, una vez administrado el medicamento al niño, el líder deberá firmar el formulario indicando la cantidad y la hora en que se administró el medicamento.

4. El medicamento no se dejará en el salón de clases. Cuando un niño trae medicamento, éste deberá guardarse en un lugar bajo llave, y solo el líder del programa tendrá acceso.

5. La dosis deberá ser documentada en el diario y firmada por el personal que dio el medicamento.

6. Para los casos extremos en los que se necesita Epi-Pen, e inhaladores para las alergias, o el asma, el padre o tutor deberá indicar las instrucciones por escrito al líder del programa. La solicitud debe ser escrita, firmada, fechada y archivada permanentemente. Solo aquellos que han sido entrenados deben administrarlo.

7. Los medicamentos para el cambio de pañal se deben usar solo cuando los padres han autorizado.

Como Lidiar con Heridas o Lesiones que involucran sangre:

1. Las políticas de patógenos sanguíneos se publicarán en el departamento de niños.

2. Cuando un niño o joven está herido, el individuo debe separarse de los demás. También debe aislarse el área donde ocurrió la lesión o donde pudo haber caído sangre al piso o a los juguetes.

3. El personal del ministerio debe asegurarse que ningún otro niño haya tenido tenga contacto con la sangre de la cortada o herida.

4. Se deberá usar guates que no sean de látex al vendar la lesión, evitando el contacto con la boca, los oídos y los ojos.

5. Se tendrá mucho cuidado al limpiar toda la sangre y los vendajes ensangrentados. Los cuidados deberán llevarse también con la eliminación segura de los desechos, así como de los guantes depositándolos en un contenedor seguro para la eliminación de desechos.

6. El lavado de manos deberá hacerse antes y después con jabón antibacterial.

7. Cuando se trabaja con niños con SIDA, se desarrollará un seguimiento de limpieza específica para la educación y cuidado de los niños y el personal.

Emergencias:

1. Los procedimientos de evacuación de emergencia se revisarán semestralmente según lo requiera la organización o compañía de seguros. Estos procedimientos deben colocarse en un lugar visible en cada aula, mostrando la ruta de escape planificada hacia la salida más cercana.

2. Los líderes de la organización, en cooperación con el líder del programa, organizan un simulacro anual de incendio y evacuación.

3. Se mantendrá un botiquín de primeros auxilios en cada salón de clases, el personal deberá ser educado sobre el contenido de este. Cada botiquín contendrá un par de guantes desechables que no sean de látex, toallitas desinfectantes, dos o tres gasas de 4x4 para la absorción de sangre, tijeras pequeñas y vendaje adhesivo.

4. Adicionalmente del botiquín de primeros auxilios en cada salón de clases, un botiquín maestro de primeros auxilios estará disponible en el edificio de la iglesia y en cada vehículo que sea propiedad de esta. Este botiquín deberá incluir una máscara de RCP con microshield, bolsas de hielo instantáneas, jabón esterilizante, pinzas, termómetro y manual de instrucciones de emergencia, así como cantidades adicionales de los artículos de los botiquines de las aulas.

5. Uno de los padres deberá ser contactado cuando ocurra un accidente, lesión o emergencia médica. Para mayores informes de cómo manejar con lesiones, consulte la sección de "Procedimientos para la Protección de los Jóvenes".

6. Los Informes de Incidentes deben completarse para todas y cada uno de los accidentes. Las lesiones deberán ser informadas al líder responsable del ministerio.

M. Políticas para Eventos Especiales y Nocturnos

Viajes fuera de Sitio y Eventos Especiales:

1. Todos los eventos fuera de la organización deberán ser aprobados por el líder del programa. Los padres serán notificados por lo menos una semana antes del evento.

2. Por cada niño o joven que participe en el evento se deberá tener un formulario de autorización y consentimiento médico completo y firmado por uno de sus padres o tutor legal. Las copias fotostáticas de los formularios deberán estar en manos del líder del ministerio durante los viajes y eventos, con los originales archivados en la oficina de la iglesia. Los documentos originales deberán mantenerse de forma permanente. (apéndice 14)

3. Todos los viajes y salidas deberán ser supervisados por los menos por dos adultos que no estén relacionados entre sí preferentemente una mujer y un hombre.

4. Al planificar eventos especiales locales, es preferible que los padres dejen y recojan a sus hijos en el lugar del evento. Para eventos fuera de la ciudad se recomienda se emplee un transporte comercial.

5. Los niños y jóvenes no deben ser transportados uno a uno. Las relaciones tutelares deberán llevarse a cabo en equipos y en lugares públicos. Se recomienda que los padres sean los que lleven y recojan a sus hijos.

6. Todo el personal que transporte a niños durante actividades de la organización deberá ser aprobado por el líder del programa. Deberán proporcionar una copia vigente de su licencia de manejo, así como una copia vigente de la cobertura de seguro de automóvil de acuerdo con la póliza de seguro de la iglesia. El conductor deberá tener un mínimo de cinco años de experiencia conduciendo.

7. Los vehículos de la organización deberán ser conducidos sólo por el personal aprobado por los líderes de la iglesia. Los conductores deberán estar asegurados bajo la póliza de seguro de automóvil de la iglesia.

8. El número de ocupantes dentro del auto no excederá el número de cinturones de seguridad. Cada niño deberá seguir el protocolo de seguridad apropiadas para su edad. Los cinturones de seguridad deberán ser usados por todos y se mantendrán puesto todo el viaje.

9. Los niños no deberán dejarse solos en el vehículo sin supervisión.

Eventos Nocturnos:

1. Todos los eventos nocturnos deberán ser aprobados por los líderes de la iglesia.

2. Por cada niño o joven que participe en el evento se deberá tener un formulario de autorización y consentimiento médico completo y firmado por uno de sus padres o tutor legal. Las copias fotostáticas de los formularios deberán estar en manos del líder del ministerio durante los viajes y eventos, con los originales archivados en la oficina de la iglesia. Los documentos originales deberán mantenerse de forma permanente. (apéndice 14)

3. Para todos los eventos nocturnos se requiere una mínima proporción de dos personas adultas del ministerio por cada 10 niños o jóvenes. El personal del ministerio será asignado a un grupo específico de niños o jóvenes de los cuales son responsables. Las mujeres serán asignadas a un grupo de niñas y el personal masculino será asignado a un grupo de niños.

4. Todos los viajes y salidas deberán ser supervisadas por un mínimo de dos personas adultas no relacionadas entre sí y previamente aprobadas.

N. Muestra Adecuada de Afecto

Toque Apropiado

1. Reconocemos que los niños necesitan que se les demuestre apropiadamente un cariño puro, genuino y positivo que refleje el amor de Dios. Este cariño se demostrará apropiadamente conforme a su edad y desarrollo. Animamos a los líderes del ministerio a:
   - Sostener a un preescolar que está llorando,
   - Comunicarse poniéndose a la altura de los ojos de los niños, escúchelo con sus ojos y sus oídos,
   - Sostener la mano del niño cuando le hable, le escuche o caminen hacia una actividad,
   - Tocar suavemente el hombro o la mano del niño para mantener su atención mientras rediriges su comportamiento,
   - Poner su brazo alrededor del hombro del niño cuando necesite consolar o tranquilizar al niño,
   - Acariciar a un niño en la cabeza, en la mano, en el hombro o en la espalda para afirmarlo.

2. Todo toque deberá realizarse a la vista de otros.

Toque Inapropiado

1. Reconociendo que la inocencia de los niños debe ser protegida, los líderes del programa estarán conscientes de que las siguientes acciones se consideran inapropiadas y no se permitirán:
   - No beses a los niños, así como tampoco convenzas a un niño para que te bese.
   - No se involucre en cosquillas o abrazos prolongados.
   - No sostenga la cabeza o la cara del niño cuando le esté hablando o disciplinando.
   - No toque al niño en cualquier área que esté cubierta por un traje de baño, (estrictamente prohibido con la excepción de cuando cambie pañales o al asistir a los niños de edad preescolar tal y como se describe en las políticas del uso del baño),
   - No cargue a niños mayores ni les permita sentarse en sus piernas,
   - Evite contacto físico prolongado con cualquier niño o persona joven.

2. El personal del ministerio no debe quedarse a solas con un niño o una persona joven.

O. Disciplina y Manejo del Salón de Clases

1. El personal queda estrictamente prohibido de administrar cualquier tipo de castigo.

2. Toda disciplina y manejo del salón de clases será llevado a cabo con amor y en un ambiente cariñoso. Se intentará por todos los medios evitar que surjan problemas de disciplina y evitar la necesidad de una disciplina correctiva. Se intentará por todos los medios cumplir con los siguiente:

Disciplina Preventiva:
   - Crear una atmósfera de amor y cariño,
   - Para ganar respeto, usted debe ofrecer respeto,
   - Modelar autodisciplina y estructura en su propia vida,
   - Preparar clases emocionantes e interesantes para los niños con transiciones cortas entre actividades,
   - Organizar un entorno adecuado para los niños y su aprendizaje.
   - Establecer y comunicar expectativas realistas para los niños.
   - Asegurarse de que las actividades sean apropiadas para la edad de los niños.
   - Ser justo y consistente con todos los niños.
   - Asegurarse de que su enfoque son las acciones positivas y premiar comportamientos positivos.
   - Estar al pendiente de niños con necesidades especiales, e informar al líder del programa de estas necesidades.

Disciplina Correctiva.
- Se hará todo esfuerzo para:
- Tratar los problemas individualmente,
- Explicar al niño el por qué su comportamiento es inaceptable, e instrúyalos en lo que es comportarse correctamente,
- Redirigir al niño a acciones positivas,
- Explicar las consecuencias de un comportamiento inaceptable definiendo la forma correcta de comportarse, así como el resultado del comportamiento incorrecto,
- Ofrecer opciones que son aceptables tanto para el personal de ministerio como para el niño.

3. Las reglas del salón de clases serán establecidas para comunicar claramente las expectativas requeridas de los niños. Algunas reglas sugeridas son:
- Hablar uno a la vez.
- Hablar en un tono bajo.
- Usar buenos modales.
- Respetarse mutuamente.
- Hacer uso del baño antes del inicio de clases.
- Mantener las manos tranquilas.
- Obedecer las instrucciones a la primera orden.
- Mantener sus manos y pies para sí mismos.
- Ser amable.
- Recordar: la vida no es justa, pero Dios es bueno.

P. Intimidación y Acoso entre Compañeros

Nuestros niños y jóvenes tienen derecho a un ambiente religioso afectuoso, respetuoso y seguro donde sentirán el amor de Dios en acción. Por lo tanto, la política de anti-intimidación y acoso estará en vigor en todo momento. Se comunicará claramente y se hará cumplir entre los niños y jóvenes. Todo el personal del ministerio tomará medidas para prevenir la intimidación y acoso, enseñaran a estar en contra de ella, así como ayudar y apoyar a los niños y jóvenes que están siendo acosados o intimidados. No se tolerará ningún tipo de acoso o intimidación. El acoso y la intimidación serán definidas como inapropiadas, como un comportamiento agresivo que origina un desequilibrio de poder real o percibido y se repite o tiene la potencia de repetirse.

Tipos de Acoso:
- Verbal
- Físico
- Racista
- Homofóbico
- Sexual
- Social
- Cibernético

Como tratar un Acoso o Intimidación

El acoso o intimidación de cualquier tipo no será aceptado ni tolerado. Cualquier incidente o sospecha de acoso deberá ser informado, revisado e inmediatamente tratado con el personal apropiado. Todos los incidentes e informes deberán ser reportados inmediatamente al líder del ministerio y se tomarán las acciones apropiadas.

Estas posibles acciones pueden incluir:
- Completar el formulario de Reporte de Incidentes.
- Notificar a ambos padres después de haber completado el formato de Reporte de incidente individual.
- Hay que notificar que el acoso no será tolerado por ningún motivo.
- Suspensión de un día si el acoso persiste.
- Bajo supervisión por tres días después si el incidente persiste.
- Suspensión de 3 días si el acoso persiste.
- Se removerá al niño o joven del programa si el acoso no para.
- Si es necesario, contactar a las leyes apropiadas.

Si es posible se ofrecerá al individuo que ha sufrido el acoso o intimidación la recomendación necesaria para que este reciba consejo y apoyo.

Q. Acoso y Discriminación

1. Nuestra iglesia se compromete a fomentar un ambiente libre de acoso y discriminación, en el que todas las personas sean tratadas con respeto y dignidad. Cada miembro de la comunidad de nuestra iglesia tiene el mismo derecho a un trato equitativo con respecto a la colocación en el ministerio y a la recepción de servicios e instalaciones. Esto, deber ser sin acoso y discriminación en base a los siguientes motivos sin importar: raza, linaje, lugar de origen, color, origen étnico, ciudadanía, credo, sexo, edad, estado civil, situación familiar o discapacidad.
2. El derecho a no ser acosado ni discriminado también se aplica cuando alguien recibe un trato desigual por tener una relación, asociación o trato con una persona o personas identificadas por uno de los motivos prohibidos de discriminación.
3. Cada miembro de la comunidad de nuestra iglesia, especialmente el personal seleccionado, es responsable de crear un ambiente libre de acoso y discriminación. Aquellos que se encuentren participando en este tipo de conductas serán objetos de medidas disciplinarias.

R. Alergias Several

1. Los padres y cuidadores son los responsables de notificar a la iglesia de cualquier alergia conocida que tengan sus hijos. Esta información debe anotarse en el formulario de registro.
2. La notificaion de alergias graves se publicará en un lugar visible dentro del salón de clases del niño, esta debe incluir la fotografía del niño, una lista de sus alergias y los signos típicos de reacción. El personal del ministerio a cargo del niño deberá estar informado de estas alergias y del tratamiento que se requiera si es necesario.
3. Sabemos que hay muchos niños con alergia a los cacahuates, les recomendamos a las iglesias consideren el valor de establecer políticas libre-de-cacahuates para sus instalaciones.

S. Uso de las Computadoras, Internet, y Redes Sociales

1. Para la protección de los niños y jóvenes durante el uso de computadoras en nuestros programas, ests estarán colocadas en áreas abiertas donde las pantallas sean visibles y fáciles de monitorear. Los usuarios serán responsables mediante el registro de inicio/cierre de sesión y/o contraseña de usuario.
2. Filtros de uso del internet serán instalados en cada computadora para limitar el acceso a ciertos contenidos.
3. Los líderes de la iglesia designarán y autorizarán a un técnico en sistemas informáticos, quien revisará periódicamente los historiales de los navegadores. También revisará los documentos y software descargados en las computadoras.
4. Se desarrollará una "Política de Uso Aceptable de la Computadora" y se publicará en el centro de cómputo. (apéndice 24).
5. La comunicación con niños de 12 años de edad y menores está prohibida con las excepciones de que se indican a continuación:
   a. El personal del ministerio podrá comunicarse con niños a través de correo electrónico con el permiso escrito de los padres (apéndice 14), siempre y cuando se envié una copia del mensaje a los a los padres/guardianes en todos los correos.
   b. El personal del ministerio no deberá iniciar contacto ni enviar textos a través de las redes sociales a los niños menores de 13 años de edad.
   c. Toda comunicación deberá ser copiada con el líder o algún otro empleado.

T. Pautas de Confinamiento

Estas pautas deben ponerse en práctica en caso de confinamiento o durante un simulacro de confinamiento. Aunque cada escuela u organización debe redactar su propia Política de Confinamiento en base a sus necesidades e instalaciones, esta política ayudará a dar a los líderes de la iglesia un punto de partida.

1. Identificar zonas verdes y zonas rojas dentro de las instalaciones.
   Zonas Verdes: más seguras -habitaciones que tengan seguro en la parte interior de las puertas.
   Zonas Rojas: áreas abiertas incluyendo, gimnasios y auditorios.
2. Tan pronto como la instalación se ponga en "Alerta de Confinamiento", la persona designada a cargo anunciará "Código Rojo" a todos las salones de clases y a todo el personal: Anuncio: "Emergencia Código Rojo, las instalaciones entran en confinamiento, repito, Emergencia Código Rojo, las instalaciones entran en Confinamiento".
3. Inmediatamente después del anuncio, todos los presentes serán instruidos a apagar su teléfono celular.
4. Todos los presentes deben alejarse de la zona roja tan rápido como le sea posible. Deberán dirigirse a la zona verde más cercana o si una puerta exterior está más cerca, evacuarán el edificio.
5. Antes de cerrar las puertas, los responsables de los salones de clase deben asegurarse de que cualquier persona que transite por los pasillos dentro de las proximidades de su salón de clase será llevada adentro del mismo inmediatamente. Entonces la puerta deberá cerrarse con seguro. Si la puerta del salón de clases tiene una ventana, el personal del ministerio deberá cubrirla y apagar las luces.
6. Los encargados del salón de clases ayudarán a los estudiantes a poner las mesas de lado, colocándolas lejos de la puerta y las ventanas. Los estudiantes entonces deberán refugiarse detrás de estas.
7. Se tomará asistencia, incluyendo una lista de todos los estudiantes que faltan y los que están de más en el salón. Esta lista se enviará por correo electrónico a la oficina. El maestro deberá llevar la lista consigo si se le indica que abandone la habitación.
8. Los ujieres y/o monitores de sala revisarán todos los baños en las instalaciones, sacarán a los individuos que estén dentro y cerrarán los baños desde el exterior.
9. Todos tienen prohibido abandonar las zonas verdes, hasta que se les indique lo contrario ya sea por el responsable designado o un oficial de la policía. Aquellos que están encargados de los salones de clase deberán permanecer en ellos, guardar silencio y mantener a los estudiantes tranquilos. No se comunique con la oficina de la iglesia. Esta se pondrá en contacto con usted cuando sea seguro de hacerlo.
10. Cuando se le indique evacuar el edificio, hágalo rápido y en silencio.
11. Una vez que la policía llegue a escena, ellos tendrán el último mando de la situación. Sus instrucciones deberán seguirse sin protestar.
12. Al menos dos veces al año, la iglesia deberá realizar un simulacro de confinamiento. Los líderes de la organización notificarán a la comunidad de la iglesia y/o escuela del simulacro una semana antes, así como un día antes del simulacro.
13. Las circunstancias y detalles del simulacro serán grabados y guardados en el archivo. Se recomienda encarecidamente tener una reunión informativa con los participantes. Mantenga notas de estos informes en el archivo.

U. Reglamento para el Uso de la Regadera y Vestuarios

1. Deberán estar presentes dos adultos en el vestuario mientras los niños se bañan y se cambian, un personal del ministerio NO deberá estar solo en esta situación.[24]
2. Por respeto a los niños/jóvenes, y para mantener un alto nivel de profesionalismo, el personal deberá anunciar su llegada antes de entrar al vestidor.
3. El personal tiene prohibido bañarse y/o cambiarse al mismo tiempo que los niños/jóvenes.
4. Se deben diseñar instalaciones separadas para niños y niñas, si esto no es posible se deberá organizar tiempo para el uso de las regaderas y para cada género.
5. Si un niño no puede vestirse solo, deberá ser ayudado por uno de los padres o su tutor designado:
6. Se deben proporcionar instalaciones adecuadas donde los padres, o tutores puedan ayudar a los niños a que se vistan.
7. Si se solicita asistencia además del padre o tutor, esta ayuda deberá ser en presencia del padre, a la vista de otro personal y de una manera que solo se produzca el contacto físico necesario.[20]
8. Queda prohibido en todo momento la toma de fotografías y/o videos dentro de la regaderas y/o vestidores.

V. Alojamiento Nocturno

Incluyendo: Conferencias, Campamentos, Hoteles, y Moteles

1. Para la protección de nuestros niños y jóvenes, se seguirán las siguientes pautas antes de todos los viajes fuera del sitio donde se debe asegurar el alojamiento nocturno:
   - Se enviará a la familia un aviso con la carta de consentimiento, informándoles que se está planeando un viaje nocturno, lo que requiere que el equipo se quede en hoteles, campamentos, y/o centro de conferencias, y asegúrese de tener en cuenta:
     a. Que se estén tomando las precauciones necesarias para minimizar el riesgo y elevar el nivel de seguridad para sus hijos y jóvenes.
     b. Que se han planeado los arreglos específicos para dormir.
   - El padre o tutor deberán devolver la Carta de Información y Consentimiento firmada y atestiguada, y que incluya el escudo de responsabilidad requerido.
2. Los jóvenes deben siempre colocarse en grupos pequeños del mismo género.
3. Todo el personal que viaja con niños y jóvenes debe completar el proceso de selección y capacitación descrito en este manual antes de la partida. El personal seleccionado y capacitado que se coloca en una posición de confianza con niños y jóvenes debe ser reconocido por la organización 6 meses antes del evento.
4. Cualquier persona que viaje con el equipo que no califique con el personal selectivo, debe tener arreglos para dormir por separado.
5. Cuando los viajes requieren alojamiento nocturno, se recomienda encarecidamente que este se organice en casas de anfitriones previamente seleccionados y aprobados, o en un centro de conferencias o campamento, donde los niños y jóvenes puedan permanecer juntos y donde pueda estar más de un personal seleccionado. (consulte la política de alojamiento), cuando esto no es posible, y sea necesario que el grupo se quede en hoteles, los planes deben hacerse para que niñas y jóvenes tengan cuartos separados de los adultos. En tus planes te recomendamos que:
   - Los cuartos de hotel se encuentren en el mismo piso; y,
   - Los papas sean alentados a acompañar al equipo en el viaje y así asignar cuartos por familia; o,
   - Solicite cuartos con dos o tres recámaras. Asigne dos estudiantes a una habitación separada, apartada de los dos adultos que han sido seleccionados; o
   - Asigne dos personas no relacionadas entre sí, trabajadores adultos seleccionado en el mismo cuarto con dos o más estudiantes; o
   - En cuartos de hotel o/y motel con recámaras adjuntas, asigne un personal adulto seleccionados con dos estudiantes en cada cuarto. Para la rendición de cuentas, la puerta que une a los dos cuartos deberá permanecer abierta en todo momento. Niños y jóvenes deberán tener arreglos para dormir claramente separados de los adultos.
6.- El personal seleccionado nunca deberá permanecer en el cuarto a solas con un niño o joven.
7.- Los niños no se deberán quedar solos en un cuarto de hotel.
8.- En ningún momento, el personal deberá dormir en la misma cama que un niño o joven.
9.- Se establecerán y se hará cumplir el toque de queda para los niños y/o jóvenes cuando viajan por la noche.

W. Política de Fotografía y Video

Con el deseo de capturar los momentos memorables, el líder de la organización supervisará de cerca la toma de fotografía y video.
1. El personal debe evitar lo siguiente:
   - La fotografía y grabación de video serán realizadas por personal designado que haya sido seleccionado y capacitado en la protección de niños y jóvenes;
   - Para todas las actividades y programas de niños y jóvenes, se deberá obtener el permiso de los padres antes de tomar fotos de niños y jóvenes.
   - El permiso de los padres se garantizará anualmente en el formulario de registro;

- No se permitirá tomar fotografías ni video antes de que los padres hayan firmado el permiso;

- Ninguna fotografía será publicada en Facebook, Instagram o ningún otro medio social, sin el permiso de los padres y solo será publicada en sitios web que puedan ser monitoreados por los líderes de la iglesia;

- Proporcionar un medio para que los padres puedan retirar o cancelar el permiso de fotografías y videos de sus hijos;

- Para identificar fácilmente a los niños y jóvenes que no se les debe tomar fotografías, se recomienda que identifique claramente con una etiqueta adhesiva en su nombre o un brazalete. Se debe hacer todo lo posible para cumplir con la solicitud de los padres;

PROTEGER MEDIANTE EL DESARROLLO DE PROGRAMAS: PROCEDIMIENTOS DE PROTECCIÓN JUVENIL

I. Estándares para el Personal del Ministerio Juvenil

A. Estilo de Vida

1. Para la protección de nuestros jóvenes, el personal del ministerio debe estar comprometido a mantener un a vida espiritual consistente. Esto incluye oraciones, leer la Biblia, y asistir a los eventos juveniles, a las reuniones de planificación, y servicios de adoración.
2. El personal del ministerio debe ser un modelo de integridad en todo momento. El personal debe abstenerse de realizar actividades ilegales o que pueden considerarse moral y bíblicamente cuestionables.

B. Opportunidades para Ponerse en Contacto

1. Se alienta al personal del ministerio a reunirse con jóvenes en grupos pequeños y en equipos.
2. El líder del ministerio debe preparar la conducción de cualquier tutoría uno-a-uno, con la información siendo documentada y archivada.
3. La tutoría uno-a-uno deberá realizarse en público, y sólo bajo las siguientes condiciones:
   - El líder del ministerio deberá estar informado del lugar y la hora donde se llevará a cabo la reunión, antes de que esta suceda.
   - Se conceda por escrito el permiso de los padres.
   - Se organicé el transporte por separado

C. Política de la Puerta Abierta

1. El Personal del ministerio que trabaja con jóvenes no tendrá reuniones uno-a-uno ni de grupos-pequeños a puerta cerrada. Se requiere que la misma permanezca abierta en todo momento, o que el lugar de la reunión tenga una ventana con líneas de visibilidad claras.

D. Contacto Físico

1. Las pautas de contacto físico deben ser publicadas en el departamento de jóvenes.
2. El personal del ministerio debe de estar consciente de lo que constituye un toque apropiado:
   - abrazos de un solo brazo.
   - abrazos de hombro a hombro.
   - toque en la parte posterior del hombro.
3. El personal del ministerio debe de abstenerse de cualquier contacto inapropiado en todo momento, como:
   - Abrazo de pecho a pecho.
   - Abrazos prolongados.
   - Afecto excesivamente exuberante.
   - Sentarse en las piernas de otro.
   - Besos.
   - Tocar muslos, rodillas o partes inapropiadas del cuerpo.
4. El personal del ministerio debe ser consciente de una conducta que podría ser malinterpretada.
   - Payasadas.
   - Cosquilleos.
   - Masajes prolongados en la espalda

E. Relaciones

1. El personal que trabaja con jóvenes no puede entablar una relación amorosa con un estudiante.
2. El personal debe notificar de inmediato al líder sobre cualquier incumplimiento de esta política. El incumplimiento de esta puede conducir a un despido inmediato.

F. Acoso y Discriminación

1. Nuestra iglesia se compromete a fomentar un ambiente libre de acoso, en el que todas las personas sean tratadas con respeto y dignidad. Cada miembro de la comunidad de nuestra iglesia tiene el mismo derecho a un trato equitativo con respecto al empleo y a la recepción de servicios e instalaciones sin ser acosados basándose en los siguientes motivos que son prohibidos sin importar: raza, linaje, lugar de origen, color, origen étnico, ciudadanía, credo, sexo, edad, estado civil, situación familiar o discapacidad.
2. El trato desigual de un miembro de la comunidad de nuestra iglesia a causa de una persona con la que mantiene una relación o está asociada, basándose en cualquiera de los motivos prohibidos enumerados anteriormente, constituye también una violación del derecho de esa persona a no sufrir acoso.
3. Los comportamientos de acoso son ofensivos, degradantes e ilegales. Cada miembro de la comunidad de nuestra iglesia, especialmente el personal del ministerio seleccionado, es responsable de crear un ambiente el cual es libre de acoso. Aquellos que hayan incurrido en dicha conducta serán objeto de medidas disciplinarias.[2]

II. Programación del Ministerio Juvenil

A. Plan para Proteger™ Mantenimiento del Programa

1. Cada año, al inicio del ciclo del programa, se desarrollará y se revisará una estrategia para el mantenimiento de este, para garantizar que tanto la capacitación, la actualización de los archivos, y el entorno físico cumplan con la política.

B. Proporciones para el Personal del Ministerio

1. Los programas para jóvenes deben cumplir con la proporción de personal establecidas de la siguiente manera:
   - **Eventos de Secundaria** – dos personas del ministerio por cada 16 estudiantes.
   - **Eventos de Preparatoria** – dos personas del ministerio por cada 20 estudiantes.
   - **Eventos nocturnos fuera de sitio** – dos personas del ministerio por cada 16 estudiantes.
2. Para cumplir con los estándares del seguro, en todos los eventos deberá de haber al menos dos personas del ministerio no relacionadas entre sí.
3. Los eventos nocturnos con géneros mixtos deben estar acompañados por personal del ministerio tanto masculino y como femenino.
4. Se recomienda que haya una brecha de cinco años entre el personal y el grupo de jóvenes a su cargo.

C. Supervisión del Personal del Ministerio

1. La supervisión del personal del ministerio será intencional. Se llevará a cabo mediante visitas formales e informales a los salones de clases y los programas.

D. Formatos de Autorización y Consentimiento del Ministerio Juvenil

1. Al comienzo de cada año, todos los jóvenes deben presentar los Formatos de Autorización y Consentimiento (apéndice 14) completos y firmados por sus padres o tutores. Estos formularios deben fotocopiarse y los originales deben conservarse y archivarse de forma permanente. Las copias fotostáticas deberán tenerse a la mano en todos los viajes y salidas fuera de sitio en caso de que se requiera asistencia médica y los padres no puedan ser notificados.
2. La Autorización del Ministerio Juvenil no reemplazará los formatos de autorización y consentimiento específicos para las actividades que impliquen un riesgo elevado o viajes nocturnos.
3. Se ha considerado la posibilidad de incluir "escudos de protección de la responsabilidad" en los formularios de consentimiento para las actividades que implican un nivel de riesgo. (Apéndice 16).
4. Se incluirá una declaración de liberación y permiso en todos los formularios de registro liberando a la iglesia de daños y accidentes imprevistos.
   Yo/Nosotros, los padres o tutores arriba mencionados, autorizamos al personal del ministerio de la Iglesia _____, a firmar el consentimiento para el tratamiento médico y autorizo a cualquier medico u hospital para realizar una evaluación médica, tratamiento o procedimientos en el participante arriba mencionado.

   Yo/Nosotros mencionados anteriormente, nos comprometemos y acordamos indemnizar y eximir de culpa al personal del ministerio, la iglesia _____, sus pastores y miembros de la junta directiva de y contra cualquier pérdida, daño o lesiones sufridas por el participante como resultado de ser parte de las actividades de la iglesia _____ así como de cualquier tratamiento médico autorizado por las supervisores que representan a la iglesia. Este consentimiento y autorización son efectivos solo cuando se participa o se viaja a eventos de la iglesia _____.
5. En todos los formularios de inscripción se incluirá una declaración que estipule el propósito y el alcance de la recopilación de información personal de los jóvenes.
   Propósito y Alcance:
   La iglesia _____ está recopilando y reteniendo esta información personal con el propósito de inscribir a su hijo en nuestro programa, para asignar al estudiante a las clases apropiadas, para desarrollar y nutrir las relaciones continuas con usted y su hijo, y para informarle de las actualizaciones del programa y las próximas oportunidades en nuestra iglesia. Esta información se mantendrá de forma permanente, ya que es un requisito de nuestra compañía de seguros y del asesor legal. Si desea que la iglesia _____ limite la información recopilada, o para ver la información de su hijo, por favor póngase en contacto con nosotros.

E. Planeación para la Seguridad

1. Todo el personal debe garantizar un entorno seguro en la planificación y evaluación de las actividades.
2. Las precauciones de seguridad deben ser publicadas y altamente visibles para los estudiantes.

F. Afrontando las Lesiones

1. En el caso de una lesión en un evento juvenil, los siguientes pasos deben de ser seguidos:
   - El joven no debe ser movido, a menos que este pueda pararse y caminar por su cuenta. Si se puede mover solo, llévelo fuera del área de actividad. Uno o dos testigos, así como también un personal del ministerio permanecerán con el joven lesionado para asistirlo, consolarlo, y para confirmar la información para el reporte del incidente.
   - Si la lesión es grave y el tiempo es esencial:
     a. Llame inmediatamente al 911 y solicite una ambulancia;
     b. Contacte a los padres del joven lesionado y hágales saber de la situación;
     c. Si se ha tomado la decisión de llevar al joven al hospital, el líder del programa deberá acompañarlo;
     d. Cuando los padres del joven lleguen al hospital, el líder del programa deberá:
       i. Presentasre e indentificar su papel que lo relaciona con el joven,
       ii. Explicar la situación y la lesión, y consultar con un abogado antes de admitir responsabilidad,
       iii. Regresar al evento, a menos de que exista una buena razón para quedarse en el hospital,
       iv. Pedir a los padres que llamen al Pastor de los jóvénes o al líder del ministerio el día siguiente por la mañana en caso de tener preguntas o inquietudes.
     e. Si los padres no pueden ser localizados, sigue las instrucciones dadas en el formato de consentimiento.

Complete un Reporte de incidente. Avise al Pastor de jóvenes o al líder del ministerio del incidente y determine si se debe notificar a la compañía de seguros de la iglesia.

G. Planificación de Eventos Fuera del Sitio

1. Todos los viajes fuera de sitio deben ser aprobados por el líder del ministerio.
2. La comunicación escrita sobre los viajes fuera del sitio deberá estar disponible para las familias, por lo menos una semana antes del evento. Incluyendo la ubicación exacta del evento, números telefónicos de emergencia, y una lista de los adultos del personal del ministerio que asistirán al evento. Si hay un viaje involucrado, o cualquier elemento de riesgo en la actividad, se deberá solicitar a los padres la firma de una autorización adicional.
3. Se requiere una supervisión de dos adultos del personal del ministerio, para garantizar la protección y seguridad de todos los involucrados.
4. Se deberán tener a la mano copias de los Formatos de Autorización y Consentimiento del Ministerio Juvenil por cada estudiante que asista al evento. (Apéndice 14)
5. La asistencia de todo el personal del ministerio y de los jóvenes deberá ser registrada en los formatos de Viaje y Salidas Fuera del Sitio (Apéndice 20). Los formatos deberán guardarse y archivarse bajo llave en la oficina de la iglesia. Los formatos deberán mantenerse de forma permanentemente.

H. Retiros y Eventos Nocturnos

1. Todos los retiros y eventos nocturnos deben ser aprobados previamente por el líder de la iglesia.
2. La comunicación escrita sobre retiros y eventos nocturnos deberá estar disponible para las familias no menos de una semana antes del evento. Incluya la ubicación exacta del evento, números telefónicos de emergencia, y una lista del personal adulto del ministerio que asistirá. Si hay viajes involucrados, o cualquier elemento de riesgo en las actividades se deberá solicitar a los padres la firma adicional para su autorización.
3. Se requerirán los Formatos de Autorización y Consentimiento del Ministerio Juvenil por cada estudiante que participe en eventos nocturnos. El líder del ministerio deberá tener a la mano las copias de los formatos en todos los viajes y eventos, manteniendo los originales archivados en la oficina de la iglesia. Estos originales se mantendrán de forma permanentemente.
4. Se seguirán las políticas para la proporción del personal del ministerio. Al personal del ministerio femenino se le asignará la responsabilidad de las mujeres jóvenes, y al personal del ministerio masculino se le asignará la responsabilidad de los varones jóvenes.
5. Los jóvenes que asistan a los retiros y eventos nocturnos no podrán abandonar el evento. Cualquier excepción deberá agregarse al formato de permiso firmado por el padre.
6. Por ningún motivo durante los retiros y eventos nocturnos se les permitirá a los jóvenes masculinos y femeninos entrar a las habitaciones o en las tiendas de campanas de los demás. No se les permitirá dormir en compañia mixta.

I. Vivienda y Hospedaje

1. Todos los retiros y eventos nocturnos deben ser aprobados previamente por el líder de la iglesia.
2. La comunicación escrita sobre retiros y eventos nocturnos deberá estar disponible para las familias no menos de una semana antes del evento. Incluya la ubicación exacta del evento, números telefónicos de emergencia, y una lista del personal adulto del ministerio que asistirá. Si hay viajes involucrados, o cualquier elemento de riesgo en las actividades se deberá solicitar a los padres la firma adicional para su autorización.
3. Se requerirán los Formatos de Autorización y Consentimiento del Ministerio Juvenil por cada estudiante que participe en eventos nocturnos. El líder del ministerio deberá tener a la mano las copias de los formatos en todos los viajes y eventos, manteniendo los originales archivados en la oficina de la iglesia. Estos originales se mantendrán de forma permanentemente.
4. Se seguirán las políticas para la proporción del personal del ministerio. Al personal del ministerio femenino se le asignará la responsabilidad de las mujeres jóvenes, y al personal del ministerio masculino se le asignará la responsabilidad de los varones jóvenes.
5. Los jóvenes que asistan a los retiros y eventos nocturnos no podrán abandonar el evento. Cualquier excepción deberá agregarse al formato de permiso firmado por el padre.
6. Por ningún motivo durante los retiros y eventos nocturnos se les permitirá a los jóvenes masculinos y femeninos entrar a las habitaciones o en las tiendas de campanas de los demás. No se les permitirá dormir en compañía mixta.

J. Transportación

1. Nuestra primera preocupación en el transporte es la seguridad de nuestros jóvenes. Los conductores deben obedecer todas las reglas de tránsito, incluyendo los límites de velocidad. No se tolerará la conducción imprudente o insegura.
2. Para las actividades relacionadas con la iglesia, es preferible que los padres dejen y recojan a sus hijos en la locación del evento. Para los eventos fuera de la ciudad, daremos prioridad al uso de transporte comercial.
3. Todos los conductores del personal del ministerio que transporten jóvenes durante las actividades de la iglesia deberán completar lo siguiente antes del evento;
   • Ser aprobado previamente por el líder del programa.
   • Proporcionar copia de su licencia de conducir válida,
   • Proporcionar copia de su actual póliza de seguro del automóvil, y,
   • Tener mínimo 5 años de experiencia manejando.
4. Los vehículos de la iglesia deberán ser conducidos por personal previamente aprobado. Estos conductores estarán autorizados bajo la póliza de automóvil de la iglesia.
5. El número de ocupantes en el vehículo, no excederá el número de cinturones de seguridad del vehículo. Todos los ocupantes deberán utilizar el cinturón de seguridad y permanecer abrochados en todo momento cuando el vehículo esté en movimiento.
6. Copias de los formatos para Viajes y Fuera del Sitio (apéndice 20) permanecerán con el grupo, manteniendo los originales archivados permanentemente en las oficinas de la iglesia. Los formatos consisten en:
   • Nombre y número de todos los participantes.
   • Locación del evento y teléfonos de emergencia.
   • Conductores y vehículos involucrados.

K. Uso de Computadoras, Internet y Redes Sociales

1. Para la protección de los jóvenes en el uso de computadoras durante nuestros programas, las mismas serán colocadas en áreas abiertas donde las pantallas sean visibles y fáciles de monitorear. Los usuarios serán responsables mediante el registro de inicio/cierre de sesión y/o contraseña de usuario.
2. Filtros de uso de internet serán instalados en cada computadora para limitar el acceso a ciertos contenidos.
3. Los líderes de la iglesia designarán y autorizarán a un técnico en sistemas informáticos quien revisará periódicamente los historiales de los navegadores. También revisará los documentos y software descargados en las computadoras.
4. Se desarrollará una "Política de Uso Aceptable de la Computadora" y se publicará en el centro de cómputo. (apéndice 24).
5. La comunicación con jóvenes de 13 años y mayores, a través de redes sociales, correos electrónicos, vía telefónica y mensajes de texto están permitidas bajo las siguientes condiciones:
   • La comunicación con los jóvenes a través de correo electrónico, mensajes de texto, Instagram, Facebook, Twitter u otras redes sociales en línea serán monitoreadas de cerca y solo se utilizarán con el permiso escrito de los padres.
   • El personal se podrá comunicar con los jóvenes por correo electrónico, con permiso escrito de los padres (apéndice 24a), estando de acuerdo en copiar en todos los correos electrónicos a los padres/ tutores.
   • El personal del ministerio podrá contactar a los jóvenes de 13 -17 años vía texto o a través de las Redes Sociales con el permiso escrito de los padres (apéndice 24a) y copiando a otro líder en el mensaje, o usando otra opción de Redes Sociales Públicas (muro-a-muro, páginas de grupos).
   • El personal del ministerio limitará su comunicación en línea con los jóvenes a través de las Redes Sociales en un horario durante el día (8:00am a 11:00pm).
   • La comunicación en línea no involucrará mensajes de video de ninguna forma (FaceTime, Skype, etc.), a menos que sea una publicación de capacitación o conferencia de grupo aprobada por un líder del ministerio.

- El Personal del Ministerio se asegurará de que toda comunicación en línea con los jóvenes se realice a la vista de otras personas, (páginas de grupos, textos en grupo, muro-a-muro) y/o copiando a los padres/tutores. La comunicación también deberá ser copiada al líder del ministerio o compañero de trabajo.
- En el raro caso de que una conversación con un joven vaya más allá de la comunicación de información, el personal del ministerio notificará al líder del ministerio de inmediato y le entregará una copia de la conversación. El personal del ministerio solicitará al joven que continúe la conversación en persona junto con el líder del ministerio o su designado/a.
- El Personal del Ministerio Juvenil estará de acuerdo en permitir al Líder del Ministerio Juvenil, o su designado por el Liderazgo de la Iglesia, el acceso a sus Redes Sociales para facilitar la supervisión regular.
- A los miembros de la iglesia, seguidores y al Personal del Ministerio se les anima a demostrar y modelar pureza, integridad, transparencia y responsabilidad en todas las comunicaciones incluyendo los señalados anteriormente.

L. Pautas de Confinamiento

Estas pautas deben ponerse en práctica en caso de confinamiento o durante un simulacro del mismo. Aunque cada escuela u organización debe redactar su propia Política de Confinamiento con en base a sus necesidades e instalaciones, esta política ayudará a dar a los líderes de la iglesia un punto de partida.

1. Identificar zonas verdes y zonas rojas dentro de las instalaciones.
   Zonas Verdes: más seguras -habitaciones que tengan seguro en la parte interior de las puertas.
   Zonas Rojas: áreas abiertas incluyendo, gimnasios y auditorios.
2. Tan pronto como la instalación se ponga en "Alerta de Confinamiento", la persona designada a cargo anunciara "Código Rojo" a todas los salones de clases y a todo el personal: Anuncio: "Emergencia Código Rojo, las instalaciones entran en confinamiento, repito, Emergencia Código Rojo, las instalaciones entran en Confinamiento".
3. Inmediatamente después del anuncio, todos los presentes serán instruidos a apagar su teléfono celular.
4. Todos los presentes deben alejarse de la zona roja tan rápido como le sea posible, deberán dirigirse a la zona verde más cercana o si una puerta exterior está más cerca, evacuarán el edificio.
5. Antes de cerrar las puertas, los responsables de los salones de clase deben asegurarse de que cualquier persona que ande por los pasillos dentro de las proximidades de su salón de clase será llevada adentro de del salón inmediatamente. Entonces la puerta deberá cerrarse con seguro. Si la puerta del salón de clases tiene una ventana, el personal del ministerio deberá cubrirla y apagar las luces.
6. Los encargados del salón de clases ayudarán a los estudiantes a poner las mesas de lado, colocándolas lejos de la puerta y las ventanas. Los estudiantes entonces deberán refugiarse detrás de estas.
7. Se tomará asistencia, incluyendo una lista de todos los estudiantes que faltan y los que están de más en el salón. Esta lista se enviará por correo electrónico a la oficina. El maestro deberá llevar la lista consigo si se le indica que abandone la habitación.
8. Los ujieres y/o monitores de sala revisarán todos los baños en las instalaciones, sacarán a los individuos que estén dentro y cerrarán los baños desde el exterior.
9. Todos tienen prohibido abandonar las zonas verdes, hasta que se les indique lo contrario ya sea por el responsable designado o un oficial de la pol policía ícia. Aquellos que están encargados de los salones de clase deberán permanecer en ellos, guardar silencio y mantener a los estudiantes tranquilos. No se comunique con la oficina de la iglesia. La oficina se pondrá en contacto con usted cuando sea seguro hacerlo.
10. Cuando se le indique evacuar el edificio, hágalo rápido y en silencio.
11. Una vez que la policía llegue a escena, ellos tendrán el último mando de la situación. Sus instrucciones deberán seguirse sin protestar.
12. Al menos dos veces al año, la iglesia deberá realizar un simulacro de confinamiento. Los líderes de la organización notificarán a la comunidad de la iglesia y/o escuela del simulacro una semana antes, así como un día antes del simulacro.
13. Las circunstancias y detalles del simulacro serán grabados y guardados en el archivo. Se recomienda encarecidamente tener una reunión informativa con los participantes. Mantenga notas de estos informes en el archivo.

M. Reglamento para el Uso de la Regadera y Vestuarios

1. Dos adultos del personal del ministerio deberán estar presentes en el vestuario, mientras los jóvenes se cambian, un personal del ministerio NO deberá estar solo con los jóvenes en esta situación. [15]
2. Por respeto a los jóvenes y para mantener un alto nivel de profesionalismo, el personal seleccionado anunciará su llegada antes de ingresar al vestidor.
3. El personal seleccionado tiene prohibido bañarse y/o cambiarse al mismo tiempo que los jóvenes.
4. Se proporcionarán regaderas y vestuarios para ambos géneros, si esto no es posible se deberán organizar horarios para el uso
5. de las regaderas para que nunca usen las regaderas al mismo tiempo.
6. Queda prohibido en todo momento la toma de fotografías y/o videos dentro de las regaderas y vestidores.

N. Alojamiento Nocturno
Incluyendo: Conferencias, Campamentos, Hoteles, y Moteles

1. Para la protección de nuestros niños y jóvenes, se seguirán las siguientes pautas antes de los todos los viajes fuera del sitio donde se debe asegurar el alojamiento nocturno:
   * Se enviará a la familia un aviso con la carta de consentimiento, informándoles que se está planeando un viaje nocturno, lo que requiere que el equipo se quede en hoteles, campamentos, y/o centro de conferencias, y asegúrese de tener en cuenta:
     a. Que se estén tomando las precauciones necesarias para minimizar el riesgo y elevar el nivel de seguridad para sus hijos y jóvenes.
     b. Que se han planeado los arreglos específicos para dormir.
   * El padre o tutor deberá devolver la Carta de Información y Consentimiento firmada y atestiguada, y que incluya el escudo de responsabilidad requerido.
   Los jóvenes deben siempre colocarse en grupos pequeños del mismo género.
3. Todo el personal que viaja con niños y jóvenes debe completar el proceso de selección y capacitación descrito en este manual antes de la partida. El personal seleccionado y capacitado que se coloca en una posición de confianza con niños y jóvenes, debe ser reconocido por la organización 6 meses antes del evento.
4. Cualquier persona que viaje con el equipo que no califique con el personal selectivo, debe tener arreglos para dormir por separado.
5. Cuando los viajes requieren alojamiento nocturno, se recomienda encarecidamente que el alojamiento se organice en casas de anfitriones previamente seleccionados y aprobados, o en un centro de conferencias o campamento, donde los niños y jóvenes puedan permanecer juntos y donde pueda estar más de un personal seleccionado. (consulte la política de alojamiento), cuando esto no es posible, y sea necesario que el grupo se quede en hoteles, los planes deben hacerse para que niñas y jóvenes tengan cuartos separados de los adultos. En tus planes te recomendamos que:
   * Los cuartos de hotel se encuentren en el mismo piso; y,
   * Los papas sean alentados a acompañar al equipo en el viaje y así asignar cuartos por familia; o,
   * Solicite cuartos con dos o tres recamaras. Asigne de dos estudiantes a una habitación separada, apartada de los dos adultos que han sido seleccionados; o
   * Asigne dos personas no relacionadas entre sí, trabajadores adultos seleccionado en el mismo cuarto con dos o más estudiantes; o
   * En cuartos de hotel o/y motel con recamaras adjuntas, asigne un personal adulto seleccionado con dos estudiantes en cada cuarto. Para la rendición de cuentas la puerta que une a los dos cuartos deberá permanecer abierta en todo momento. Niños y jóvenes deberán tener arreglos para dormir claramente separados de los adultos.
6. El personal seleccionado nunca deberá permanecer en el cuarto a solas con un niño o joven.
7. Los niños no se deberán quedar solos en un cuarto de hotel.
8. En ningún momento, el personal deberá dormir en la misma cama que un niño o joven.
9. Los toques de queda para los niños se establecerán y se harán cumplir cuando viajan durante la noche.
10. Los toques de queda para los jóvenes se establecerán y se harán cumplir cuando viajan durante la noche.

III. Asuntos Importantes del Ministerio Juvenil

Nota: Iglesias y el personal de los ministerios juveniles, pueden desear considerar estos temas particulares y cómo se relacionan, en contexto, con sus jóvenes. Determine si se requieren políticas documentadas y planes para una protección adicional.

A. Asistencia Juvenil

1. **Consciencia y adherencia a la siguiente ética en el asesoramiento:**
   * ¡Respetar la dignidad y el valor de la persona, ya que son creados en la imagen de Dios con un enorme potencial!
   * Vivir, actuar y aconsejar con integridad de acuerdo con los valores de Dios.
   * Trabaje hacia el mejor interés de ellos, no el suyo.
   * No fuerce su ayuda a nadie. Asegúrese de no manipular o usar la culpa en su asesoría.
   * Infórmeles completamente, de hacia dónde conduce su asesoramiento.
   * Nunca explote la confianza o la dependencia.
   * Comparta los límites de la confidencialidad desde el principio.
   * Si los sentimientos de atracción comienzan en cualquiera de las partes, finalice el asesoramiento inmediatamente.
   * Nunca aconseje si la persona está bajo la influencia del alcohol, drogas o está enferma.
   * Nunca cree falsas expectativas de resultado favorables.
   * Mantenga la información confidencial a menos que esté en juego el bienestar de la persona. Como regla general, solo comparta información si la persona está de acuerdo.
   * Todos los asesores están legalmente obligados a denunciar el abuso físico o negligencia de un menor a la agencia correspondiente en su estado/provincia o a la policía. Cualquier persona que no cumpla con esta ley estará sujeta a una multa y/o cárcel.
   * Refiera a las personas que requieran un diagnóstico, terapia, o tratamiento físico, mental o emocional especializado a los profesionales de la salud calificados.

2. **Conciencia de los problemas de asesoramiento que se relacionan específicamente con los jóvenes:**
   - Necesitan formar su propia identidad y autoestima. Usted puede ayudar a construir su carácter.
   - Ellos se están adaptando rápidamente a cambios físicos. Esto puede aumentar la confusión en muchas situaciones.
   - Ellos se están adaptando a cambios sexuales. Los sentimientos extraños, las fantasías y la confusión hacen que la toma de decisión sea más difícil.
   - Están luchando con la dependencia vs independencia. Los adolescentes están comenzando a alejarse de sus padres, pero saben que los aman y los necesitan. Esta lucha puede volverlos irritables, discutidores, irracionales y difíciles. Por lo general, los conflictos surgen de la diferencia de opinión sobre cuánta libertad pueden tener.
   - Hay un importante crecimiento en las relaciones íntimas y con los compañeros; necesitan aprobación y, a menudo, reaccionan de forma exagerada al rechazo.
   - Están formando todos los valores y creencias que dirigen su vida. La mayoría de estas lecciones (carreras, estilo de vida, comportamientos, e incluso resolución de problemas) deben de aprenderse de forma experimental.
   - Necesitan desarrollar una amplia variedad de habilidades sociales e interpersonales. Afrontar los conflictos, sobrellevar las situaciones, el estrés, la tentación, el estudio, la productividad, la interacción, la autoridad o el manejo de dinero son habilidades que se necesitan comprender y desarrollar.

3. **Reconocimiento de cómo los jóvenes responden a los problemas:**
   - La represión se exhibe a través de la negación, la evitación y al intentar olvidar. Esto a menudo resulta en comportamientos más serios tales como trastornos alimenticios, ira, apatía, mal desempeño, aislamiento, o abuso de sustancias.
   - La supresión no es una actividad de negación, sino un intento de ocultarlo a los demás. Los comportamientos pueden ser similares a la represión, pero podrían expresarse mediante la huida, el abuso de sustancias o el suicidio.
   - La antítesis de la represión y supresión es expresión. Es una respuesta negativa obvia que puede manifestarse a través de la ira, dejar la escuela, mentir, robar, abuso de substancias, comportamiento desafiante, o rebelión. Estas respuestas son un grito de auxilio y pueden conducir a una depresión más grave.

4. **Reconocimiento de problemas de cobertura relacionados con el asesoramiento.**

   A menos que sea designado como un consejero profesional, la mayoría de los tipos de asesorías que ocurren dentro de los programas juveniles se denominan consejería "no- profesional", "que se puede definir aproximadamente como instrucciones generales, consejo u orientaciones de naturaleza religiosa facilitadas por personas que tiene responsabilidades reconocidas, pero que no tienen la capacitación o calificaciones especiales. La única responsabilidad legal que plantea este asesoramiento se basa en los principios legales generales que infieren la existencia de un deber estándar de cuidado exigido a cualquier persona en una posición de responsabilidad, para actuar como lo haría cualquier persona razonable y prudente con el fin de evitar daños o lesiones a otro. Entre los ejemplos de asesoramiento religioso no profesional se encuentran los ancianos, los laicos, los líderes juveniles, los maestros, los consejeros voluntarios, los líderes de grupos celulares y ciertos empleados".[18] Necesitamos recordar que hay diferentes entendimientos del "Estándar del deber de cuidado". La ley del gobierno tendrá prioridad sobre la ley de la iglesia.

   Las iglesias y organizaciones de beneficencia cristianas que están brindando asesoramiento profesional o no-profesional deberán revisar con la compañía de seguros para asegurarse que la cobertura adecuada esté disponible para los empleados y voluntarios, y las actividades de asesoramiento que ofrecen.

   "Las organizaciones que brindan cualquier tipo de asesoramiento ya sea profesional o no-profesional como parte de su programa o actividades deben organizar la cobertura adecuada según la póliza de responsabilidad general, o bajo una póliza de responsabilidad profesional separada. Si la cobertura se organiza bajo una póliza de responsabilidad general, asegúrese de que la redacción de la póliza sea suficientemente amplia como para incluir el tipo o los tipos de asesoramiento facilitados por empleados y voluntarios, y que la definición de lesión corporal incluida en la política incluya "angustia metal. Si la cobertura se organiza bajo una póliza separada, intente obtener una póliza con una base de 'ocurrencia' en lugar de 'reclamo de hechos' para evitar futuras brechas en su cobertura".[19]

B. Abuso de Sustancias

1. **Se Prohíbe el abuso de sustancias en eventos y servicios relacionados con la iglesia.**
2. **Observación de Indicadores de abuso de sustancias.**
   ### Indicadores Sociales
   - Historia familiar de abuso de sustancias
   - Cambios en el grupo de amigos
   - Irritabilidad o mal humor inusuales
   - Sospecha y agresión contra amigos, maestros, padres
   - Mentira, robo, promiscuidad, rebeldía, comportamiento antisocial
   - Aislamiento
   - Incumpliendo constante de obligaciones.

Indicadores Físicos
- Resaca
- Temblores de mano
- Aumento o pérdida de peso y de apetito
- Dificultad para dormir
- Disimular la Apariencia
- Fatiga
- Cambios en higiene, vestimenta o aseo
- Ojos rojos, pupilas dilatadas
- Vago, aburrido, confuso.

Indicadores de Comportamiento
- Autoestima baja o deteriorado
- Pérdida de interés en actividades usuales
- Sentimientos grandiosos
- Incapacidad para hacer frente a las situaciones y Fácilmente frustrado
- Comportamiento impulsivo
- Depresión ideas o intentos suicidas
- Confusión, mala memoria
- Declaraciones y sentimientos paranoicos
- Irritabilidad o mal humor inusuales
- Aislamiento
- Incumplimiento de obligaciones

C. Intervención de Suicidios y Crisis

1. **Conciencia y detección de depresión y tendencias suicidas entre jóvenes.**

Preocupación directa o indirecta con la muerte:
- Declaraciones/referencias suicidas verbales o escritas
- Arte o dibujo gráfico
- Regalar pertenencias personales
- Redacción de un testamento
- Intentos anteriores

Cambios significativos en el estilo de vida:
- Pérdida de una persona importante ya sea por muerte, divorcio o separación
- Pérdida de un objeto de afecto (novia, novio, amigos)
- Pérdida de salud
- Dificultades financieras
- Pérdida de estatus

Cambios observables en el comportamiento o la motivación:
- Disminución del rendimiento académico
- Aumento de los problemas de asistencia o retraso
- Malas relaciones interpersonales
- Disminución de la actividad social
- Abuso de sustancias

Cambios observables en la personalidad y sus emociones:
- Sentimientos de impotencia, desesperación, desánimo
- Sentimientos de que la vida es demasiado dolorosa o difícil
- Llanto frecuente, berrinches
- Irritabilidad, mal humor

Cambios Físico y Somáticos
- Pérdida o aumento de apetito
- Dolores de cabeza o de estómago
- Cambio en los patrones de sueño
- Síntomas de abuso de sustancias
- Deterioro de la higiene o del orden

2. **Todas las amenazas de suicidio deben ser respondidas de la siguiente manera:**
   - Siempre tome en serio las amenazas de suicidio y responda de forma adecuada.
     - i. No minimice su dolor
     - ii. No haga preguntas específicas (cerradas), más bien refleje sus sentimientos hacia ellos.
     - iii. No haga promesas que no puede cumplir.
     - iv. Óigalos, escúchelos y anímelos
   - Determine la seriedad de los pensamientos suicidas del individuo, anotando los detalles del plan, incluyendo fechas específicas, horarios, métodos y cualquier preparación previa ya completada.
   - Recuérdeles que Dios no le ha dado la espalda, (Romanos 8:38-39)
   - Asegúrale que está preocupado y que le gustaría ponerlo en contacto con alguien que lo pueda ayudar.
   - No asuma el papel de terapeuta
   - Manténgalo a salvo. Informe al líder del programa, padres y busque ayuda profesional.
   - Las leyes de notificación obligatoria y del deber de cuidado exigen notificar a las autoridades si se expresan amenazas graves o ideas suicidas.

Línea de vida Nacional para la Prevención de Suicidio   1-800-273-TALK (8255)

3. **Conciencia de la Necesidad de Intervención de Crisis**
   - Determinar la necesidad de asistencia profesional. Si la situación es peligrosa o siente que está más allá de su capacidad, remítase a un profesional lo antes posible. El asesoramiento requiere tiempo, energía y recursos para lidiar efectivamente con ciertas situaciones.
   - Establecer una relación.
     - iv.   Mostrar calidez e interés
     - v.   Escuchar cuidadosamente
     - vi.   Tomarlos en serio
   - Reducir la Ansiedad
     - i.   Mantener la calma y tranquilo
     - ii.   No ofrecer respuestas sencillas como "Dios te cuidará"
     - iii.   Dar afirmaciones tranquilizadoras válidas como: "Veamos qué podemos hacer al respecto. Creo que puedo ayudarte. Conozco alguien que pueda ayudarte".
   - Identificar y dar prioridad a los problemas. Enfocarse en el presente y determinar que se debe de hacer de inmediato.
   - Evaluar recursos
     - i.   Personal: Fortalezas, habilidades, experiencias y actitudes que aprovechar.
     - ii.   Interpersonal: Decidir de quien pueden los dos depender. Usar otras personas para que ayuden
     - iii.   Comunidad: Aprovechar la experiencia de los recursos legales, médicos, pastorales, de entrenamiento y de asistencia social disponibles.
     - iv.   Espirituales: Este no es un momento para evangelizar, pero si es tiempo de recordarles que Dios está con ellos.
   - Planear un curso de acción
     - i.   Establecer un plan de acción específico para sus necesidades
     - ii.   Animarlos a hacer lo que puedan
     - iii.   Darles ayuda y apoyo con las cosas que no puedan hacer
   - Fomentar la esperanza. Sin esperanza estamos inmovilizados. No permita declaraciones contraproducentes como: "nunca lo haré", "las cosas nunca cambiarán".
   - Seguimiento
     - i.   Mantener contacto a medida que se implementan los pasos que ha establecido.
     - ii.   Estar en contacto con redes de soporte, si es que han sido refereidos a ellos.

D. Disciplina del Comportamiento Inapropiado

1. **Como organización determine y establezca expectativas de comportamiento apropiado.**

PROTEGER MEDIANTE EL DESARROLLO DE PROGRAMAS: DENUNCIA Y RESPUESTA

I. Procedimientos de la Denuncia

A. Escucahr una Acusación o Sospecha de Abuso

Las siguientes políticas describen los procedimientos y procesos recomendados para levantar una denuncia de abuso o de la sospecha de un abuso.

1. Para la protección de nuestros niños y jóvenes todas las acusaciones y/o sospechas de abuso se tomarán seriamente.
2. Al enterarse de una sospecha abuso o acusación de abuso de un niño o joven, el personal del ministerio deberá completar el formato de Informe de Sospecha de Abuso documentando toda la información pertinente (apéndice 29). No se le deben hacer preguntas cerradas a la víctima. Nadie más, incluyendo el acusado deberá ser contactado mientras se completa el formato de Informe de Sospecha de Abuso. Todos los formatos deberán conservarse de forma permanentemente a menos que lo indique un abogado.
3. Cualquier acusación de un abuso de niño o joven debe ser denunciada a las autoridades correspondientes. La denuncia debe hacerse en conjunto con el pastor principal, pastor de los niños o jóvenes.

B. Levantando una Denuncia o Sospecha de Abuso

1. Cualquier persona, incluyendo, pero no limitando al personal del ministerio, quien tiene motivos razonables para creer que un niño necesita protección, deberá inmediatamente denunciar el asunto a la agencia correspondiente de su estado o a la policía. La denuncia deberá ser oral por teléfono o en persona.
2. La persona que sabiendo no informa en estas circunstancias puede haber infringido la ley y haber cometido un delito. Ellos también pueden estar sujetos a medidas disciplinarias en la iglesia.
3. El pastor principal o su designado deben notificar a la compañía de seguros de la iglesia y buscar asesoría legal al enterarse de un caso de sospecha de abuso infantil.
4. La iglesia notificará y trabajará en conjunto con los líderes de la denominación en todas y cada una de las acusaciones o sospechas de abuso que pudo haber sucedido en el contexto del ministerio de la iglesia.
5. Si el abuso sucedió en el contexto del ministerio de la iglesia, o un miembro de la iglesia o uno de los asistentes de los servicios de la iglesia fuese el presunto abusador, los padres de la víctima deberán ser notificados inmediatamente por el pastor principal o por los líderes de la iglesia.

C. Evaluación e Investigacoón de una Denuncia o Sospecha de Abuso

1. Ninguna persona, incluyendo los líderes de la iglesia organización, deben asumir la función de evaluar la justificación o investigar la necesidad de intervención o interpretación de sospecha de abuso infantil.
2. La organización y sus individuos deben evitar cualquier interferencia indebida cuando se haya presentado un informe de abuso infantil ante el departamento de servicios sociales o la policía. La organización debería preguntar al departamento de servicios sociales como podrían ayudar y apoyar a la investigación, el niño y la familia. Después de que la policía o el departamento de servicio sociales hayan dado permiso para hacerlo, la organización debe mantener una comunicación frecuente y relaciones de apoyo con aquellos sospechosos o culpables de abuso infantil, siempre y cuando estas personas muestren la disposición de escuchar, cambiar y buscar ayuda. Esto no excluye la necesidad de lastimar a las personas y buscar ayuda profesional.

D. Protección de la Confidencialidad y Dignidad de la Víctima y el Acusado

1. Durante el proceso de la denuncia y respuesta, todo el personal del ministerio se comprometerá a orar y a mantener la calma y la esperanza.
2. Se debe observar la discreción y los detalles del presunto abuso, que no se debe de compartir entre la comunidad de la iglesia. La información se debe compartir con base en la necesidad de conocer, expandiéndose solo a la medida que los individuos se vean solicitados a responder en la investigación. Se debe proteger la confidencialidad de la víctima y el acusado.

II. Respuesta a las Denuncias

A. Respuesta Espiritual y Asesoramiento para la Víctima

1. Para la protección de nuestros niños y jóvenes, todas las acusaciones y/o sospecha de abuso se tomarán en serio y se manejarán con mucho cuidado. Las presuntas víctimas serán tratadas con dignidad y respeto.
2. Durante el proceso de la denuncia y respuesta, todo el personal del ministerio se comprometerá a orar y a mantener la calma y la esperanza.
3. Las situaciones de abuso deberán manejarse con franqueza, con el debido respeto a la privacidad y confidencialidad de las personas. Se debe observar discreción y no se deben compartir los detalles del presunto abuso entre la comunidad de la iglesia. Se debe observar la discreción y los detalles del presunto abuso, que no se debe de compartir entre la comunidad de la iglesia. La información se debe compartir con base en la necesidad de conocer, expandiéndose solo a la medida que los individuos se vean solicitados a responder en la investigación. Se debe proteger la confidencialidad de la víctima y el acusado.
4. Los líderes de la organización buscarán oportunidades para proporcionar atención individual y asesoramiento tanto para la víctima como para la familia. Los líderes de la iglesia determinarán la necesidad de asistencia profesional y evaluará y designará los recursos según sean necesarios.

B. Respuesta Biblíca y Disciplina para el Acusado y el Condenado

1. El acusado debe ser tratado con dignidad y respeto. Si este es un trabajador del ministerio remunerado, esa persona será relevada temporalmente de sus deberes hasta que se complete la investigación. Se harán arreglos para mantener o suspender sus ingresos hasta que se aclare la alegación.
2. Es responsabilidad y derecho de los líderes de la iglesia ejercer y practicar la disciplina de la iglesia como se describe en Mateo 18 y como se estipule en las pautas de la denominación.
3. Los líderes de la iglesia buscarán oportunidades pra proveer al individuo cuidados y consejo tanto paara el acusado como para la familia. Los líderes de la iglesia determinarán la necesidad de la asistencia profesional y de evaluar y designar recursos tanto como sea necesario y como estén disponibles.
4. A cualquier persona acusada por abuso a niños o jóvenes se le prohibirá el acceso a ellos hasta que estén libres de todos los cargos. Se le proporcionarán pautas claras por escrito a este individuo en donde se enlistarán las áreas restringidas a las que podrá ingresar o hacer uso, así como de las actividades en las que no podrá participar.
5. A cualquier persona condenada por abuso infantil se le prohibirá el acceso a los niños y jóvenes. Los líderes de la iglesia pueden designar a un individuo como el responsable de informar cuando la persona convicta atienda una de las actividades. Esta persona designada acompañara al convicto mientras esté dentro de las instalaciones / propiedad de la iglesia. Se le proporcionarán pautas claras por escrito donde se enlistarán las áreas restrictas y puntos de acceso a la propiedad de la iglesia.

C. Relaciones con los Medios de Comunicación

1. Es responsabilidad de los lideres de la iglesia el designar a un portavoz para que hable en nombre de la iglesia ante los medios de comunicación y el público en relación con el caso de sospecha de abuso infantil. Todas las preguntas deberán dirigirse a este portavoz. Ningún otro individuo podrá hacer comentario alguno a menos que se le haya dado permiso para hacerlo.
2. Las declaraciones públicas deberán ser bien preparadas y presentadas bajo la dirección de un asesor jurídico.

D. Investigación en Curso

1. Todas las partes deberán cooperar completamente con las autoridades civiles bajo la dirección de un asesor jurídico.
2. Hasta que sea aconsejado por un asesor jurídico, los líderes e individuos de la iglesia no deberán involucrarse en la negación, ni en la minimización o culpa, ni admitir la responsabilidad que pueda perjudicar el caso o aumentar la responsabilidad de la iglesia.
3. El pastor principal, el pastor de niños o el pastor de jóvenes deberá documentar el seguimiento del reporte de manera confidencial incluyendo las conclusiones de las acciones tomadas después de la denuncia de abuso. Este documento deberá colocarse en un archivo personal confidencial del ministerio y mantenerse permanentemente.
4. Los departamentos del ministerio Infantil y Juvenil informarán a los demás de cualquier investigación en curso estrictamente sobre la base de una necesidad.

FORMATO DE APLICACIÓN PARA EL PERSONAL DEL MINISTERIO INFANIL Y JUVENIL

En nuestro deseo de reducir el riesgo de abuso dentro de los ministerios de nuestra Iglesia, creemos que es necesaria esta información para la protección de nuestros niños, jóvenes y nuestros voluntarios y así poder colocar efectivamente a nuestros voluntarios en puestos ministeriales. De antemano agradecemos su asociación con nosotros.

Datos Personales

Nombre Completo _____

Dirección _____

Código Postal _____ Correo Electrónico _____

Teléfono (casa)_____ (oficina) _____

Historia Personal

Por favor, proporcione una copia de su currículum laboral y/o enumere las empresas y jefes con los que ha trabajado en los últimos 20 años, incluyendo nombres y direcciones de las empresas y jefes, las fechas de su empleo, su puesto y una persona de contacto.

_____

_____

_____

_____

Pasatiempos, habilidades, intereses

_____

_____

_____

Historia Espiritual

¿Por cuánto tiempo usted ha asistido a la iglesia _____? _____

¿Asiste regularmente (2 o más servicios al mes)?　　　☐ SI　　　☐ NO

¿Es usted miembro de la iglesia?　　　☐ SI　　　☐ NO

¿Cuándo aceptó a Cristo como su Salvador? _____

¿Ha sido bautizado?   ☐ SI   ☐ NO

Si no, ¿Está dispuesto a asistir clases bautismales ¿Está bautizado?   ☐ SI   ☐ NO

En breve párrafo, describa su viaje espiritual

_____

_____

_____

_____

_____

Describe cualquier don, capacitación, educación u otras calificaciones que lo hayan preparado para ministrar con niños o jóvenes.

_____

_____

_____

Información y Experiencias de su servicio en el Ministerio

Nombra las Iglesias a las que ha asistido en los últimos 5 años.

1.- Nombre de la Iglesia _____   Número Telefónico _____

Dirección _____

Fechas de asistencia _____   Miembro o Asistente _____

2.- Nombre de la Iglesia _____   Número Telefónico _____

Dirección _____

Fechas de asistencia _____   Miembro o Asistente _____

Mi experiencia ministerial actual y anterior es la siguiente:

1. Nombre de la Iglesia/Organización _____

   Fechas y Descripción de Ministerio _____

   Pastor/ Supervisor del Ministerio _____ Teléfono _____

2. Nombre de la Iglesia/Organización _____

   Fechas y Descripción de Ministerio _____

   Pastor/ Supervisor del Ministerio _____ Teléfono _____

Información sobre su capacidad para trabajar con niños y jóvenes

A fin de proporcionar un ambiente seguro y protegido para nuestros niños, jóvenes y adultos vulnerables, creemos que es necesario incluir las siguientes preguntas como parte de nuestro proceso de la solicitud. Los líderes de la Iglesia y el equipo de Plan para Proteger™ mantendrán la confidencial de toda la información y la Iglesia no divulgará a menos que lo exija la ley. Responder afirmativamente a cualquiera de las preguntas no necesariamente le impedirá ser voluntario en la iglesia. Gracias de antemano por su comprensión.

1. ¿Hay alguna circunstancia relacionada con su estilo de vida o historial   ☐ SI   ☐ NO
   que podría poner en duda su capacidad para trabajar de manera segura
   con niños o jóvenes en un ambiente cristiano? (por ejemplo, pornografía,
   uso de sustancias ilegales, etc.)

2. ¿Alguna vez ha sido condenado o declarado culpable de un delito penal   ☐ SI   ☐ NO
   por los cuales no se ha concedido un indulto? (Nota: esto no incluye
   infracciones menores de tránsito) En caso afirmativo, enumere la(s)
   infracción(es) y la(s) fecha(s) de convicción:

   _____

   _____

3. ¿Alguna vez ha sido expulsado o despedido de su empleo por cualquier   ☐ SI   ☐ NO
   organización o empleador por agresión o violencia contra cualquier persona
   persona, o por asalto, violencia o mala conducta con niños, jóvenes o
   personas vulnerables personas? (por ejemplo, personas mayores o
   personas con discapacidad)

4. ¿Ha sido investigado por la Agencia de Beneficencia Infantil o cualquier otra   ☐ SI   ☐ NO
   organización por sospecha de abuso infantil?

5. ¿Alguna vez ha sido acusado o demandado en un juicio civil o demanda   ☐ SI   ☐ NO
   de derechos humanos u otros procedimientos legales en los que se alega
   que usted abusó o participó en actos de violencia, acoso u otros actos
   inmorales o ilegales involucrando a niños, jóvenes o personas vulnerables?

6. ¿Tiene algún problema de salud que pueda afectar su capacidad para   ☐ SI   ☐ NO
   desempeñar las funciones del puesto de voluntario para el que se postula?
   (Tenga en cuenta que dichos problemas de salud pueden no impedirle
   ocupar el puesto que ha solicitado)

7. ¿Tiene alguna enfermedad o condición contagiosa de la que debamos   ☐ SI   ☐ NO
   estar conscientes y de la cual debamos tomar medidas para protegernos
   contra la transmisión en caso de que sea voluntario en la Iglesia?

Si su respuesta fue "Sí" en alguna de las preguntas anteriores, por favor explique:

_____

_____

Referencias

Favor de proporcionar el nombre de 3 personas, que no sean familiares, que puedan brindarle una referencia. Incluya por lo menos una referencia que no sea de la Iglesia.

1. Nombre de la referencia _____ Teléfono de día _____
   ¿Cuánto tiempo hace que conoce a esta persona? _____ Teléfono de noche _____
   Dirección _____
   Naturaleza de la relación _____

2. Nombre de la referencia _____ Teléfono de día _____
   ¿Cuánto tiempo hace que conoce a esta persona? _____ Teléfono de noche _____
   Dirección _____
   Naturaleza de la relación _____

3. Nombre de la referencia _____ Teléfono de día _____
   ¿Cuánto tiempo hace que conoce a esta persona? _____ Teléfono de noche _____
   Dirección _____
   Naturaleza de la relación _____

Por la presente, doy mi consentimiento a la iglesia para que verifique la información que proporcioné en el Formato de Aplicación para el Personal del Ministerio para que pueda contactar a las referencias y jefes actuales y anteriores indicados anteriormente y para que puedan obtener y verificar cualquier información por parte de ellos (y de cualquier otra persona que la Iglesia determine que podría ser capaz de proporcionar información relevante) que pueda ser relevante para mi solicitud.

Doy mi permiso para que la iglesia realice una verificación de antecedentes policiales sobre mí, y firmaré y devolveré la "Libertad de Acceso a la Información y Declaración de Intenciones" para tal fin.

Además, doy permiso a la iglesia para realizar una búsqueda en Internet sobre mí y para revisar y considerar cualquier información que encuentre en Internet.

Entiendo que, si la iglesia aprueba mi solicitud de voluntario y luego determina, a su discreción, en cualquier momento que no soy apto para el servicio voluntario en la iglesia o para el puesto de voluntario para el que solicito, la iglesia puede cancelar mi servicio voluntario, o puesto de voluntario por cualquier motivo sin previo aviso.

Si la iglesia aprueba mi solicitud para un puesto de voluntario, firmaré cualquier documento que la iglesia requiera y en todo momento cooperaré plenamente con el personal de la iglesia en el cumplimiento de mis deberes y mantendré toda la información confidencial que encuentre en mi función como voluntario confidencial.

Si en algún momento determino que por alguna razón no puedo apoyar o adherirme o seguir las políticas, procedimientos o doctrina de la iglesia, informaré a la iglesia y renunciaré a mi puesto de voluntario.

Por la presente reconozco que, a mi leal saber y entender, la información contenida en este formato de Aplicación para el Personal del Ministerio es verdadera y correcta.

Firma del solicitante _____

Nombre impreso _____ Fecha _____

Firma del testigo _____

Nombre impreso _____ Fecha _____

La información recibida es confidencial y está siendo reunida con el fin de considerar su solicitud para el voluntariado dentro de uno de los ministerios de la Iglesia así como para determinar en qué ministerios de la Iglesia, si hay alguno, en el que pueda ser el adecuado para usted en el futuro.

DECLARACIÓN DE FE

NOTA: POR FAVOR INSERTE AQUÍ LA DECLARACIÓN DE FE DE LA IGLESIA

FORMATO DE APLICACIÓN PARA EL PERSONAL DEL MINISTERIO

LISTA DE VERIFICACIÓN Y APROBACIÓN
(Para el uso exclusivo de oficina de la Iglesia)

Nombre del solicitante _____

1. Fecha de la Entrevista para el ministerio _____

   Nombre del Entrevistador _____

2. Referencias Verificadas   ☐ Fecha de finalización _____

3. Verificación de Antecedentes Penales, Recibida   ☐ Fecha de finalización _____

4. Capacitación Plan para Proteger™ Completada ☐ Fecha de finalización _____

5. Fecha(s) de la Capacitación Anual
☐ Fecha _____
☐ Fecha _____
☐ Fecha _____
☐ Fecha _____

FORMATO DE APLICACIÓN PARA EL PERSONAL DEL MINISTERIO

PARA Jóvenes TRABAJANDO CON NIÑOS

En nuestro deseo de reducir el riesgo de abuso dentro de los ministerios de nuestra Iglesia, creemos que es necesaria esta información para la protección de nuestros niños y nuestros voluntarios y así poder colocar efectivamente a nuestros voluntarios en puestos ministeriales. De antemano, agradecemos su asociación con nosotros.

Datos Personales

Nombre Completo _____ Grado Escolar _____

Dirección _____

Código Postal _____ Correo Electrónico _____

Teléfono (casa)_____ (Celular) _____

Nombre de los Padres _____ Teléfono _____

¿Te apoyan tus papas en la decisión de involucrarte en el ministerio? _____

Si tu respuesta es no, explica la razón:

_____

_____

Pasatiempos, Intereses, y/o Habilidades

_____

_____

_____

_____

Experiencia ya sea de Voluntariado o Trabajos de medio Tiempo

_____

_____

_____

_____

Historia Espiritual

¿Por cuánto tiempo usted ha asistido a la iglesia _____? _____

¿Asiste regularmente (2 o más servicios al mes)? ☐ SI ☐ NO

¿Cuándo recibió a Cristo como su Salvador? _____

En un breve párrafo, por favor describe lo que tu fe significa para ti

_____
_____
_____
_____

Cuestionario del Ministerio

Describe por qué te gustaría ser parte de nuestro ministerio infantil.

_____
_____
_____

¿Qué fortalezas o recursos aportarías a nuestro programa de ministerio infantil?

_____
_____
_____

¿Qué aspectos te preocupan al trabajar con niños?

_____
_____
_____

¿Te consideras alguien que pueda trabajar en equipo? Por favor, explica. ☐ SI   ☐ NO

_____
_____
_____

Menciona en que áreas del Ministerio te gustaría ayudar servir.

_____
_____
_____

Referencias

Menciona a tres adultos que conozcas por lo menos hace un año y que puedan dar conocimiento de sus habilidades trabajando con niños. Puedes incluir una referencia de un familiar, pero también debes incluir referencias del Pastor de Jóvenes, jefe, o maestro.

1. Nombre de la referencia _____ Teléfono de día _____

   ¿Cuánto tiempo hace que conoce a esta persona? _____ Teléfono de noche _____

   Dirección _____

   Naturaleza de la relación _____

2. Nombre de la referencia _____ Teléfono de día _____

   ¿Cuánto tiempo hace que conoce a esta persona? _____ Teléfono de noche _____

   Dirección _____

   Naturaleza de la relación _____

3. Nombre de la referencia _____ Teléfono de día _____

   ¿Cuánto tiempo hace que conoce a esta persona? _____ Teléfono de noche _____

   Dirección _____

   Naturaleza de la relación _____

Firma del solicitante _____

Nombre impreso _____ Fecha _____

Firma del testigo _____

Nombre impreso _____ Fecha _____

La información recibida es confidencial. Está siendo reunida con el fin de seleccionar al personal para el ministerio y colocarlos dentro del ministerio infantil. La información reunida aquí será para uso y propósito del apoyo de los ministerios de la iglesia _____.

AL SELECCIONAR LAS APLICACIONES DE LOS CANDIDATOS

"Hola, soy _____, llamando de la iglesia _____.

(Nombre del voluntario) _____ ha solicitado ser voluntario en nuestros ministerios de niños/jóvenes y ha indicado en su solicitud que usted podría estar dispuesto a actuar como referencia personal. Tenemos un programa en nuestra iglesia llamado Plan para Proteger™ que está diseñado para proteger a nuestros niños y jóvenes, así como a nuestros voluntarios. Hacemos una verificación de referencia de todos nuestros voluntarios que trabajan en nuestros ministerios.

¿Me permite hacerle algunas preguntas?

¿Hace cuánto tiempo que conoce a _____?   ¿En qué capacidad? _____

_____

_____

1) ¿Cuáles son las fortalezas de _____? _____

   ¿Debilidades? _____

2) ¿Cómo describiría el tipo de persona que es _____ y cómo se relaciona con los demás, especialmente con los niños o jóvenes?

3) ¿Describiría usted a _____ como alguien que cumple con los compromisos que hace?

4) ¿Cómo responde _____ a la supervisión?

5) ¿Hay alguna conducta que haya usted observado como para que lo ponga en duda?

_____

6) ¿Le preocupa que _____ trabaje con niños o jóvenes en alguno de nuestros ministerios?

Gracias por tu tiempo. Realmente lo apreciamos.

Nota: Registre toda la información en el Formato de Registro Confidencial de Verificaciones de Referencia inmediatamente después de la llamada, guarde las notas en un lugar confidencial y seguro y devuélvalas de inmediato a _____

_____.

Nombre del voluntario _____

REFERENCIA # 1

Nombre de la referencia o Iglesia contactada _____

Fecha de contacto _____

Persona que se pone en Contacto con la Referencia o la Iglesia _____

Método de contacto   ☐ Teléfono   ☐ Carta   ☐ Conversación personal

Resumen de contacto

_____

_____

_____

REFERENCIA # 2

Nombre de la referencia o Iglesia contactada _____

Fecha de contacto _____

Persona que se pone en Contacto con la Referencia o la Iglesia _____

Método de contacto   ☐ Teléfono   ☐ Carta   ☐ Conversación personal

Resumen de contacto

_____

_____

_____

REFERENCIA # 3

Nombre de la referencia o Iglesia contactada _____

Fecha de contacto _____

Persona que se pone en Contacto con la Referencia o la Iglesia _____

Método de contacto   ☐ Teléfono   ☐ Carta   ☐ Conversación personal

Resumen de contacto

_____

_____

_____

(Nombre del voluntario) _____ ha solicitado ser voluntario en nuestros ministerios Infantil/Juvenil y ha indicado en su solicitud que usted podría estar
dispuesto a actuar como referencia personal. Tenemos un programa en nuestra iglesia llamado Plan para Proteger™ que está diseñado para proteger a nuestros niños y jóvenes, así como a nuestros voluntarios. Hacemos una verificación de referencia de todos nuestros voluntarios que trabajan en nuestros ministerios. Su respuesta permanecerá confidencial. Gracias por su cooperación.

Favor de reenviar esta información a:

Organización
Dirección
con Atención a (Líder del Programa): _____

Su nombre _____   Teléfono _____
Dirección _____

1. Describa su relación con el aplicante.
_____
_____

2. ¿Hace cuánto tiempo que lo conoce?
_____
_____

3. Por favor, utilice la siguiente escala para responder lo siguiente.

1 - Bajo   2- bajo promedio   3- promedio   4- muy bien   5- excelente

Como evalúas al individuo en las siguientes áreas:

a.	Habilidad para trabajar con otros voluntarios	1	2	3	4	5
b.	Habilidad para cumplir compromisos	1	2	3	4	5
c.	Habilidad para relacionarse con niños y jóvenes	1	2	3	4	5
d.	Nivel de su Madurez Espiritual	1	2	3	4	5

¿Cuáles son las fortalezas más grandes del solicitante?

_____

_____

_____

¿Confiaría el cuidado de su hijo, joven y personas adultas vulnerable al solicitante sin ningúna preocupación, reserva o duda?

_____

_____

_____

¿Le preocupa que esta persona trabaje con niños, jóvenes y personas vulnerables? Si es así, por favor, explique.

_____

_____

_____

Firma _____

Nombre Completo _____   Fecha _____

¿Ha usted completado la Aplicación para el Personal del Ministerio?   ☐ Si   ☐ No

¿Le han explicado los tipos de ministerios que proveemos en la iglesia   ☐ Si   ☐ No
de entre los cuales usted tiene la oportunidad de servir como voluntario?

¿Qué le llevó a interesarse por el ministerio que usted identificó en su Formato de Aplicación para el Personal del Ministerio?

_____

_____

_____

¿Estaría usted dispuesto a asistir a la Capacitación asociada con ese   ☐ Si   ☐ No
ministerio?

Pídale al posible candidato para el personal del ministerio que revise su viaje espiritual. Compare las respuestas con las indicadas en el Historial Espiritual del Formato de Aplicación para el Personal del Ministerio. Anote cualquier omisión importante o preguntas que surjan.

_____

_____

_____

Revise los elementos enumerados en la sección de Información Confidencial del Formato de Aplicación para el Personal del Ministerio y tome nota de cualquier omisión o pregunta importante que surja.

_____

_____

_____

¿A partir de qué fecha estaría usted disponible? _____

¿Cuál sería la duración mínima de su compromiso? _____

Gracias por su interés en servir.

Firma del Entrevistador _____

Nombre Completo _____   Fecha _____

En nuestro deseo de reducir el riesgo de abuso dentro de los ministerios de nuestra iglesia, creemos que esta información es necesaria para proteger a nuestros niños, jóvenes y voluntarios, así como para colocarlos efectivamente en posiciones ministeriales. Gracias de antemano por su colaboración. La información recibida es confidencial y se reúne con el fin de seleccionar al personal adecuado y colocarlo en el ministerio con niños o jóvenes. La información recopilada aquí se utilizará con el propósito de apoyar los ministerios en la Iglesia _____.

Nombre _____   Teléfono _____

¿Ha cambiado su dirección en el último año?   ☐ Si   ☐ No

Su nueva Dirección es: _____

¿Actualmente en qué ministerios se encuentra involucrado?

_____

¿En qué otros ministerios le gustaría tomar parte?

_____

• ¿Ha sido usted arrestado por cualquier motivo?   ☐ Si   ☐ No

• ¿Ha sido usted condenado o haberse declarado inocente de un delito? *   ☐ Si   ☐ No

• ¿Ha sido usted detenido o condenado por algún delito relacionado   ☐ Si   ☐ No
  con el abuso? **

En la medida en que el delito no represente una amenaza para los menores, es posible que no pueda hacer esta pregunta en su estado. Consulte con su abogado.

**El aspecto de acusación de esta pregunta podría no ser posible para un empleado o un solicitante de empleo. Consulte con su abogado.*

Está usted consciente de:

• ¿Tener algún rasgo o tendencia que pueda suponer una amenaza para   ☐ Si   ☐ No
  los niños, jóvenes o adultos vulnerables?

• ¿Tener alguna razón por la que no debería trabajar con niños, jóvenes   ☐ Si   ☐ No
  o adultos vulnerables?

Si la respuesta a alguna de estas preguntas es "sí", explique detalladamente:

_____

Verificación y Libertad de Acceso a la Información de la Aplicación

Reconozco que la organización a la que se presenta esta aplicación está confiando en la información contenida en este documento. Por consiguiente, doy fe y afirmo que toda la información que he proporcionado es absolutamente cierta y correcta. Acepto cumplir con todas las políticas y procedimientos de la Iglesia _____ y proteger la salud y la seguridad de los niños o jóvenes en todo momento.

Firma _____

Nombre Completo _____   Fecha _____

Reference: Guidelines for Ministry Workers, Brotherhood Mutual Insurance Company, July 2000

PROCEDIMIENTO PARA EL CAMBIO PAÑALES

A todos los Padres les pedimos de la manera más atenta, que, por favor, nos ayuden a mantener la guardería limpia y desinfectada. Recomendamos los siguientes pasos para cambiar pañales.

1. Lávese las manos.
2. Póngase guantes.
3. Coloque al bebé sobre una superficie desechable y limpia.
4. Retire el pañal sucio y colóquelo en una bolsa de plástico.
5. Limpie el área que cubre el pañal con toallitas, después de su uso colóquela en una bolsa de plástico desechable.
6. Siga las instrucciones de los padres con respecto a la aplicación de talco o loción.
7. Póngale un pañal limpio al bebé.
8. Retire la funda desechable del cambiador y rocíe el área con una solución con blanqueador.
9. Quítese los guantes, colóquelos en una bolsa de plástico y deseche la bolsa de plástico.
10. Lávese las manos.

PROCEDIMIENTO PARA EL LAVADO DE MANOS

1. Lavarse las manos con agua corriendo y jabón.
2. Lavarse la parte delantera y trasera de las manos - no olvidarse lavarse entre los dedos.
3. Lavarse las manos entre 15 - 30 segundos.
4. Secarse las manos con toalla desechable.
5. Cerrar el agua con la toalla desechable.

PROCEDIMIENTO PARA EL CONTROL DE INFECCIONES

"El CDC ha establecido un conjunto de precauciones estándares para el manejo de sangre o fluidos corporales para minimizar el riesgo de propagación de enfermedades infecciosas. Estas están adaptadas para el ministerio de niños en la iglesia.

Estas pautas deben ser seguidas por cualquier trabajador, ya sea pagado o voluntario, con exposición real o potencial a sangre y fluidos corporales. Los fluidos corporales incluyen saliva, orina, heces, secreción nasal, secreción de piel abierta, sudor y lágrimas.

1. Se deben usar guantes antes de tocar sangre y fluidos corporales, piel no intacta, cortes, llagas abiertas y manipular artículos y superficies manchadas con sangre y fluidos corporales.
2. Los guantes deben desecharse inmediatamente después de la exposición a sangre y fluidos corporales, y después de quitárselos. El lavado de manos debe ser con jabón germicida ya que es esencial para evitar la propagación de infecciones. Se proporcionará jabón germicida en los baños de la iglesia.
3. Se realizará con guantes la limpieza de fluidos corporales en las superficies. La superficie en la que ocurrió un derrame se debe limpiar con desinfectante germicida que se encuentra en el armario del ministerio de niños. Ningún trabajador que tenga una llaga en la piel.
supurante deberá manejar una situación que implique un posible contacto con sangre o fluidos corporales.
4. Todos los materiales de limpieza contaminados, incluidos los guantes, se desecharán en bolsas de basura de plástico selladas colocadas en una bolsa de basura grande fuera del alcance de los niños.
5. Todas las heridas de los trabajadores o de los niños que no hayan formado costra deben cubrirse.
6. Los juguetes obviamente sucios con saliva deben lavarse en una solución germicida después de cada uso. Idealmente, todos los juguetes que usan los niños deben limpiarse al final del uso grupal (por ejemplo, los juguetes de la guardería deben limpiarse después de cada servicio de adoración) El baño de los niños con mala higiene debe limpiarlo un adulto que use guantes. Los guantes deben desecharse inmediatamente en un contenedor tapado"[1].

La limpieza de fluidos corporales en las superficies se realizará con guantes. La superficie en la que ocurrió un derrame se debe limpiar con desinfectante germicida que se encuentra en el armario del ministerio de niños. Ningún trabajador que tenga una llaga en la piel supurante deberá manejar una situación que implique un posible contacto con sangre o fluidos corporales.

1. Brotherhood Mutual Insurance Company, *Nursery and Childcare Ministry* Infectious Disease Policy, (2012): 1,https://www.brotherhoodmutual.com/www/?linkservid=5059C294-F76-E90F-8FBAE7FCB-B0E9057&showMeta=2&ext=.pdf

mathematicalᵗ

La siguiente es una compilación de pautas sobre el tratamiento de patógenos transmitidos por la sangre (cualquier microorganismo o virus que pueda causar una enfermedad transmitida por la sangre) y enfermedades infecciosas. Hemos usado tres recursos diferentes que sentimos tienen aplicaciones para su uso en entornos de iglesia.

"Estudios escolares y entornos residenciales reflejan un paralelismo entre la ineficiencia de la transmisión de patógenos transmitidos por la sangre y la medida en que el riesgo se controla adecuadamente mediante medidas higiénicas comunes. . . Los niños que tienen infecciones por patógenos transmitidos por la sangre no deben ser excluidos de las guarderías, grupos en casa o en los hogares de adopción. No hay razón para excluir a los niños que no muestran un comportamiento agresivo y que no tienen condiciones médicas que faciliten la transmisión.[1] Los beneficios de un entorno sin restricciones pesan más que el riesgo de que el niño adquiera infecciones dañinas. El riesgo de transmitir el virus a otros es casi inexistente.[2] "Se recomienda encarecidamente a todos los departamentos de educación y salud pública que informen a los padres, niños y educadores sobre el SIDA y su transmisión".[3]

1. Las enfermedades infecciosas comunes se pueden contraer por la suciedad y los desechos que se encuentran en las áreas del ministerio. Lávese las manos con jabón y bajo el agua corriendo en intervalos regulares durante el día[4].

2. Todos los fluidos corporales deben tratarse como si fueran infecciosos, ya que los patógenos transmitidos por la sangre pueden estar presentes en cualquier niño.[5] Las leyes de confidencialidad pueden impedirle conocer a las personas infectadas con el VIH (virus que causa el SIDA) o el virus del SIDA. Al tratar todos los fluidos corporales como infecciosos, no solo se protege a sí mismo, sino también a los demás.

3. Se requieren guantes de látex cuando se manejan secreciones del cuerpo de otra persona, particularmente fluidos corporales que contienen sangre. Al termino deberá lavarse las manos a fondo con jabón y agua[6].

   Las personas que están expuestas a los fluidos corporales y excrementos de un niño deben saber si este está infectado y deben conocer los procedimientos a seguir para prevenir la transmisión. Se deben usar pañales desechables y los pañales sucios se deben colocar en una bolsa de plástico antes de desecharlos. Las heces se pueden tirar por el inodoro. Si el cuidador tiene llagas abiertas en las manos deberá usar guantes desechables de látex. Cualquier llaga abierta en el niño infectado también debe cubrirse.[7] Las manos deben lavarse después de la exposición a sangre y fluidos corporales y antes de atender a otro niño.

4. Los guantes de látex desechables contaminados y otros materiales contaminados deben desecharse en contenedores de basura forrados con plástico.[8]

5. Desarrolle una conciencia para las situaciones que puedan ponerlo a usted o a otros en peligro. Por ejemplo, no recoja vidrios rotos con sus manos sin usar ninguna protección, en su lugar use una escoba. Evite el picarse con objetos afilados que podrían tener sangre de otras personas. Cuidadosamente, deseche la basura que contenga objetos afilados puntiagudos que pueden ocasionar cortaduras. Use contenedores que no se rompan o puedan ser penetrados fácilmente.[9]

1 Bureai of infectious Disease, "Preventing the Transmission of Bloodborn Oathogens in Healthcare and Public Service Setting". Canada Communicable Disease Report, (2012): 30, http://simcoemuskokahealth.org/libraries.JFY_Health_Care_Proffesionals/CCDR_PreventingTheTransmissionOfBBPs.sfb.ashx
2 Swan Valley School Division, Blood Born Infections Policy, (1996): 2, htpp//www.svsd.ca/svsd/policymanual/10_37-BloodbornInfections.pdf
3 Main School Administrative District 40, "Student Health Service – JLC-D: Students with HIV/AIDS" (November 6, 2000): 3, http://www.msad40.org/files/JLC-D-Student_Health.pdf
4 Columbia College Student Health Service, "Environmental Health & Safety Bloodborn Pathogens Self-study Unit, (2002), http://www.columbiasc.edu/files/pdf/bbp_self-study2.pdf
5 Virginia School Health Guidelines, "Appendix C: Universal Precautions and Infectious Diseases," (2013): 583, http://www.doe.virginia.gob/sup-part/health-health/Virginia_school_health_guidelines/appendix_c.pdf
6 Ibid, 584 & 587.7 "Student Health Services – JLC-D: Students with HIV/AIDS:
8 Appendix C: Universal Precautions and Infectious Diseases," 587
9 Ibid, 589

6. Las superficies que tengan sangre u otros materiales potencialmente infecciosos deben limpiarse con un desinfectante aprobado o una solución 1:10 de lejía líquida doméstica y agua. Este desinfectante debe mezclarse diariamente y debe reposar durante diez minutos antes de su uso. [10]

7. Debe vacunarse contra el VHB (virus que causa la hepatitis B) dentro de las 24 horas si ha tenido un "incidente de exposición". Un "incidente de exposición" ocurre cuando hay contacto con la sangre a través de una llaga abierta, lesión por un objeto afilado contaminado o por una salpicadura de sangre en los ojos, la nariz o la boca. [11]

8. Si usted es responsable de administrar primeros auxilios, se recomienda enfáticamente que reciba instrucción actualizada. Por ejemplo, el rescatista necesita usar una boquilla de reanimación cuando administra RCP para que no haya contacto directo de boca a boca. [12]

9. Las personas involucradas en el cuidado y la educación de un niño en edad preescolar infectado con el VIH, el VHB o el VHC deben ser informadas del estado infeccioso del niño solo si dicho conocimiento es necesario para garantizar su cuidado adecuado y para detectar situaciones en las que hay potencial para la transmisión. Se requiere el consentimiento de los padres para la divulgación del estado infeccioso de un niño y debe hacerse caso por caso respetando el derecho a la privacidad del niño y la familia. Las decisiones sobre la educación y el cuidado de los niños infectados con el virus del SIDA deben ser tomadas por un equipo que incluya al médico del niño, personal de salud pública, padres o tutores y personal de la iglesia.[13] Los registros de niños con SIDA deben mantenerse confidenciales. Se debe dar el consentimiento de los padres a la agencia que divulga la información médica pertinente a quienes administran el cuidado del niño.

10. Se recomienda un ambiente más restringido para los niños en edad preescolar infectados, para los niños que no pueden controlar sus intestinos o vejiga, para los niños que muestran comportamientos como morder y rascarse y para los niños infectados que tienen llagas descubiertas que supuran. Estos niños deben ser cuidados y educados en entornos que minimicen la exposición de otros niños a su sangre y fluidos corporales. [14]

Las decisiones sobre la vacunación de niños y trabajadores que tienen contacto con el niño deben discutirse con los funcionarios de salud pública. [15]

Las prácticas higiénicas de un niño infectado pueden mejorar a medida que el niño madura, o pueden deteriorarse si la condición del niño empeora. Por estas razones, la necesidad de un entorno restringido debe reevaluarse periódicamente.[16]

10 Appendix c: Universal Precautions and Infectious Diseases, 590
11 Ibid, 625.
12 Preventing the Transmission of Bloodborn Pathogens, 20.
13 Student Health Services – JLC-D: students with HIV/AIDS, 1
14 Ibid
15 "Preventing the Transmission of Bloodborn Pathogens,: 30.
16 Sooke School Distric 62 Board of Education Policies and Procedures, :"C-433, Regulations HIV virus (A.I.D.S)" http//go.sd62.bc.ca/sites/public/policies/policies/C-433%20Regula-tions%20HIV%20%virus20%BA.I.D.S%29.aspx.

1. Cualquier política escrita deberá iniciar con una declaración que indique que la intención de la iglesia es incluir en los programas a personas VIH positivas o con SIDA sintomáticas y no de excluirlas.

2. La política deberá basarse en hechos científicos y médicos y no en respuesta a temores o falta de información.

3. La política deberá ser apropiada para la edad, y deberá proporcionar pautas para tratar con bebés y niños pequeños, en lugar de jóvenes mayores y adultos.

4. Cualquier política escrita que la iglesia decida adoptar debería ser la culminación de un programa educativo que se enfoque en el liderazgo de la iglesia, así como en la congregación como un solo cuerpo. El programa de Educación y Concientización ayudará a preparar a los miembros de la iglesia para enfrentar al SIDA y VIH actualizándolos sobre hechos médicos y oportunidades de ministerio mientras los desafía a involucrarse.

5. La política escrita debe incluir un componente de educación preventiva que la iglesia considere como su responsabilidad, incluyendo la educación de sus miembros sobre la abstinencia de la actividad sexual hasta el matrimonio, la fidelidad dentro del matrimonio y la abstinencia del uso de drogas de cualquier tipo; son las únicas formas de prevenir totalmente la transmisión del VIH.[1]

Para más información sobre cómo desarrollar políticas relacionadas con el VIH/SIDA, comuníquese con los responsables del control de infecciones en su Hospital local y/o Agencia de salud Pública.

---

1 Children's AID Funds, Washington DC, http//childrenaidsfund.org.

FORMATO DE AUTORIZACIÓN Y CONSENTIMIENTO MÉDICO

La información recibida es confidencial y se recopila con el fin de ofrecer un mejor servicio a su hijo mientras está bajo el cuidado de la Iglesia _____. Cualquier información médica recopila con el fin aquí sirve para autorizar a la iglesia _____, su personal y voluntarios, a obtener asistencia médica en caso de emergencia.

Para el Año Escolar 20_____ /20_____

Por favor incluya una fotografía de su hijo/a junto con este formato, o envíe la fotografía por correo electrónico al _____.

FOTOGRAFIA

En caso de existir un acuerdo de custodia, por favor, incluya el formato adecuado que autorice el contacto con los padres.

Nombre del estudiante _____ Fecha de Nacimiento _____

Dirección _____

Teléfono _____ Teléfono del trabajo de los padres _____

Número de l Tarjeta de Salud _____

Pediatra _____ Teléfono _____

Alergias _____

¿Tiene su hijo alguna limitación o asunto físico, emocional, mental o de comportamiento para el cuál/los cuáles nuestro personal deba tomar en cuenta? ☐ SI ☐ NO

Si respondió que sí, por favor explique:

_____

_____

¿Trae su hijo algún medicamento consigo, incluyendo algún medicamento de alergia? ☐ SI ☐ NO
Si respondió Sí, por favor explique:

_____

_____

Nombre del Padre o tutor _____

En caso de emergencia favor de contactar a _____

La seguridad de su hijo es nuestra prioridad. Se tomarán las precauciones necesarias para el bienestar y protección de su hijo.

Firma de los Padres/Tutor __ _____

Nombre Completo _____ Fecha _____

Yo/Nosotros, los padres o tutores mencionados anteriormente, autorizamos al pastor _____ o a uno de los miembros del personal del ministerio de la Iglesia _____ a firmar el consentimiento para recibir tratamiento médico y autorizar a un médico u hospital a proporcionar la evaluación, tratamiento o procedimiento médico para el participante mencionado anteriormente.

Yo/Nosotros, mencionado arriba, nos comprometemos y estamos de acuerdo en indemnizar y mantener sin culpa a la Iglesia _____ , pastores, empleados, personal del ministerio, representantes y a la junta de ancianos de y contra cualquier pérdida, daño, o lesión sufrida por el participante como resultado de ser parte de las actividades de la iglesia _____ , así como cualquier tratamiento médico autorizado por el representa de la iglesia.

Este consentimiento y autorización son efectivos solo cuando se participe o se viaje a eventos regulares de la iglesia _____

Comunicación

Está en vigor una política de comunicación que deberá utilizarse únicamente para la difusión de información. Firme a continuación para otorgar permiso para que el Personal del Ministerio (personal y voluntarios) se comuniquen con su hijo por teléfono, correo electrónico, redes sociales y mensajes de texto:

       ☐ Teléfono (casa / trabajo / celular)   ☐ Redes Sociales social Media*

       ☐ Correo Electrónico*   ☐ Mensajes de Texto

       * Para Jóvenes de 13 años y más grandes

Firma de los Padres/Tutor _____

Nombre Completo _____ Fecha _____

Fotos

Por favor firme a continuación para otorgar permiso para uso razonable de las fotografías que contenga la imagen de su hijo en alguna o todas las áreas que a continuación se señalan:

☐ Folletos/ Material de Promoción   ☐ Iglesia
☐ Sitio Web   ☐ Boletín Informativo

Firma de los Padres/Tutor _____

Nombre Completo _____   Fecha _____

Actividades Estudiantiles del Ministerio

Opciones del Padre / Tutor (elija una de las siguientes opciones):
_____

1. He leído, entendido y estoy de acuerdo con lo anterior y firmo para cubrir todas las actividades del Ministerio Estudiantil para el año escolar efectivo como se indica anterior.

Firma de los adres/ Tutor _____

Nombre Completo _____   Fecha _____
Efectivo a partir de la fecha de firma _____

Propósitos y Alcance

La Iglesia _____ reúne y retiene esta información personal con el fin de inscribir a su hijo en nuestros programas, asignar al estudiante a las clases apropiadas, desarrollar y nutrir relaciones continuas con usted y su hijo, y para informarle sobre las actualizaciones del programa y las próximas oportunidades en nuestra Iglesia. Esta información se mantendrá indefinidamente ya que es un requisito de nuestra compañía de seguros y asesoría legal. Si usted desea que la Iglesia _____ limite la información recopilada o quiere ver la información de su hijo, comuníquese con nosotros.

FORMATO DEL REGISTRO DE LA ADMINISTRACIÓN DEL MEDICAMENTO

Nombre del Niño: _____

Pediatra _____ Teléfono: _____

Fecha	Nombre de Medicamento	Dosis	Tiempo Requerido	Firma del Padre	Dosis Administrada	Hora de la Administración	Firma del Personal

FORMATO DEL REGISTRO DE LA ADMINISTRACIÓN DEL MEDICAMENTO

Atención: (Al padre/ tutor) _____

Del niño: _____

De parte del Líder de Ministerio Infantil de la Iglesia _____

Fecha _____

Asunto: Administración de Medicamentos Recetados

Querida Señora/ Señor,

La presente es para informarle que la iglesia _____, únicamente y bajo ciertas excepciones administrará a su hijo los medicamentos que han sido recetados. Si su hijo se ve en la necesidad de recibir la administración de un medicamento mientras se encuentra bajo nuestro cuidado, es obligatorio que usted llene y firme el Formato para la Autorización de la Administración de Medicamentos (adjunto). Tanto el formato como el medicamento deberán ser entregados a la oficina de la iglesia, o el líder del ministerio, o la persona autorizada para recibir medicamentos. Es obligatorio que el medicamento se encuentre en su envase original junto con la etiqueta de la farmacia que provee el medicamento. Usted está a cargo de reponer el medicamento si llegasé a ser necesario.

Le recordamos que el administrar medicamentos en nuestra iglesia se da únicamente como una medida excepcional. Para evitar esta medida, le pedimos que si es posible solicite al pediatra de su hijo que la dosis del medicamento sea administrada cada 12 horas o 24 horas. De esa manera el medicamento puede ser administrado en casa eliminando el riesgo de transporte de la medicina, y/o el olvido de esta.

Gracias por su cooperación.

Líder del Ministerio _____

(Nombre y Firma)

(Vea la siguiente Página donde encontrará el Formato para la Autorización de la Administración del Medicamentos)

FORMATO PARA LA AUTORIZACIÓN DE
LA ADMINISTRACIÓN DEL MEDICAMENTO

El personal no podrá administrar medicamento alguno al niño sin la previa autorización por escrito por parte del padre / tutor a través de este documento.

Aclarando que aun cuando el personal de ministerio administre un medicamento, este no se encuentra capacitado ni certificado y que de ninguna manera podrá dar un diagnóstico, observación o incluso a dar un reporte médico con referente a la salud de su hijo.

La información escrita por la farmacia en la etiqueta identifica que el medicamento ha sido aprobado por un especialista, por lo que se requiere que el medicamento se encuentre en su envase original y presente la etiqueta original de la farmacia.

Esta etiqueta deberá mostrar e incluir: el nombre del niño, nombre del doctor, el nombre del medicamento, la fecha de caducidad, la dosificación adecuada y la duración del tratamiento.

Si su hijo necesita una EPIPEN, por favor proporcione las instrucciones en el formato.

Autorización de medicamento (favor de escribir claro)

Yo,_____, autorizo al personal del ministerio para que administre el siguiente medicamento a mi hijo siguiendo las siguientes indicaciones:

Nombre de la Iglesia _____

Apellido del Niño _____ Nombre del Niño _____

Clase a la que asiste _____

Nombre del Medicamento _____
Dosificación _____
Hora(s) específica en que el medicamento deberá ser administrado _____
        ☐ Con alimentos   ☐ Sin alimentos

Descripción del Medicamento: ☐ Tableta   ☐ Capsula   ☐ Spray/Inhalador
                        ☐ Oral   ☐ Cutáneo   ☐ _____

Instrucciones especiales de Almacenamiento ☐ Refrigerador   ☐ Temperatura ambiental
Efectos Secundarios: _____

Nombre y Firma del Padre / Tutor _____
Teléfono _____ Fecha _____
En caso de emergencia, favor de contactar a (Nombre) _____ Teléfono _____
Relación con el niño: _____ Fecha _____

Los escudos de la responsabilidad son contratos o acuerdos escritos entre una organización patrocinadora y un participante, o si el participante es menor de edad, los padres o el tutor legal del participante son quienes firman el acuerdo. Estos escudos operan para identificar los riesgos asociados con una actividad en particular. Eliminan y reducen el riesgo de la responsabilidad legal de la organización patrocinadora. También proporcionan una mejor comunicación entre los patrocinadores y los participantes.

Las organizaciones de beneficencia cristianas deberían considerar seriamente la posibilidad de utilizar escudos de responsabilidad como una herramienta importante en su programa para el manejo de riesgos.

Los escudos de responsabilidad incluyen:

Renuncia o Liberación de la Responsabilidad - Un acuerdo contractual entre dos partes mediante el cual una de las partes (el participante o "exonerado") acuerda liberar voluntariamente a la otra parte (la organización patrocinadora o "liberado") de la responsabilidad legal en determinadas circunstancias.

Acuerdo de indemnización - Por lo general, forma parte de un acuerdo de renuncia que sirve como un compromiso formal por parte del participante de indemnizar, salvar y eximir de responsabilidad al patrocinador de cualquier gasto de litigio, honorarios legales y daños y perjuicios por responsabilidad.

Consentimiento informado - También forma parte de un acuerdo de renuncia, es una descripción claramente redactada de la actividad o evento propuesto que incluye una explicación detallada de los riesgos inherentes asociados con la participación en esa actividad. Un formulario de consentimiento no exime a la organización de la responsabilidad por su propia negligencia. Solo busca eximir al patrocinador de los riesgos inherentes a la actividad en sí y le permite hacer una defensa de los reclamos de responsabilidad sobre la base de la asunción del riesgo por parte del participante. Para que sea efectivo, el formulario debe revelar completamente al participante, o a sus padres/tutores, los riesgos específicos asociados con la actividad propuesta. Al firmar el consentimiento, un participante reconoce que ha leído y entendido los riesgos involucrados y acepta no iniciar ninguna acción legal por daños resultantes de los riesgos descritos.

Formatos de permiso - Un formulario de permiso bien redactado garantiza el conocimiento y el consentimiento de los padres para la participación de sus hijos. Cuando los padres están informados sobre la naturaleza y el alcance de la actividad propuesta y sus riesgos, se sentirán más involucrados en el proceso de toma de decisiones y será menos probable que afirmen: "si lo hubiera sabido, nunca habría dejado que mi hijo participara". Además, con un formulario de permiso correctamente redactado y firmado que incluya el consentimiento para el tratamiento médico de emergencia y la divulgación de cualquier condición médica existente, será menos probable que un padre o tutor afirme que la organización infringió su autoridad, control o custodia sobre el niño.

Pautas Para Una Efectiva Renuncia o Liberación De La Responsabilidad

i. Notificar con anticipación la obligación de firmar una renuncia como requisito previo para la articipación en la actividad propuesta, preferiblemente formando parte del paquete inicial de información e inscripción.

ii. El lenguaje de la renuncia deberá incluir una descripción clara y objetiva de los riesgos inherentes asociados con la actividad o evento propuesto. También debe hacer referencia específica a la asunción de riesgos por parte del participante.

iii. El diseño, el formato y el contenido de un documento de renuncia deben ser claros y estar redactados en un lenguaje sencillo. Se debe hacer hincapié en los encabezados impresos en negrita, como "liberación de la responsabilidad", "renuncia a reclamaciones", "renuncia a los derechos legales, incluyendo el derecho a demandar", "por favor, lea detenidamente", etc., para que no haya dudas sobre la intención del documento.

iv. El participante debe estar claramente identificado en el formato de la renuncia. Debe incluir información como el nombre, la dirección, el número de teléfono, la fecha de nacimiento, la firma, el testigo y la fecha, para defender alegaciones de que el documento nunca fue firmado.

v. Las renuncias deben limitarse a no más de una sola página para evitar que se pueda cuestionar legalmente de que la longitud del documento lo hizo incomprensible o que el liberador solo miró la página de la firma.[1]

---

1 Kenneth A. Hall, "Facing the Risks: Liability Shields", Robertson Hall Insurance, (january 16,2012), http//www.robertsonhall.com/pdf/Liability%20Shields.pdf

FORMATO PARA EL REPORTE DE INCIDENTES

Apéndice 17

El reporte de incidentes deberá ser completado lo antes posible después de que el incidente haya ocurrido. Deberá incluir una descripción, lo más detallada posible, de la situación.

Nombre del Estudiante _____ Teléfono _____

Dirección _____

Naturaleza de la Lesión / Incidente

_____

_____

Fecha del Incidente _____ Hora del Incidente _____

Lugar del Incdente _____ Nombre del Evento _____

Nombre de todos los Líderes Presentes _____

¿Qué pasó?

_____

_____

_____

¿Por qué pasó?

_____

_____

_____

¿Qué acción se tomó?

_____

_____

_____

¿Se contactó a los padres?   ☐ SI   ☐ NO

Respuesta de los Padres

_____

_____

_____

Nombre del Líder _____ Firma _____

Testigo _____ Firma _____

©Plan para Proteger™ 2023

CARTA DE CONSENTIMIENTO   Apéndice 18

Nombre del Estudiante _____

Actividad:_____   Fecha de la actividad _____

Detalles de la actividad: (incluya el lugar/la hora/los arreglos para dormir/el modo de transporte/el nombre del conductor/las actividades que se llevan a cabo a la llegada/las proporciones de los estudiantes con respecto al personal/la explicación de todos y cada uno de los riesgos en los que participarán los estudiantes, es decir, alpinismo/salto con cuerda elástica/canotaje en aguas bravas/esquí acuático) _____

_____

Estimados Padres:

Estamos planeando una actividad como parte de nuestra programación que requiere su permiso antes de participar. Le hemos proporcionado los detalles de la actividad y le pedimos que complete y firme el Formato de Autorización y Consentimiento. La seguridad de su hijo es nuestra principal preocupación. Se tomarán las precauciones necesarias para el bienestar y la protección.

Formato de Autorización y Consentimiento:

Nombre del Estudiante _____   Fecha de Nacimiento _____

Dirección _____

Teléfono _____   Teléfono trabajo _____

Número de la Tarjeta de Salud _____

Nombre del Pediatra _____   Teléfono _____

En caso de emergencia, contactar a: _____

Por la presente doy consentimiento para la participación de mi(s) hijo(s) en esta actividad supervisada.

Aunque se toman todas las precauciones para la seguridad y la buena salud, algunos deportes y actividades conllevan el riesgo inherente de lesiones personales más allá de los riesgos asociados a muchas de las actividades recreativas de la Iglesia _____. Yo/nosotros entendemos y aceptamos estos riesgos y estoy/ estamos de acuerdo en que al permitir que mi hijo/a participe en estas actividades, él/ella puede estar tomando parte en una actividad recreativa que presenta el potencial de lesiones personales.

Yo/nosotros, los padres o tutores nombrados a continuación, autorizamos al líder del Ministerio, o al personal de la Iglesia _____ a firmar un consentimiento para el tratamiento médico y a autorizar a cualquier médico u hospital para realizar evaluaciones, tratamientos o procedimientos médicos al participante arriba citado.

Yo/nosotros, citados al final de este documento, nos comprometemos y aceptamos indemnizar y liberar de culpa a la Iglesia _____ y a su personal, directores y mesa directiva de cualquier pérdida, daño, o lesión que sufra el participante como resultado de la participación de las actividades de la Iglesia _____ así como cualquier tratamiento médico autorizado por las personas supervisoras que representan a la Iglesia _____. Este Consentimiento y Autorización es efectivo solo cuando participe o viaje a eventos de la organización.

☐ He leído, entendido y estoy de acuerdo con lo anterior. Actividad: _____

Firma del Padre / Tutor _____

Nombre completo _____   Fecha _____

©Plan para Proteger™ 2023

☐ Proporcione los datos del evento, a los padres con bastante tiempo de anticipación a la fecha del evento y solicite su consentimiento, incluyendo la fecha del evento, la hora de salida y llegada, la ubicación, el nombre de todos los supervisores adultos y la aprobación del líder del ministerio.

☐ Asegúrese de tener una 'Tarjeta de contacto de emergencia' por cada estudiante y tráigalos con usted

☐ Deje en la oficina de la iglesia una lista de los estudiantes que viajan.

☐ Deje en la oficina de la iglesia un número de contacto de la persona encargada del evento.

☐ Deje en la oficina de la iglesia el número de contacto del destino.

☐ Comunicar la naturaleza del viaje a los padres y asegurarse de que se ha obtenido el consentimiento de cada estudiante.

☐ Si se utilizan conductores, asegúrese de que se hayan completado los formatos de consentimiento correspondientes.

☐ Si la ubicación cambia inesperadamente, asegúrese de comunicarlo claramente a los padres/tutores.

☐ Deje en la oficina de la iglesia un mapa de la ubicación del evento.

FORMATO PARA EL INFORME DE LAS ACTIVIDADES FUERA DEL SITIO

Formulario de Informe de Actividad Fuera de Sitio

Me gustaría acompañar a _____ a la siguiente actividad:

_____

_____

Esta actividad tomará lugar en: _____

De las _____ a las _____

El(Los) otro(s) adulto(s) que me asistirá(n) es(son):

_____

_____

_____

_____

Me aseguraré que cada estudiante tenga tanto el consentimiento de los padres, así como la autorización médica para esta actividad. No transportaré a más personas en el vehículo de lo que está legalmente permitido de acuerdo con la calificación de pasajeros del vehículo.

☐ Aprobación del Líder del Ministerio

Firma _____ Fecha _____

1 Parker et A., *Safe Place*, 139.

FORMATO DE INFORMACIÓN PARA EXCURSIONES Y VIAJES FUERA DEL SITIO   Apéndice 20

GRUPO _____

DESTINO _____ NUMERO DEL CONTACTO _____

SALIDA		REGRESO	
Fecha		Fecha	
Hora		Hora	
ETA		ETA	

Nombre de los Conductores	Vehículo

Nombre de los Líderes	Número Telefónico

Nombre de los Líderes	Número Telefónico

CARTA INFORMATIVA PARA EL CONSENTIMIENTO PARA EL TRANSPORTE

Nombre del Estudiante _____

Lugares de transporte, De: _____ A: _____

Fecha(s) de transporte: _____

Queridos Padre:

La Iglesia _____ ha organizado el transporte hacia y desde las actividades de la iglesia en su nombre para su(s) hijo(s).

Detalles de las actividades: (incluir ubicación/hora/modo de transporte/conductor/proporción de estudiantes por personal)
_____

Si bien se toman todas las precauciones para la seguridad y la buena salud, algunas actividades, incluyendo el transporte, conllevan el riesgo inherente de lesiones personales. Se requiere su permiso para proporcionar este transporte. Lea atentamente la siguiente información y el formulario de consentimiento. Si está de acuerdo, por favor, firme este documento y devuélvalo a la iglesia.

PERMISO:

Doy permiso para que mi hijo/a cargo ("hijo") sea transportado en un vehículo motorizado conducido por la persona identificada a un evento en el lugar especificado en la fecha indicada. Entiendo que se espera que mi hijo siga todas las leyes aplicables con respecto a viajar en un vehículo motorizado y que siga las instrucciones proporcionadas por el conductor y/u otros adultos voluntarios. Entiendo que la participación en el evento identificado no es un requisito para participar en las actividades de la Iglesia _____.

He leído, entendido y discutido con mi hijo que:

1. Viajarán en un vehículo motorizado conducido por un adulto y acompañados por un segundo adulto y deberán usar el cinturón de seguridad durante el viaje.
2. Se espera que se respeten entre sí, los vehículos en los que viajan y las personas con las que viajan durante el viaje.
3. Viajar en un vehículo motorizado puede provocar lesiones personales o la muerte por accidentes, colisiones o actos de los pasajeros, otros conductores u objetos; y
4. Deben permanecer en sus asientos y no perturbar al conductor del vehículo.

Reconozco que, al participar en esta actividad, al igual que con cualquier actividad que involucre el transporte de vehículos motorizados, mi hijo puede correr el riesgo de sufrir lesiones personales o pérdidas permanentes. Doy fe y verifico que he sido informado de los riesgos potenciales, que tengo pleno conocimiento de los riesgos que implica esta actividad y que asumo los gastos en que se incurre en caso de accidente, enfermedad u otra incapacidad, independientemente de que haya autorizado tales gastos.

Nombre del niño _____ Fecha de nacimiento _____

Dirección _____

Número Telefónico _____ Número Telefónico del trabajo de los Padres _____

Número de la Tarjeta de Salud_____

Nombre del Pediatra _____ Teléfono _____

En caso de emergencia, favor de contactar a: _____

Por la presente doy mi consentimiento para la participación de mi/nuestro(s) hijo(s) en esta actividad supervisada.

Yo/nosotros, los padres o tutores nombrados a continuación, autorizamos al Director o a uno de los miembros del personal (de la organización) a firmar el consentimiento para el tratamiento médico y a autorizar a cualquier médico u hospital a proporcionar evaluación médica, tratamiento o procedimientos para el participante mencionado anteriormente.

Yo/nosotros, nombrados a continuación, nos comprometemos y acordamos indemnizar y eximir de responsabilidad a (la organización), su personal, sus directores y la junta de y contra cualquier pérdida, daño o lesión sufrida por el participante como resultado de ser parte de las actividades de la (organización), así como de cualquier tratamiento médico autorizado por los supervisores que representan a la (organización). Este consentimiento y autorización es efectivo solo cuando se participa o se viaja a eventos de la (organización).

☐ He leído, entendido y estoy de acuerdo con lo anterior. Actividad: _____

Firma del Padre / Tutor _____

Nombre completo _____ Fecha _____

TARJETAS DE INFORMACIÓN DE EMERGENCIA

Nombre del Estudiante _____

Nombre de los Padres _____

Teléfono de Casa _____

Teléfono de Contacto de Emergencia _____

Alergias Conocidas _____

Número de la Tarjeta de Salud _____

Pediatra _____

TARJETAS DE INFORMACIÓN DE EMERGENCIA

Nombre del Estudiante _____

Nombre de los Padres _____

Teléfono de Casa _____

Teléfono de Contacto de Emergencia _____

Alergias Conocidas _____

Número de la Tarjeta de Salud _____

Pediatra _____

ACUERDO DEL CONDUCTOR VOLUNTARIO

"Conductor de viaje" se define como cualquier persona autorizada por los líderes de la Iglesia _____ que ha aceptado ser un conductor para un viaje determinado mientras conduce su propio automóvil o el de otro asegurado.

Esto autorizará a *(Nombre del personal o voluntario)* _____

1. Para transportar niños y/o jóvenes que participan en los eventos regulares de la Iglesia _____
O
2. Para el transporte de niños y/o jóvenes que participen en la siguiente actividad: _____
_____

Información del vehículo:
Modelo: _____ Año: _____ Matrícula #: _____ Provincia _____

Se informa a todos los "conductores de viaje", incluidos los conductores voluntarios, que para garantizar la cobertura del seguro de responsabilidad civil del vehículo no se invalide y que se cumplan las siguientes reglas:

A. Utilizar un vehículo matriculado y con un seguro de responsabilidad civil en vigor tal y como exige la legislación de nuestra provincia;
B. Proporcionar a la Junta un aviso rápido por escrito, con todos los detalles disponibles, de cualquier accidente que surja del uso de un vehículo con licencia durante un viaje por negocios de la iglesia;
C. Tenga en cuenta que el seguro de exceso de responsabilidad de la Junta entra en vigor solo después de que se haya agotado el seguro del "conductor de viaje".

I. Declaración para ser firmada por el Conductor:

• Declaro que tengo licencia de manejo en la provincia de _____ y mi vehículo está asegurado por un seguro de automóvil válido según lo exige la ley provincial.
• Que el vehículo esté en buenas condiciones mecánicas y que existan cinturones de seguridad en buen estado para todos los pasajeros. El vehículo tiene asientos de seguridad para todos los pasajeros de menos de 40 libras y asientos elevados para niños de entre 40 y 59 libras. Se requieren cinturones de seguridad para cualquier persona mayor de 8 años y más de 60 libras.
• Seguiré las pautas del fabricante del vehículo con respecto a las bolsas de aire y reconozco que los niños no deben sentarse en el asiento delantero de ningún vehículo, especialmente los menores de 10 años.

Firma _____ Fecha _____
Nombre de la Compañía de Seguros _____ # de Póliza _____

II. Declaración para ser firmada por el propietario del vehículo, si el voluntario no es el propietario.
Declaro que he autorizado a _____ para manejar mi coche para transportar a niños y/o jóvenes que participaran en el evento mencionado en esta forma.
Él/Ella tiene licencia de manejo para transportar pasajeros y está asegurado/a como lo requiere la ley estatal. El coche tiene todos sus ajustes mecánicos, cinturones de seguridad para todos los pasajeros. Este coche tiene asiento para niños que pesen menos de 60 libras.

Firma _____ Fecha _____
Fecha_____ Iglesia_____
Firma del Líder del Programa_____

Estoy de Acuerdo en:

1. Ser un conductor seguro y responsable;
2. Cumplir con todas las leyes de licencias de manejo provinciales y estatales y cumplir con cualquier requisito adicional que me imponga la Iglesia _____;
3. Cumplir con las restricciones establecidas por la Iglesia _____ (número de pasajeros, velocidad, etc.);
4. Nunca conducir cuando he estado bajo los efectos del alcohol o drogas;
5. Evitar distracciones para cuando esté detrás del volante, incluyendo música a todo volumen, comer, beber, usar un teléfono celular o participar en conversaciones que distraigan a otros pasajeros;
6. Asumir la responsabilidad de informar a las autoridades y al supervisor de la iglesia _____ cuando se produzca un accidente o problema con el vehículo;
7. A asumir la responsabilidad por cualquier accidente que ocurra debido a un mal juicio de mi parte;
8. Seguir todas las leyes de conducción provinciales y estatales (límites de velocidad, zonas de construcción, etc.);
9. Notificar siempre al supervisor de la Iglesia _____ si estoy cansado y siento que no puedo seguir conduciendo.

Restricciones de Manejo:

1. Todos los conductores deben tener 25 años de edad o más;
2. Todos los conductores deben tener una licencia de conducir válida;
3. En ninguna circunstancia un conductor de la Iglesia _____ sancionado permitirá que un estudiante conduzca un vehículo.

Entiendo que, si no cumplo con ninguna de estas reglas, se pondrá en peligro el privilegio de conducir para eventos de la organización. El supervisor de la Iglesia _____ tiene el derecho de restringirme el privilegio de manejar en cualquier momento.

Mi firma a continuación indica que he leído, entendido y acepto todos los términos mencionados anteriormente. Si en cualquier momento no acepto con algún procedimiento, notificare al supervisor de la Iglesia _____ y dejare de manejar para esta empresa.

Firma _____

Nombre Completo _____   Fecha _____

Para ser publicado en los centros de cómputo y/o firmado por los participantes.

1. Todos los usuarios deben iniciar sesión antes de sentarse a trabajar;
2. Los centros de computación solo estarán abiertos para su acceso durante las horas publicadas. El personal y los voluntarios de la Iglesia se reservan el derecho de pedirle a cualquier persona que abandone el Centro en cualquier momento y por cualquier motivo;
3. Sea cortés. No se ponga abusivo o amenazante en sus mensajes hacia o sobre otros;
4. Use un lenguaje apropiado en conversaciones y en línea. No jure ni use palabras vulgares;
5. No se permiten salas de chat como Black Planet ni servicios para compartir archivos como Kazaa;
6. No se puede utilizar material obsceno o sexualmente explícito en el Centro;
7. No se permite actividad ilegal en línea o en las instalaciones de la Iglesia;
8. El material con derechos de autor no se podrá utilizar sin el permiso del propietario. Esto incluye la piratería de programas informáticos;
9. Solo los miembros del personal del Centro pueden cargar software en las computadoras.

Entiendo y cumpliré con esta Política de uso aceptable. Además, entiendo que cualquier violación de las normas anteriores puede provocar la revocación de mis privilegios de acceso y puede dar lugar a acciones legales apropiadas en mi contra.

Nombre Completo _____

Firma _____ Fecha _____

POLÍTICA PARA EL USO ACEPTABLE DE LAS COMPUTADORAS

1. Safe Families, "Sample Acceptable Use Policy," http://www.safefamilies.org/aup.php

PROMESA DE LOS NIÑOS

• No daré información personal, como mi dirección, número telefónico, dirección y/o número telefónico del trabajo de mis padres, ni el nombre ni la ubicación de mi escuela sin el permiso de mis padres;

• Le diré a mis padres inmediatamente, si me encuentro con cualquier información que me haga sentir incómodo;

• Nunca aceptaré reunirme con alguien que "conozco" en línea sin consultar primero a mis padres. Si mis padres aceptan la reunión, me asegurare que sea en un lugar público e iré acompañada ya sea de mi madre o mi padre;

• Nunca enviaré a una persona mi foto o ninguna otra cosa sin antes haberles pedido permiso a mis padres.

• No responderé a ningún mensaje que sea ofensivo o me haga sentir incómodo. No es mi culpa si recibo un mensaje de esos. Si lo recibo lo comentaré con mis padres de inmediato para que ellos se hagan responsables de contactar a la persona indicada;

• Platicaré con mis padres para que pongamos reglas del uso del internet. Decidiremos la hora del día en que puedo estar en línea, luego el tiempo que puedo permanecer en línea y las áreas apropiadas para visitar. No accederé a otras áreas ni romperé estas reglas sin su permiso.

• No daré mi contraseña de internet a nadie (ni a mi mejor amigo) solo a mis padres;

• Verificaré con mis padres antes de bajar o instalar un software o hacer cualquier cosa que pueda dañar nuestra computadora o poner en peligro la privacidad de mi familia;

• Seré un buen ciudadano en línea y no haré nada que perjudique a otras personas o que esté en contra de la ley;

• Ayudaré a mis padres a entender cómo divertirse y aprender en línea y les enseñaré cosas sobre el internet, computadoras y tecnología.

Estoy de acuerdo con los términos anteriores;

Ayudaré a mi hijo a seguir este acuerdo y permitiré el uso razonable de internet siempre y cuando se sigan estas reglas y otras reglas familiares.

_____
Firma del niño

_____
Firma del Padre

• Conoceré los servicios y sitios webs que utiliza mi hijo. Si no sé cómo usarlos, le pediré a mi hijo que me enseñe cómo se usan;

• Estableceré reglas y pautas razonables para el uso de la computadora por parte de mis hijos y discutiré estas reglas, las publicaré cerca de la computadora como recordatorio. Estaré monitoreando su cumplimiento con estas reglas, especialmente cuando se trata de la cantidad de tiempo que pasan en la computadora;

• No reaccionaré de forma exagerada si mi hijo me cuenta un problema que tiene en Internet. En cambio, trabajaremos juntos para tratar de resolver el problema y evitar que vuelva a suceder;

• Prometo no usar la computadora o el internet como niñera electrónica.

• Ayudaré a que el internet sea una actividad familiar y le pediré a mi hijo que ayude a planear actividades familiares usando el internet.

• Trataré de conocer a los "amigos en línea" de mi hijo, así como trato de conocer a sus otros amigos.

Estoy de acuerdo con lo anterior.

_____   _____

Firma de los Padres

Entiendo que mis padres aceptaron estas reglas y ayudaré a mis padres a explorar Internet conmigo.

_____

Firma de niño

Preámbulo

Deseamos proteger a los niños en nuestros cuidados de materiales peligrosos y depredadores del internet. Todo nuestro personal del ministerio tiene la responsabilidad del uso ético y apropiado de las computadoras e Internet en nuestras Iglesias. Las siguientes pautas detallan esta responsabilidad.

Contexto de Uso

El equipo de cómputo, el acceso a la red de la iglesia y una conexión a internet solo se utilizará en el desempeño de su trabajo para negocios legítimos. Todos los usuarios tienen la responsabilidad de utilizar los recursos como las computadoras e internet de manera profesional, legal y ética. Ocasionalmente se permite el uso personal limitado y apropiado de la computadora si dicho uso no interfiere con el desempeño laboral del usuario o de cualquier otro empleado. Tampoco debe violar ninguna otra política, disposición, guía, o estándar de este o cualquier otro acuerdo.

Actividades Inapropiadas

La siguiente lista no es exhaustiva, pero brinda ejemplo de actividades del uso de la computadora que son inapropiadas:

- Usar recursos tecnológicos para crear, ver o compartir medios ofensivos, pornográficos, discriminatorios o degradantes;
- Usar recursos tecnológicos sin el permiso o acceso apropiado;
- Usar recursos tecnológicos para acosar, insultar o atacar a otros;
- Compartir o copiar el trabajo de otra persona sin su consentimiento;
- Violar las leyes de derechos de autor u otros contratos legales;
- Instalar software no autorizado en el equipo de la iglesia.

Consecuencias

El incumplimiento de estas políticas se tomará en serio. Cualquier uso inapropiado de la computadora o las tecnologías del internet, particularmente es aquel que ponga en peligro la protección de nuestros niños y/o jóvenes, es motivo de medidas disciplinarias y/o terminación.

Descargo de Responsabilidad

Los usuarios que acceden a Internet lo hacen bajo su propio riesgo. La iglesia no es responsable por el material visto o descargado por los usuarios de Internet. La iglesia reconoce que es difícil evitar al menos cierto contacto con material objetable mientras se usa Internet. Incluso una solicitud de búsqueda inofensiva puede conducir a un sitio con contenido altamente ofensivo. Además, los usuarios pueden recibir correos electrónicos no solicitados con contenido ofensivo. Los empleados no serán responsables por el material inapropiado que se les envíe o que se vea inadvertidamente. Todo el material inapropiado que recibamos debería eliminarse inmediatamente.

Falta de Privacidad/Derechos de la Organización

El usuario renuncia expresamente a cualquier derecho de privacidad sobre todo lo que cree, almacene, envíe o reciba utilizando los equipos informáticos de la iglesia o el acceso a Internet. Los usuarios dan su consentimiento para permitir el acceso personal de la iglesia a la revisión de todos los materiales creados, almacenados, enviados o recibidos por los usuarios a través de cualquier red de la iglesia o conexión a Internet. La organización tiene derecho a monitorear y registrar todos y cada uno de los aspectos de su sistema informático. Esto incluye, entre otros, monitorear los sitios de Internet visitados por los usuarios, monitorear las salas de chat y las redes sociales, monitorear las descargas de archivos y todas las comunicaciones enviadas y recibidas por los usuarios. Los empleados no deben tener expectativas de privacidad en nada que creen, almacenen, envíen o reciban utilizando el equipo informático de la iglesia.

La iglesia tiene derecho a usar el software que le permita identificar y bloquear el acceso a sitios de Internet que contengan material sexualmente explícito u otro material que se considere apropiado en el lugar de trabajo.

Responsabilidad personal

Recomendamos a todos los usuarios que consideren instalar un programa de búsqueda de responsabilidad como Covenant Eyes (www.covenanteyes.com) o X3Watch (www.X3watch.com). La iglesia otorga permiso para instalar dicho software en todos los equipos con acceso a Internet. Si un empleado ha sido citado por uso inapropiado de Internet, la iglesia puede requerir la instalación de dicho software.

Para otros recursos de rendición de cuentas, visite www.safefamilies.org/SoftwareTools.php

---

Safe Families, "Sample Staff Policies for Computer Use," http//www.safefamilies.org/staffpolicies.php

HOJA DE REGISTRO DE ENTRADA Y SÁLIDA

Apéndice 26

Fecha _____   Hora _____

Departamento _____

Personal del Ministerio	

Número de ID	Nombre del Niño	Entrada	Salida	Instrucciones Especiales

Cuando un Niño Revela Abuso o Negligencia

"Los niños que pueden haber sido abusados o descuidados son particularmente vulnerables. Es fundamental que, al responder a sus necesidades, tomemos todas las precauciones para evitar molestarlos o traumatizarlos más".[1]

Si cree que el niño está en peligro inmediato, llame primero a la policía.

"Cuando hable con el niño, sea sensible a sus necesidades y siga las pautas generales que a continuación se describen. Su función principal es apoyar al niño, recopilar información básica y reportarla a [una agencia o policía] de bienestar infantil lo más rápido posible.

Mantén la calma y escucha. Un niño abusado o descuidado necesita saber que usted está tranquilo y disponible para ayudar. Si reacciona con sorpresa, indignación o miedo, puede inhibir al niño y hacer que se sienta más ansioso o avergonzado. Una respuesta tranquila ayuda al niño a que le cuente lo que ha sucedido. También brinda cierta tranquilidad de que lo que el niño está experimentando se puede hablar y trabajar juntos.

Vaya Despacio. Es normal sentirse inadecuado o inseguro acerca de qué hacer o decir cuando un niño le cuenta sobre el abuso o la negligencia. No permita que esta incomodidad lo apresure a hacer preguntas. Recuerde proceder lentamente. Preguntas suaves, como "¿Puedes contarme más sobre lo que pasó?" son útiles

Sea Solidario. Asegúrele al niño que él o ella no ha hecho nada malo. Los niños necesitan apoyo y tranquilidad cuando hablan de abuso o negligencia. Es útil que los niños sepan que:

- ellos no se han metido en problemas con usted, la [agencia] de bienestar infantil o [la policía] (si están involucrados)
- están a salvo contigo
- usted está contento de que lo hayan elegido contarle lo que paso
- han hecho lo correcto al informarle sobre esto
- usted lamenta que hayan sido heridos o que esto les haya sucedido
- usted hará todo lo posible para asegurarse de que reciban la ayuda que necesitan
- usted conoce a otras personas en las que se puede confiar para ayudar a resolver este problema.

Obtenga sólo los hechos esenciales. Una vez que tenga suficiente información y razones para creer que ha ocurrido abuso o negligencia, deje de recopilar datos y brinde su apoyo. El niño puede ser entrevistado en profundidad por un trabajador de bienestar infantil y, si hay una investigación criminal, por la policía; para evitar el estrés de múltiples entrevistas, limite su discusión a averiguar en general lo que sucedió. Si necesita más información, asegúrese de preguntar cómo, cuándo, quién y qué. Evite el uso de preguntas "por qué". Pueden sugerir indirectamente que el niño puede haber hecho algo mal y aumentar la reticencia del niño a hablar del asunto.

Platique con el niño sobre los pasos a seguir. Los niños que revelan su abuso se sienten ansiosos y vulnerables acerca de lo que la gente piensa de ellos y de lo que sucederá a continuación. Dígales solo lo que sabe (p. ej., que no tienen problemas y que los ayudará) y evite hacer promesas. Por ejemplo, no prometas que el presunto perpetrador no se meterá en problemas. Proporcione solo tranquilidad que sea realista y alcanzable. Hable con el niño sobre lo que cree que sucederá a continuación y quién participará.

Goverment of British Colombia, "BC Handbook for Action on Child Abuse and Neglect: for Service Providers" (april 2007, 37, http//www.bced.gov.bc.ca/sco/resourcedocs/handbook_action_child_abuse.pdf

Tome Notas. Tan pronto como sea posible después de la revelación del niño, escriba todo lo que pueda de lo que el niño le dijo. Esto ayudará a garantizar la precisión al informar a la autoridad correspondiente. (Las divulgaciones directas pueden ser admisibles en los tribunales, por lo que la precisión es importante).

Cuando hay Indicadores de Abuso o Negligencia Infantil

Los niños no siempre nos cuentan sobre su abuso o negligencia y, a veces, los indicadores no son obvios. Cuando veas indicadores y estés platicando con los niños sobre un posible abuso o negligencia, los siguientes puntos pueden ser útiles.

Elija su enfoque con cuidado. El niño puede estar temeroso o reluctante de hablar sobre lo que pasó.

Relájese y Sea Informal. Si parece estar ansioso o exhibe sentimientos fuertes, el niño puede retraerse.

Manténgalo en privado. Asegúrese de tener suficiente tiempo y un entorno privado con pocas posibilidades de interrupciones. Es más probable que el niño confíe en usted en un lugar donde se sienta seguro.

Sea neutral. Exprese sus preocupaciones al niño de manera neutral y objetiva y busque o pida su explicación sobre los indicadores que ha observado.

Sea un buen oyente. Preste atención y exprese su confianza en el niño. Esto demuestra su preocupación genuina por su seguridad y bienestar".[2]

Técnicas para hacer preguntas:
Haga preguntas generales y abiertas
- Pregunte: "¿Quieres contarme más al respecto?"
- No pregunte: "¿Por qué ocurrió esto?"

Manifieste Observaciones
- Observe: "Veo que tienes moretones en las piernas".
- No pregunte: "¿Has sido golpeado?"

Valide los Sentimientos
- Valide: "Veo que estás molesto".
- No analice: "¡Debes odiar a tu padre por hacerte eso!"

Expresar su preocupación
- Diga: "Necesito saber que estás bien. Tratemos de conseguir ayuda".
- No haga promesas: "Todo va a estar bien si lo denuncias".[3]

---

2 "BC Handbook for Action on Child Abuse and Neglect: for Services Providers". 37-39
3 Canadian Hockey Association, *Speak Out... Act Now: A Guide to Preventing and Responding to Abuse an Harrassment for Sport Club and Association*, (Canadian Hockey Associatons for the Harrassment and Abuse in sport Collective, 1997).

El personal del ministerio debe ser consciente de los signos físicos del abuso y el maltrato, así como de los signos de comportamiento y verbales que puede presentar la víctima. Las siguientes características pueden ser indicadores de abuso, aunque no son necesariamente una prueba. Un solo signo no constituye un abuso y puede ser simplemente indicativo de otros problemas. Aquí es donde necesitas pedirle a Dios discernimiento y sabiduría mientras observas patrones o una combinación de estas señales de advertencia.

Posibles señales de abuso físico

- Comportamiento hostil y agresivo hacia otros.
- Temor a los padres y/o a otros adultos.
- Comportamiento destructivo hacia sí mismo, hacia los demás y/o hacia la propiedad.
- Fracturas inexplicables o moretones inapropiados para la etapa de desarrollo del niño.
- Quemaduras, lesiones faciales, patrón de moretones repetitivos.

Posibles signos de abuso sexual

- Conocimiento y/o comportamiento sexual inusualmente avanzado para la edad y la etapa de desarrollo del niño.
- Depresión - llantos sin motivo aparente.
- Comportamiento promiscuo .
- Huye de casa y se niega a volver.
- Dificultad para caminar o sentarse.
- Moretones o sangrado en las zonas vaginal o anal.
- Presenta dolores de cabeza frecuentes, dolores de estómago, fatiga extrema.
- Enfermedades de transmisión sexual.

Posibles signos de maltrato emocional

- Muestra una depresión severa y/o retraimiento.
- Muestra una grave falta de autoestima.
- No se desarrolla.
- Amenaza o intenta suicidarse.
- Trastornos del habla y/o de la alimentación.
- Llega a extremos para buscar la aprobación de los adultos.
- Patrones de comportamiento extremadamente pasivos/agresivos.

Posibles signos de negligencia

- Falta de desarrollo.
- Patrón de vestimenta inapropiado para el clima.
- Pide o roba comida; hambre crónica.
- Depresión.
- Enfermedades no tratadas.
- Falta de higiene.

Posibles señales de abuso en entornos eclesiásticos

- Nerviosismo inusual o ansiedad al quedarse en una clase de la iglesia.
- Resistencia para participar en actividades de la iglesia a las que antes se acercaba con entusiasmo.
- Comentarios como "no quiero estar solo con.".. en referencia a un cuidador de niños o a un profesor.
- Pesadillas que incluyen a un cuidador de niños o a un profesor como personaje aterrador.
- Hostilidad inexplicable hacia un cuidador de niños o un profesor por quedarse en una clase de la iglesia.

1. Jay Thornburg Melton, Safe Sanctuaries – Reducing the Risk of Child Abuse in the Church, (Nashville Discipleship, Resources, 1998), 18

FORMATO PARA LA DENUNCIA DE LA SOSPECHA DE ABUSO

Fecha _____ Nombre del Estudiante _____

Edad del Estudiante _____ Grado _____ Fecha de nacimiento

_____

Dirección _____

Código Postal _____ Número Telefónico _____

Nombre de los Padres _____

Nombre de los Hermano/a _____

Nombre de la Persona que Llena el Formato de la Denuncia _____

Nombre del Pastor que Recibe la Denuncia _____

Nombre del Trabajadora Social _____ Número Telefónico _____

Nombre del Presunto autor del delito _____ ☐ M ☐ F

Relación entre la víctima y el presunto autor del delito _____

Naturaleza de la Sospecha de Abuso   ☐ Física   ☐ Sexual   ☐ Emocional   ☐

Negligencia

Indicaciones de la Sospecha de abuso (incluyendo hechos, signos físicos, y curso de los acontecimientos)

_____

_____

_____

Medidas que se tomaron (incluye fecha y hora)

_____

_____

_____

Si el niño es quien levanta la denuncia:

¿Qué fue lo que dijo el niño? (De citas o referencias siempre que sea posible)

_____

_____

_____

Cuál fue su respuesta

_____

_____

_____

_____

Firma_____

Nombre Completo _____ Fecha _____

Firma del Pastor _____

Nombre completo _____ Fecha _____

La información anterior será necesaria si presenta una denuncia formal ante la ley jurídica o ante la apropiada

agencia de gobierno. Toda información recibida se mantendrá ESTRICTAMENTE CONFIDENCIAL.

FORMATO PARA EL SEGUIMIENTO LA DENUNCIA DE LA SOSPECHA DE ABUSO   Apéndice 30

Nombre del Estudiante _____ Fecha

_____

Dirección _____

Código postal _____ Número Telefónico _____

Nombre de la Persona que Presentó la Denuncia Inicial _____

Nombre del Pastor que Recibió la Denuncia _____

Conclusiones

_____

_____

_____

_____

_____

_____

_____

_____

Acción Tomada (Incluya fechas y horas)

_____

_____

_____

_____

_____

Firma del Pastor _____

Nombre Completo _____ Fecha _____

La información anterior será necesaria si presenta una denuncia formal ante la ley jurídica o ante la apropiada agencia de gobierno. Toda información recibida se mantendrá ESTRICTAMENTE CONFIDENCIAL.

Manejar un informe de sospecha de abuso puede ser una experiencia abrumadora. Para ayudarlo con este proceso, aquí hay algunos pasos sugeridos para que los sigan o puntos que deben considerar con respecto a informar al personal o tratar con él, informar a los líderes del ministerio y hacer un seguimiento con la familia. Sin embargo, es importante tener en cuenta que estas son solo consideraciones y que cada informe debe evaluarse por separado. Siempre tenga en cuenta que la seguridad del niño es primordial, incluso si puede poner en peligro su relación con la familia.

Como Proceder con los Servicios Sociales

- Una vez que se presenta una denuncia sobre la sospecha de un abuso, la persona que hizo el informe deberá de hacer la llamada a la agencia provincial correspondiente. El Apéndice 36 brinda más información sobre cómo informar a la agencia adecuada en su provincia;
  - Si hay más de un líder del ministerio involucrado, todos pueden estar en la sala para hacer la llamada
- La persona que realiza la denuncia puede solicitar información sobre el resultado de su denuncia ante los Servicios Sociales;
- Cuando presente una denuncia, se le pedirá que proporcione un informe completo del incidente o los indicadores que hacen que se preocupe por el niño
  - También se le pedirá otra información relevante e identificadora sobre la familia (nombres de los miembros de la familia, dirección, etc.);
  - Puede comenzar su llamada de forma anónima para explorar la conveniencia de la referencia;

- Comuníquele a la agencia que la iglesia quiere apoyar a la familia. Pídales que le informen cuándo sería apropiado hablar directamente con la familia;
- Al recibir el informe, la agencia:
  - Evaluará la seriedad del informe;
  - Iniciará una investigación inmediata cuando se considere que un niño corre un "riesgo inmediato", de lo contrario, las investigaciones comenzarán dentro de 7 días;
  - Remitirá todas las denuncias graves de abuso infantil a la policía;
  - Entrevistará a los padres que tengan la custodia, así como a cualquier padre o cuidador que presuntamente haya dañado al niño (otras personas, como hermanos, parientes, vecinos, también podrán ser entrevistado los profesionales que están dentro la comunidad y que se considere puedan tener información relevante para la situación denunciada;
  - Informará a los padres (y al niño, en su caso) sobre el resultado de la investigación de la agencia y de su papel en curso, si lo hubiera

Cómo Proceder con la familia

Cuando se informa de la sospecha de abuso de un niño en su iglesia, es muy importante responder a la familia de forma adecuada. Una vez más, la seguridad del niño es la principal preocupación. No siempre es conveniente informarles de que se está haciendo la denuncia. Si le preguntan si ha presentado una denuncia, siempre es mejor ser honesto, abierto y comprensivo cuando responda, teniendo en cuenta la seguridad del niño.

El seguimiento de la familia es muy importante. Sin embargo, puede ser difícil saber cuándo involucrarse. Es importante señalar que la Agencia, como parte de su programa, pregunta a los padres si tienen grupos de apoyo con los que deseen asociarse en caso de que necesiten asistencia y ayuda continua. Si la Iglesia es identificada por los padres de esta manera, la agencia involucrará a la Iglesia en este proceso. En este punto, los líderes de la Iglesia implicados pueden hablar abiertamente con los padres sobre el informe en cuestión y ofrecerles apoyo. Si este es el caso, cuando se hace un informe a la agencia, sería útil ofrecer el apoyo de la iglesia con cualquier necesidad que pueda surgir como resultado.

Como Proceder con la Mesa Directiva

La persona que denuncia el incidente y el líder del ministerio deben ser informados sobre el informe y ponerse en contacto con el pastor principal. Involucre a los miembros de la mesa directiva sólo cuando la iglesia tenga responsabilidad. Por ejemplo, si el abuso ocurrió en el lugar, o en un campamento o evento administrado por la iglesia. Sin embargo, puede creer que es prudente informar a los miembros de la mesa directiva en casos de posible responsabilidad. En el caso de una acusación contra el personal del ministerio, deben participar más partes, como agentes de seguros, abogados y el personal de los ministerios. La confidencialidad es muy importante en este caso por respeto a la familia.

La responsabilidad de la seguridad contra incendios recae en los líderes de la organización.

- Póngase en contacto con el departamento de bomberos de su localidad para asegurarse de que su edificio cumple con las normas;

- Asóciese con un representante del departamento de bomberos para desarrollar un plan de seguridad contra incendios para su iglesia;

- Coloque rutas contra incendios en cada habitación;

- Desarrollar un plan de escape de emergencia;

- Capacite al personal del ministerio y a otros líderes del ministerio asociados para llevar a cabo el plan. Por ejemplo, es posible que tenga que utilizar a los ujieres u otro personal para que le ayuden a sacar a los bebés de la guardería en caso de incendio. Considere incluirlos en sus sesiones de la capacitación;

- Informe a los padres de los procedimientos de seguridad contra incendios que se seguirán en caso de incendio en el edificio. Asegure a los padres que sus hijos serán sacados del edificio por el personal del ministerio y que se reunirán con ellos una vez se encuentren fuera del edificio;

- Proponga llevar acabo un simulacro de incendio durante una hora pico del ministerio;

- Póngase en contacto con el departamento de bomberos y fije una hora para que realicen un simulacro de incendio dentro del horario de su ministerio.

Revise las políticas de Plan para Proteger™, incluya políticas específicas de su iglesia, con la aprobación de su compañía de seguros para la cobertura de abuso;

Revise regularmente la lista de verificación de seguros enviada a su iglesia. (Vea la muestra de la lista de verificación que ha sido proporcionada por la compañía de seguros);

Revise la cobertura requerida para los conductores de vehículos utilizados para las funciones de la iglesia;

Revise la cobertura requerida para cuando se proporcionan servicios fuera del sitio (campamentos, administración de medicamentos administrado por una enfermera contratada por el campamento, parques infantiles etc.);

• Busque asesoría legal para el plan de protección adoptado por la iglesia.

• Consulte con su corredor, agente o compañía de seguros para determinar si su póliza de seguro de responsabilidad civil contiene alguna exclusión o limitación para las reclamaciones por abuso. Desgraciadamente, la mayoría de las pólizas de seguro excluyen la cobertura de abusos para las iglesias y las organizaciones infantiles y juveniles. Sin una cobertura adecuada contra el abuso, los bienes de la iglesia y los bienes personales están potencialmente en riesgo. La mayoría de los profesionales del derecho recomiendan la protección de la responsabilidad civil general para los daños corporales derivados de las reclamaciones por abuso. Advierten a los líderes de la iglesia de que deben conocer las condiciones, limitaciones, sublímites y cobertura de las reclamaciones que puedan restringir la cobertura de las reclamaciones por abuso que se presenten ahora y en el futuro;

• Pregunte cómo puede afectar a la iglesia el hecho de estar constituida en sociedad o no en relación con las cuestiones de responsabilidad y la posible responsabilidad personal de los miembros de la mesa directiva y los miembros de la congregación.

DECLARACIÓN DE PREVENCIÓN DE ABUSOS
IGLESIAS / ORGANIZACIONES DE BENEFICIENCIA

Nombre de la Organización/Titular de la Pólza _____

Dirección _____

Solicite a un representante autorizado de su organización para que revise las siguientes declaraciones, marque la casilla correspondiente a su respuesta y devuelva la copia original firmada para que su compañía de seguros la revise. Conserve una copia para sus archivos.

Declaraciones

A. Nuestra organización ha implementado un plan de prevención de abuso   ☐ SI   ☐ NO
    formal por escrito, para proteger a los niños, jóvenes y/o adultos
    vulnerables bajo nuestro cuidado.

B. Nuestro plan formal de prevención contiene las siguientes medidas:
    1. Una declaración escrita de la política que confirme el compromiso   ☐ SI   ☐ NO
       de nuestra organización de proporcionar:
           a) Un entorno seguro mediante la prevención de daños a quienes
              están a nuestro cuidado,
           b) proteger a nuestros trabajadores del ministerio de niños y
              jóvenes de acusaciones falsas, y
           c) declarar tolerancia cero ante el abuso, el acoso o el abandono
    2. Nuestro plan de prevención ayuda a los trabajadores definiendo el   ☐ SI   ☐ NO
       abuso físico, sexual y emocional, la negligencia infantil, el acoso,
       el contacto indebido y la disciplina inadecuada
    3. Seleccionamos a todo el personal, a los miembros de la junta directiva y ☐ SI   ☐ NO
       a los voluntarios para cualquier puesto que implique trabajar con niños,
       jóvenes o adultos vulnerables, incluyendo los siguientes:

POR FAVOR MARQUE SI ES ASÍ	EMPLEADOS/ MINISTROS	VOLUNTARIOS
Solicitud firmada de los empleados/voluntarios (incluyendo el acuerdo del ministerio y la autorización para las referencias y verificaciones de antecedentes penales)	☐	☐

Verificación de Antecedentes Penales: (cada tres años)
- Nuevos solicitantes: verificados antes de la elegibilidad
- Trabajadores existentes: se volvió a verificar de la siguiente manera:
  ☐ Organizaciones de Campamentos y Misiones de Corto Plazo — Anualmente
  ☐ Escuelas y guarderías: Cada tres (3) años o menos
  ☐ Iglesias y todas las demás organizaciones: Cada cinco (5) años o menos
	☐	☐

Verificación de Referencia de Antecedentes: (mínimo 2) para nuevos Empleados / Voluntarios	☐	☐
Entrevistas Personales para nuevos Empleados/Voluntarios	☐	☐
Período de espera mínimo de 6-meses para nuevos Voluntarios en la organización antes de ser elegibles	☐	☐

4. Hemos implementado procedimientos escritos para prevenir el abuso y el acoso a través de los siguientes Procedimientos Operativos:

(Marque si es así)

☐ Se prohíben los castigos corporales y contacto y afecto inapropiado, o disciplina inadecuada.

☐ Se implementa la "Regla de dos adultos" (no relacionados) para el contacto con niños y jóvenes fuera de las instalaciones (consulte las Pautas "Bueno/Mejor/Excelente").

☐ Se abordan los problemas de salud, seguridad y saneamiento para prevenir el abandono infantil.

☐ Supervisión apropiada para la edad para el uso de los baños durante los descansos.

☐ Se evitan actividades que fácilmente podrían dar lugar a denuncias de abuso o acoso, como el acceso al Internet sin supervisión, la toma de fotografías individuales de los niños y el transporte de vehículos por parte de un trabajador solo con menores no relacionados entre sí.

☐ Se obtiene el consentimiento de los padres para actividades patrocinadas fuera de las instalaciones, durante la noche y excursiones.

☐ Se implementa una política para el uso de las redes sociales para programas juveniles, abordando temas de confidencialidad y contenido apropiado.

☐ Se mantiene la documentación de la selección confidencialmente en un archivo indefinidamente para todos los trabajadores, incluyendo las verificaciones de antecedentes penales originales.

☐ Se audita internamente ya sea anual o semestral, incluido el informe para la mesa directiva.

5. Hemos modificado o alterado nuestras instalaciones (propias o alquiladas) para desalentar los incidentes de abuso al garantizar lo siguiente:

(Marque si es así)

☐ Se implementa la "Regla de dos adultos" y/o "Política de Puerta Abierta" y/o ventanas en todos los salones de clases y/o monitores de sala designados para que circulen periódicamente de un salón a otro, para vigilancia y para proteger a los trabajadores sobre acusaciones falsas

☐ Se tiene el acceso controlado y se requiere el registro de los padres para la entrada/salida de sus hijos en las guarderías

☐ Se requiere el registro de los padres para la entrada/salida para todos los niños del 1er grado y menores

☐ La iluminación adecuada dentro y fuera de los edificios donde se llevan a cabo las actividades infantiles/juveniles

6. Realizamos capacitaciones para todos los trabajadores del ministerio de niños y jóvenes. Esto les ayuda a comprender el problema del abuso, la prevención del miso y la responsabilidad legal de denunciar incidentes reales o presuntos, incluidos los siguientes:

(Marque si es así)

☐ Se da capacitación inicial para todos los nuevos trabajadores.

☐ Se da capacitación anual sobre la actualización de los Procedimientos Operacionales, Locales y Protocolo de Respuesta (hacer referencia a los artículos 4, 5 y 7 de esta Declaración).

7. En casos de sospecha o presunto abuso, nuestro protocolo escrito de respuesta incluye lo siguiente:

(Marque si es así)
- ☐ Completaremos de inmediato un formulario de reporte de incidentes.
- ☐ Cumpliremos con las obligaciones legales de informar a las agencias de protección infantil o a las autoridades policiales.
- ☐ Sin admitir responsabilidad legal o hacer declaraciones públicas antes de obtener asesoría legal, aseguraremos una respuesta compasiva a la presunta víctima y a su familia.
- ☐ Mantendremos la confidencialidad de la presunta víctima y del presunto autor de los hechos.
- ☐ Suspenderemos inmediatamente al presunto autor de los hechos en espera del resultado de la investigación.
- ☐ Consultaremos con un abogado y reportaremos el incidente a nuestra compañía de seguros.

Nota: Para cualquier casilla que no haya marcado, adjunte una explicación por escrito firmada por el representante autorizado de la organización. La aprobación está sujeta a revisión de suscripción.

Guarde una fotocopia de este formulario de Declaración para sus registros y para sus auditorías internas.

Nosotros, los abajo firmantes, debidamente autorizados para hacer declaraciones en nombre de la organización/corporación que solicita la elegibilidad de la cobertura en virtud de un contrato de seguro de responsabilidad civil (póliza nueva o renovación) con la(s) Aseguradora(s) participante(s).
A nuestro leal saber y entender, y tras haber realizado las averiguaciones oportunas, declaramos que todas las declaraciones contenidas en este documento son exactas y que la organización/corporación cumple con las disposiciones de su plan de prevención de abusos, tal y como se recoge en esta Declaración de Prevención de Abusos.

1. _____
Nombre del Director Ejecutivo, Ministro o Director del Ministerio de Niños (POR FAVOR ESCRIBA CON LETRA DE MOLDE)

_____
Título

_____   _____
Firma   Fecha

2. _____
Nombre del Presidente del Consejo de Administración (POR FAVOR ESCRIBA CON LETRA DE MOLDE)

_____
Título

_____   _____
Firma   Fecha

Requisitos de la iglesia anfitriona

- Proporcionar alojamiento ya sea para niños o niñas, pero no para ambos.
- Proporcionar alojamiento a los jóvenes, preferiblemente en grupos de tres por hogar, pero no menos de dos por hogar.
- Proporcionar hogares que puedan garantizar que los dormitorios/vestidores estén sin lugar a duda separados físicamente de dormitorios/vestidores de los miembros del hogar del sexo opuesto y de los miembros adultos del hogar anfitrión.
- Proporcionar alojamiento a los jóvenes en hogares supervisados por los padres durante la duración de la estancia.
- Proporcionar alojamiento en hogares que sean seguros para los jóvenes con problemas físicos (alergias a los alimentos o a las mascotas, limitaciones físicas, etc.).
- Proporcionar comidas apropiadas, según sea necesario, durante la duración de la estancia.
- Proporcionar la verificación de los antecedentes penales de todos los miembros del hogar anfitrión que tengan 18 años o más.
- Proporcionar alojamiento donde se pueda proporcionar supervisión parental durante toda la estancia. De este modo se garantiza el cumplimiento de las pautas para los jóvenes en el evento.

Pautas/Expectativas para los Jóvenes

Los jóvenes deberán:
- Respetar y seguir las normas señaladas por los organizadores del evento.
- Respetar el toque de queda para dormir a las 11:00 pm.
- Respetar y acatar las reglas de la familia anfitriona.
- Informar a los responsables del evento de cualquier necesidad especial que deba conocer la familia anfitriona (alergias a alimentos o animales domésticos, condiciones físicas que requieran atención especial, etc.).
- Permanecer en los dormitorios asignados durante toda la noche.

Las agencias estatales de los departamentos a los que pueden denunciar el abuso varían de estado en estado, o de provincia en provincia. Les recomendamos que investigue las agencias de su estado o provincia para cuando implemente su política de protección infantil. Entonces estará bien preparado en caso de una revelación en su iglesia.

Los portales de Información sobre el Bienestar infantil:
- En USA www.childwelfare.gov/organizations
- En Canadá https://cwrp.ca/provincial-and-territorial-assistance
proporcionas números telefónicos y sitios web para denunciar el abuso infantil en cada estado o provincia.

El portal de Información sobre el Bienestar Infantil también proporciona información sobre los requerimientos y responsabilidades de hacer una denuncia de abuso, las normas de presentación de la denuncia y quién tiene privilegios de comunicación y si al denunciar se requiere el nombre del niño y su identificación al momento de hacer la denuncia. En USA esta información puede ser encontrada en www.childwelfare.gov/systemwide/laws_policies/statutes/manda.cfm. En Canadá esta información puede ser encontrada en el portal Canadiense de Investigación sobre el Bienestar Infantil.

Por favor anote: Si un niño se encuentra en peligro inmediato, llame inmediatamente al 911.

Este documento se puede utilizar como una lista de verificación para asegurarse de haber completado cada paso de la implementación de Plan para Proteger™ o puede ser utilizado por el liderazgo con fines de auditoría para garantizar que se ha realizado la debida diligencia para proteger a los niños, jóvenes, el personal del ministerio y la iglesia.

PLAN PARA PROTEGER™ MEDIANTE LA IMPLEMENTACIÓN Y LA CAPACITACIÓN:
PROCESO DE SELECCIÓN Y RECLUTAMIENTO

A. Proceso De Selección Y Reclutamiento

- ☐ Se ha designado al líder del ministerio que supervisará el proceso de selección.
- ☐ Se han identificado las funciones del personal del ministerio.
- ☐ Los líderes de la Iglesia son quienes dan la aprobación inicial del posible candidato para el ministerio.
- ☐ Se han preparado registros actualizados para cada persona en lo que respecta a su estado de selección y reclutamiento
- ☐ Se han creado estrategias sobre cómo controlar el acceso limitado a los niños.
- ☐ El posible candidato para el ministerio ha completado el proceso de selección.
- ☐ La aprobación final del personal ministerial ha sido dada por los líderes de la iglesia.
- ☐ Se han hecho planes para mantener los archivos del personal del ministerio de forma permanente.

B. Requerimientos Para El Ministerio

- ☐ Se ha respetado el período mínimo de espera de seis meses antes de la colocación del candidato en el ministerio
- ☐ El proceso de selección se ha utilizado para determinar la posición más eficaz del posible candidato en el ministerio.

C. Formato De Aplicación Para El Ministerio

- ☐ El formulario de Aplicación para el Ministerio ha sido personalizado.
- ☐ El formulario de Aplicación para el Ministerio para jóvenes que trabajan con niños se ha personalizado.
- ☐ Los formularios de Aplicación para el Ministerio han sido revisados.
- ☐ Se han hecho planes para guardar los formularios de Aplicaciones para los Ministerios en un archivo de forma permanente.

D. Verificación de Referencias

- ☐ Una persona ha sido designada para llevar a cabo vía telefónica la verificación de referencias (Apéndice 6).
- ☐ Se han tomado notas en todas las referencias, y están fechadas y firmadas.
- ☐ Se identificaron las respuestas que son una alerta roja.
- ☐ Se han hecho planes para guardar las verificaciones de referencia en un archivo de forma permanentemente.

E. Entrevista

- ☐ Se ha designado a la persona que realizará las entrevistas.
- ☐ Se han realizado todas las entrevistas personales con los posibles candidatos para el ministerio (Apéndice 8).
- ☐ Se tomaron notas durante todas las entrevistas, están fechadas y firmadas.
- ☐ Se identificaron respuestas de alerta roja a través de las preguntas de la entrevista.
- ☐ Se han hecho planes para guardar en archivos permanentes las notas de las entrevistas.

F. Verificación de Antecedentes Penales

- ☐ Se han identificado y empleado las prácticas de detección más completas.
- ☐ Se han hecho planes para que cada tres (3) años se actualicen las verificaciones de antecedentes penales de todo el personal del ministerio de 16 años de edad en adelante.
- ☐ Asegúrese de que cualquier historial previo con las agencias de bienestar infantil se haya identificado a través del proceso de selección.
- ☐ Se han hecho planes para archivar y guardar permanentemente todas las verificaciones de antecedentes penales.

G. Capacitación Plan Para Proteger™

☐ El personal de Capacitación ha sido designado y equipado

☐ Tanto la capacitación y los cursos de actualización de Plan para ProtegerTM se han puesto a su disposición anualmente

☐ Las fechas de las capacitaiones y el lugar donde serán se han anunciado.

☐ Se han hecho planes para que la asistencia de los cursos de capacitación y para registrar la asistencia en los archivos del personal del ministerio, y que se guardarán permanentemente.

H. Proceso de Aprobación

☐ Se han actualizado los registros individuales del proceso de selección y reclutamiento.

☐ No se han colocado en puestos de confianza aquellos trabajadores que no han completado el proceso de selección y reclutamiento.

☐ Los posibles candidatos para el ministerio han sido colocados en aulas junto con el personal ministerial aprobado.

☐ El líder del ministerio ha presentado los nombres a los líderes de la iglesia para la firma y fecha de su aprobación final.

PLAN PARA PROTEGER™ MEDIANTE EL DESARROLLO DE PROGRAMAS: PROCEDIMIENTOS DE PROTECCIÓN INFANTIL

A. Supervisión del Personal del Ministerio

☐ Desarrollar un proceso para supervisar al personal del ministerio.

☐ Asegúrese de que las ventanas del salón proporcionen líneas claras de visibilidad o que las puertas de la clase permanezcan abiertas.

B. Mantenimiento del Programa Plan para Proteger™

☐ Se ha determinado una estrategia anual para el mantenimiento del programa.

☐ El liderazgo de la iglesia ha determinado un sistema sobre cómo se realizará la revisión.

C. Proporciones Profesor/Alumno

☐ Observe las proporciones en la programación de los niños.

D. Personal para el Salón de Clases

☐ Mantener una dotación de personal adecuada en todos los salones.
Asignar:
   – Dos personas del ministerio no relacionadas entre sí.
   – Un personal del ministerio con líneas de visibilidad claras y monitor de sala o,
   – un personal del ministerio con la puerta abierta y el monitor de sala.

☐ El monitor de sala ha sido seleccionado y aprobado como personal del ministerio y se ha programado según sea necesario.

☐ Asegúrese de que las ventanas en los salones brinden líneas claras de visibilidad.

E. Observadores Ocasionales

☐ Poner en marcha un plan de comunicación para entrenar a los bservadores ocasionales

☐ Proporcionar etiquetas con sus nombres a los observadores ocasionales.

☐ Registrar y archivar la asistencia de observadores ocasionales

F. Identificación para el Personal del Ministerio

☐ Proveer uniformes o etiquetas con el nombre del Personal del ministerio como su identificación.

G. Registro de Niños y Declaración de Liberación

☐ Entregue los formularios de registro a todos los participantes, actualizar anualmente y guardar los documentos permanentemente.

☐ Incluir la declaración de liberación y permiso en todos formularios de registro.

☐ Los líderes de la iglesia establecen una política de privacidad y una declaración de propósitos e intenciones. Incluirla en todos los formularios de registro.

H. Recepción y Liberación de Niños

- ☐ Desarrolle formularios de entrada y salida. Revise semanalmente el ingreso de los bebés y niños de Kínder, (Apéndice 26).
- ☐ Comunique claramente a todo el personal del ministerio la política para recibir y liberar niños.
- ☐ Establecer un sistema para recibir y liberar a los niños. El líder del ministerio vigilará el sistema.

I. Asistencia

- ☐ Asistir a la programación infantil de fin de semana y los días de semana.
- ☐ Mantener registros de asistencia para todo el personal del ministerio en servicio activo.
- ☐ Mantenga todos los registros de asistencia archivados permanentemente

J. Pautas para el Uso del Baño

- ☐ Informar a los padres y alentarlos a que sean ellos quienes se ocupen de las necesidades de baño de su bebé y lleven a sus hijos al baño antes de cada clase o servicio.
- ☐ Publicar y seguir las políticas de cambio de pañales en la guardería.
- ☐ Capacitar a los monitores de sala y asignarlos para que supervisen los baños.

K. Precauciones Arquitectónicas

- ☐ Haga que el equipo de Plan para Proteger identifique las sugerencias de renovación para las precauciones arquitectónicas y envíelas a los líderes de la iglesia.
- ☐ Cubra las tomas eléctricas con tapas de enchufe.
- ☐ Asegurar líneas de visibilidad claras en las puertas de los salones de clase.

L. Pautas de Salud y Seguridad

- ☐ Animar a los individuos a que sean capacitados y certificados en Primeros Auxilios y RCP.
- ☐ Publicar claramente la información de quienes han sido entrenados y certificados en Primeros Auxilios y RCP.
- ☐ Publicar los nombres de las personas con alergias graves.
- ☐ Desarrollar un horario para la limpieza y la desinfección de los juguetes y las superficies de las mesas.
- ☐ Poner el kit de primeros auxilios con todo lo ecesario en cada salón de clases y autos.
- ☐ Poner botiquines maestros de primeros auxilios en la Iglesia y en cada vehículo que sea propiedad de la Iglesia.
- ☐ Publicar las políticas de patógenos de sangre en el departamento de niños.
- ☐ Ponga a disposición y marque claramente un contenedor de eliminación de desechos seguro para emergencias.
- ☐ Haga planes para hacer simulacros de emergencias frecuentemente.
- ☐ Hacer que los formularios de Informes de Incidentes estén accesibles para todo el personal del ministerio.

M. Políticas para Eventos Especiales y Nocturnos

- ☐ Obtener la aprobación del líder del ministerio antes de la ejecución del viaje fuera del sitio.
- ☐ Obtener la aprobación de los líderes de la iglesia antes de la ejecución de los eventos nocturnos.
- ☐ Obtener los formularios de Autorización y Consentimiento Médico de cada niño y/o joven que participe en viajes fuera el sitio y eventos nocturnos.
- ☐ Obtener copia de las licencias de manejo y la cobertura de seguro de todos los conductores.
- ☐ Confirmar que todos los conductores tienen un mínimo de 5 años manejando.
- ☐ Todos los formatos originales se archivan en la oficina de la iglesia, mientras el líder del ministerio tendrá copias fotostáticas a la mano.
- ☐ Mantenga todas las formas de forma permanente.

N. Muestra Adecuada de Afecto

- ☐ Educar e informar a la congregación y al personal del ministerio sobre "las políticas del Contacto Apropiado" y "Contacto Inapropiado"
- ☐ Publique las políticas de "Contacto Apropiado" y "Contacto Inapropiado" en los departamentos de niños y jóvenes.

O. Disciplina y Manejo del Salón de Clases

- ☐ Educar e informar tanto a la congregación como al personal del ministerio, sobre las políticas de "Disciplina y Manejo del Salón de clases".
- ☐ Publique las políticas de "Disciplina y Manejo del Salón de clases" en los departamentos de niños y jóvenes.

P. Intimidación y Acoso entre Compañeros
- ☐ Publicar las reglas sobre el Acoso e Intimidación en los departamentos de los Niños y Jóvenes.

Q. Acoso y Discriminación
- ☐ Publicar y Comunicar claramente las normas de acoso y discriminación en los departamentos de niños y jóvenes, así como en el manual para voluntarios y en las capacitaciones.
- ☐ Hacer que los líderes de la iglesia determinen los procedimientos disciplinarios adecuados y que proporcionen normas claras por escrito de estos procedimientos.

R. Alergias Severas
- ☐ Recopile información sobre alergias en el formulario de registro.
- ☐ Notificar y educar a los individuos responsables del cuidado de los niños con alergias graves sobre alergias y sus tratamientos.
- ☐ Concientizar al personal del ministerio para que conozca la política de alergias graves y las restricciones relativas de preparación de alimentos y refrigerios.

S. Uso de las Computadoras, Internet, y Redes Sociales
- ☐ Establecer un centro de cómputo clave para favorecer la visibilidad y fomentar la responsabilidad, con líneas de visión claras hacia todas las pantallas.
- ☐ Requerir que todas las computadoras tengan un sistema de registro.
- ☐ Instalar filtros de Internet.
- ☐ Designar y autorizar a un técnico en sistemas informáticos para monitorear los filtros de internet y revisar los historiales de los navegadores y los documentos descargados
- ☐ Designar a una persona del ministerio la responsabilidad de monitorear y supervisar el centro de cómputo.
- ☐ Publicar una "Política para el uso aceptable de la computadora".
- ☐ Obtener aprobación para comunicarse con jóvenes fuera de programa y discutir los parámetros de interacciones con los padres.
- ☐ Designar a un personal del ministerio para administrar y supervisar con frecuencia las redes sociales.

T. Pautas de Confinamiento
Estos procedimientos deben aplicarse antes de la realización de un simulacro de confinamiento de las instalaciones

- ☐ Asegurarse que su iglesia esté en la lista de contactos de emergencia de la policía local.
- ☐ Identificar las zonas verdes y rojas en las instalaciones.
- ☐ Informar a las escuelas y comunidad de la iglesia el significado del Código Rojo.
- ☐ Instruir a la escuela o a la comunidad de la iglesia sobre los procedimientos de confinamiento.
- ☐ Agendar al menos dos simulacros de confinamiento al año.
- ☐ Avisar a la escuela o a la comunidad de la iglesia antes de un simulacro de confinamiento.
- ☐ Designe a una persona para que sea responsable de registrar los detalles y el informe de cada simulacro.

U. Reglamento para el Uso de la Regadera y Vestuarios
- ☐ Poner en práctica procedimientos para que el personal no esté solo con niños y jóvenes dentro de los vestidores y/o regaderas.
- ☐ Organizar horarios para el uso de la regadera en caso de no ser posible facilitar regaderas separadas para que así niños y niñas se bañen en horarios separados.
- ☐ Informar a los padres que deberán estar presentes para cambiar a sus hijos y/o asistirlos. (si el padre está ausente, tener su permiso por escrito para que el personal pueda realizarlo).

V. Alojamiento Nocturno
Incluyendo: Conferencias, Campamentos, Hoteles, y Moteles
- ☐ Tener cartas de consentimiento, para viajes nocturnos, escribiendo los arreglos de alojamiento, enviados firmados y devueltos.
- ☐ Organizar alojamiento cada noche para garantizar que las asignaciones de habitaciones del personal y el número de studiantes cumplan con el requisito.
- ☐ Establecer horas de llegada y de dormir.

W. Política de Fotografía y Video

- ☐ Designar a un fotógrafo.
- ☐ Asegurar el permiso de los padres por escrito en el formato de registro para la toma de fotografía y video.
- ☐ Establecer claramente cómo se va a identificar a los niños y jóvenes que no se les deberá tomar fotografías ni videos.
- ☐ Establecer un proceso para el archivo de fotografías y video.

PLAN PARA PROTEGER™ PROTEGER MEDIANTE EL DESARROLLO DE PROGRAMAS: PROCEDIMIENTOS DE PROTECCIÓN JUVENIL

I. Estándares para el Personal del Ministerio Juvenil

A. Estilo de Vida

- ☐ Reclutar y seleccionar al posible personal para el ministerio de acuerdo con las políticas descritas en la sección de Reclutamiento y Selección del Personal para el Ministerio de Plan para Proteger™.
- ☐ Comunicar claramente los requisitos de estilo de vida y las expectativas espirituales del personal del ministerio.

B. Oportunidades para Ponerse en Contacto

- ☐ Realizar oportunidades de contacto con jóvenes principalmente en grupos pequeños.
- ☐ Llevar a cabo la tutoría de los jóvenes fuera de las instalaciones con la aprobación previa del líder del ministerio y en cumplimiento de las políticas de uno a uno.
- ☐ Instruir al personal del ministerio a que evite llevar a los estudiantes a casa cuando se quedan solos con un estudiante en el vehículo.

C. Política de la Puerta Abierta

- ☐ Capacitar a los líderes para que lleven a cabo reuniones de jóvenes uno-a-uno y/o en grupos pequeños en áreas con las puertas abiertas y/o en habitaciones que tengan ventanas grandes y sin obstáculos.

D. Contacto Físico

- ☐ Comunicar claramente las "Pautas de Contacto Físico" durante la capacitación, y publíquelas en el departamento de jóvenes, así como en el manual para voluntarios.

E. Relaciones

- ☐ Aplicar estrictamente la política de "Prohibidas las Citas" entre el personal del ministerio y los estudiantes.

F. Acoso y Discriminación

- ☐ Comunicar claramente las normas de Acoso y Discriminación durante las capacitaciones y publicarlas en los departamentos de niños y jóvenes, así como en el manual para voluntarios.
- ☐ Hacer que los líderes de la iglesia determinen los procedimientos disciplinarios adecuados y que proporcionen normas claras por escrito de estos procedimientos.

II. Programación del Ministerio Juvenil

A. Plan para Proteger™ Mantenimiento del Programa

- ☐ Determinar una estrategia anual para el mantenimiento del programa.
- ☐ Confirmar los planes con los líderes de la iglesia sobre cómo se llevará a cabo la revisión.

B. Proporciones para el Personal del Ministerio

☐ Mantener el personal adecuado en todos los eventos juveniles.
☐ Asignar dos personas del ministerio no relacionadas entre sí.
☐ Observa los requisitos de diferencia de edad.

C. Supervisión del Personal del Ministerio

☐ Establecer un plan y proceso para supervisar al personal.
☐ Tome medidas para garantizar la visibilidad en las aulas a través de las puertas o ventanas

D. Formatos de Autorización y Consentimiento del Ministerio Juvenil

☐ Distribuir los formularios de autorización y consentimiento, una vez estén completos, archívelos anualmente.
☐ Desarrollar procesos para que los nuevos jóvenes que asisten a mitad de año completen los formatos.
☐ Asegúrese de que el personal del ministerio lleve consigo las fotocopias de los formatos de autorización y consentimiento del ministerio juvenil, en todos los viajes fuera del sitio.
☐ Desarrollar y distribuir formatos de consentimiento específicos para eventos y escudos de responsabilidad para viajes nocturnos y otras actividades de alto riesgo.
☐ Desarrollar todos los formatos para el ministerio juvenil y mantenerlos en el archivo de forma permanente.
☐ Hacer verificaciones de comprobación periódicas y confirmaciones para asegurarse que la firma de los padres sea genuina.

E. Planeación para la Seguridad

☐ Capacitar a los equipos de planeación de eventos para asegurar que siempre haya un ambiente seguro.
☐ Publicar las precauciones de seguridad en áreas altamente visibles para los jóvenes y el personal del ministerio.
☐ Aconsejar al personal juvenil de evitar juegos de alto riesgo.

F. Afrontando las Lesiones

☐ Poner a disposición de todo el personal del ministerio los reportes de incidentes (apéndice 17).
☐ Capacitar al personal del ministerio con respecto a los procedimientos adecuados de primeros auxilios.

G. Planificación de Eventos Fuera del Sitio

☐ Hacer que el líder del ministerio apruebe todos los viajes fuera de sitio.
☐ Distribuir la comunicación escrita con una semana de anticipación al viaje, incluyendo la locación, así como los números telefónicos y nombres del personal del ministerio que asistirá.
☐ Distribuir formatos de consentimiento cuando las actividades incluyan un alto riesgo.
☐ Cumplir con los requerimientos del personal para viajes fuera de sitio.
☐ Informar al personal del ministerio de llevar las copias fotostáticas de los formatos de autorización y consentimiento en cada viaje.
☐ Completar los formatos de viajes y asistencia de todos los asistentes jóvenes y del personal del ministerio y archivarlos permanentemente en la oficina de la iglesia

H. Retiros y Eventos Nocturnos.

☐ Tener la aprobación de los líderes de la Iglesia para todos los retiros y eventos nocturnos.
☐ Distribuir a los padres de los jóvenes con una semana de anticipación la comunicación escrita del evento, con locación, números telefónicos de emergencia y la lista del personal del ministerio que asistirá al evento.
☐ Fotocopie los formatos de autorización y consentimiento del Ministerio Juvenil y archive los originales en la oficina de la iglesia.
☐ Planifique la proporción del personal y la supervisión de los retiros y eventos nocturnos para cumplir con las políticas de dotación de personal del ministerio.

I. Vivienda y Hospedaje

☐ Completar el proceso de selección para todos los adultos que vivan en las casas que darán hospedaje.
☐ Distribuir las pautas de información para hospedaje.
☐ Informar sobre las alergias de los jóvenes antes de que lleguen a la casa de hospedaje.
☐ Hacer cumplir el toque de queda.
☐ Informe a los jóvenes sobre la etiqueta adecuada y el toque de queda mientras se quedan en las casas de hospedaje.

J. Transportación

- ☐ Asegúrese de que cada conductor tenga una copia de una licencia de conducir válida y una cobertura de seguro.
- ☐ Informar al personal del ministerio de la necesidad de que todos los conductores tengan un mínimo de 5 años de experiencia conduciendo.
- ☐ El líder del ministerio deberá asegurarse de que la supervisión en todos los automóviles cumpla con las pautas de proporción del personal del ministerio.
- ☐ Aconsejar al personal del ministerio de viajar en la menor cantidad de vehículos posibles, y advertir que el riesgo se reduce considerablemente al utilizar autobuses con conductores profesionales.
- ☐ Enviar las fotocopias de los formatos de autorización con el conductor, y archivar los originales en la oficina   de la iglesia; hacer planes   para mantener los originales de forma permanentemente.
- ☐ Enviar las fotocopias de los formatos de viaje con el líder del ministerio durante la duración del evento y mantener los originales permanentemente.

K. Uso de Computadoras, Internet y Redes Sociales

- ☐ Establecer un centro de cómputo clave para favorecer la visibilidad y fomentar la responsabilidad, con líneas de visión claras hacia todas   las pantallas.
- ☐ Requerir que todas las computadoras tengan un sistema de registro.
- ☐ Instalar filtros de Internet.
- ☐ Designar y autorizar a un técnico en sistemas informáticos para monitorear los filtros de internet y revisar los historieales de los navegadores y los documentos descargados.
- ☐ Designar a un personal del ministerio la responsabilidad de monitorear y supervisar el centro de cómputo.
- ☐ Publicar una "Política para el uso aceptable de la computadora.
- ☐ Obtener aprobación para comunicarse con jóvenes fuera del programa y discutir los parámetros de interacciones con los padres.
- ☐ Designar a un personal del ministerio para administrar y supervisar con frecuencia las redes sociales.

L. Pautas de Confinamiento

Estos procedimientos deben aplicarse antes de la realización de un simulacro de confinamiento de las instalaciones.
- ☐ Asegurarse que su iglesia esté en la lista de contactos de emergencia de la policía local.
- ☐ Identificar las zonas verdes y rojas en las instalaciones.
- ☐ Informar a las escuelas y comunidad de la iglesia el significado del Código.
- ☐ Instruir a la escuela o a la comunidad de la iglesia sobre los procedimientos de confinamiento.
- ☐ Agendar al menos dos simulacros de confinamiento al año.
- ☐ Avisar a la escuela o a la comunidad de la iglesia antes de un simulacro de confinamiento.
- ☐ Designe a una persona para que sea responsable de registrar los detalles y el informe de cada simulacro.

M. Reglamento para el Uso de la Regadera y Vestuarios

Poner en práctica procedimientos para que el personal no esté solo con jóvenes dentro de los vestidores y/o regaderas.
Organizar horarios para el uso de las regaderas en caso de no ser posible facilitar regaderas separadas para ambos géneros.

N. Alojamiento Nocturno
Incluyendo: Conferencias, Campamentos, Hoteles, Moteles

- ☐ Enviar a los padres las cartas de consentimiento informadas en las que se indiquen los arreglos de alojamiento nocturno, para que sean firmadas y devueltas.
- ☐ Gestionar los arreglos de alojamiento para cada noche, para garantizar que la asignación de las habitaciones, del personal y el número de estudiantes para que cumplan con el requisito.
- ☐ Establecer toques de queda.

PROTEGER MEDIANTE EL DESARROLLO DE PROGRAMAS: DENUNCIA Y RESPUESTA

I. Procedimientos de la Denuncia

A. Escuchar una Acusación o Sospecha de Abuso

Este plan está escrito para una situación en la cual se ha expresado una acusación o se ha identificado una sospecha de abuso.

☐ Preparar formato de Denuncia de Sospecha de Abuso y hacerla accesible para todo el personal del ministerio.

☐ Notificar a líder del ministerio.

☐ Complete el formato de la Denuncia de Sospecha de Abuso con toda la información pertinente.

☐ Líder del ministerio y personal del ministerio deberán notificar al pastor principal.

☐ El pastor principal deberá notificar al presidente de la mesa directiva.

B. Levantando una Denuncia o Sospecha de Abuso

Este plan está escrito para una situación en la cual se ha expresado una acusación o se ha identificado una sospecha de abuso..

☐ Los líderes de la iglesia deberán investigar las leyes estatales y adaptarán la política de denuncia respectivamente.

☐ Los líderes de la iglesia se comprometen a denunciar todas las   sospechas de abusos a las autoridades.

☐ Notificar la denuncia o la sospecha de abuso al departamento de servicios sociales o la policía.

☐ Buscar asesoría legal.

☐ Contactar a la compañía de seguros de la iglesia para satisfacer las condiciones de la póliza y determinar la posible cobertura de responsabilidad y defensa legal.

☐ Notificar a los padres de la víctima si la acusación o la sospecha involucra al personal del ministerio.

☐ Notificar a la denominación si la acusación o la sospecha sucede en el contexto del ministerio de la iglesia.

C. Evaluación e Investigación de una Denuncia o Sospecha de Abuso

Este plan está escrito para una situación en la cual se ha expresado una acusación o se ha identificado una sospecha de abuso.

☐ Los líderes de la iglesia y el personal del ministerio apoyarán al departamento de servicios sociales o al departamento de policía en el curso de una investigación y se ofrecerán a prestar toda la ayuda necesaria.

D. Protección de la Confidencialidad y la Dignidad de la Víctima y el Acusado

Este plan está escrito para una situación en la cual se ha expresado una acusación o se ha identificado una sospecha de abuso.Se mantendrá la confidencialidad en todo momento

☐ Se mantendrá la confidencialidad en todo momento.

II. Respuestas a las Denuncia

A. Respuesta Espiritual y Asesoramiento para la Víctima

Este plan está escrito para una situación en la que se ha expresado una denuncia o donde se ha identificado una sospecha de abuso y se ha levantado una denuncia ante el departamento de la policía.Observe y Ofrezca discreción en todo momento. Extienda confidencialidad y dignidad a la presunta víctima y su familia.

☐ Observe y ofrezca discreción en todo momento. Extienda confidencialidad y dignidad a la presunta víctima y su familia.
☐ Designar individuos para que brinden atención y asesoramiento tanto a la presunta víctima como a su familia.
☐ Recomiende asesoría profesional según sea necesario.
☐ Asignar recursos según se considere necesario y que estén disponible.

B. Respuesta Bíblica y Disciplina para la Acusado y el Condenado

Este plan está escrito para una situación en la que se ha expresado una denuncia o donde se ha identificado una sospecha de abuso y se ha levantado una denuncia ante el departamento de servicios sociales.

☐ Remover al acusado de la participación del ministerio hasta a que su nombre sea limpiado por los funcionarios.
☐ Observar y ofrecer discreción en todo momento. Extender confidencialidad y dignidad al acusado y su familia.
☐ Designar a un individuo para que brinde la atención y consejo al acusado y su familia.
☐ Recomendar consejo legal según sea necesario.
☐ Asignar recursos según se considere necesario y según estén disponibles.
☐ Notificar a las personas sobre la necesidad de saber sobre la sospecha de abuso.
☐ Notificar a las personas sobre la necesidad de saber sobre los abusadores convictos que asisten a la iglesia.
☐ Comunicar claramente a los acusados convictos de abuso infantil y/o juvenil sobre las restricciones para el contacto con menores y las restricciones con respecto a las instalaciones de la iglesia.

C. Relaciones con los Medios de Comunicación

Este plan está escrito para una situación en la que se ha expresado una denuncia o donde se ha identificado una sospecha de abuso y se ha levantado una denuncia ante el departamento de servicios sociales.

☐ Designar un portavoz para los medios de comunicación.
☐ Preparar una declaración pública para el portavoz de los medios de comunicación bajo la dirección de un asesor jurídico.

D. Investigación en Curso

Este plan está escrito para una situación en la que se ha expresado una denuncia o donde se ha identificado una sospecha de abuso y se ha levantado una denuncia ante el departamento de servicios sociales.

☐ Ofrecer cooperación a las autoridades civiles con dirección de asesor jurídico.
☐ Documente todas las acciones y archive en la oficina de la iglesia para mantenerlos de forma permanentemente.

Personal Remunerado

Todo Personal asalariado de la Iglesia _____ deberá leer y estar familiarizado con este manual.

Yo, _____, he leído y entendido la póliza, así como todos los que trabajan para mí, tanto el personal asalariado como el voluntario, debemos seguir estas pautas.

Firma _____ Fecha _____

Líderes de Ministerio y Jefes de Departamento

Todos los Líderes de Ministerio y Jefes de Departamento (incluidos aquellos que no trabajan directamente con niños o jóvenes) deben leer y estar familiarizados con el manual completo.

Yo, _____, he leído y entendido la póliza, así como todos los que trabajan para mí, debemos seguir estas pautas.

Firma _____ Fecha _____

Voluntarios

Todos los voluntarios que trabajan directamente con niños deben estar familiarizados con las secciones sobre procedimientos de concientización y protección infantil, así como con los apéndices relacionados.

Yo, _____, he leído y entendido la póliza, así como todos los que trabajan para mí, debemos seguir estas pautas.

Firma _____ Fecha _____

Todos los voluntarios que trabajan directamente con jóvenes deben estar familiarizados con las secciones sobre procedimientos de concientización y protección de jóvenes, así como los apéndices relacionados.

Yo, _____, he leído y entendido la póliza, así como todos los que trabajan para mí, tanto el personal asalariado como el voluntario, debemos seguir estas pautas.

Firma _____ Fecha _____

POSICIÓN DEL MINISTERIO	
LÍDER DEL MINISTERIO	
ÁREA DEL MINISTERIO	

Duración de Compromiso:

Horario de Trabajo:

Requisitos:

1. Verificación de Antecedentes Penales para el sector vulnerable (debe renovarse cada 3 años).
2. Pacto del Cuidado firmado (en el que se reconoce que se está de acuerdo con nuestros valores, declaración de creencias y código de conducta).

Capacitación:

• Capacitación de Orientación de Plan para Proteger™ antes de iniciar su voluntariado
• Capacitación anual de Actualización de Plan para Proteger™

Responsabilidades Específicas:

Durante la Semana

*
*
*
*

Días Libres

*
*
*
*

1- **Responsabilidad**: Una organización es responsable de la información personal bajo su control. Designará a una persona o personas que sean responsables del cumplimiento de la organización con los siguientes principios.

2- **Identificación de Propósito**: La organización identificará los propósitos para los cuales se recopila la información personal en el momento en que se recopila la información o antes.

3- **Consentimiento**: Se requiere el conocimiento y consentimiento de la persona para la recopilación, el uso o la divulgación de información personal, excepto cuando lo exija la ley o para demostrar el deber de cuidado.

4-**Limitación de la recopilación**: La recopilación de información personal se limitará a lo que sea necesario para los fines identificados por la organización. La información se recopilará por medios justos y legales.

5- **Limitación del Uso, Divulgación y Retención**: La información personal no se usará ni divulgará para fines distintos de los motivos por los cuales se recopiló, excepto con el consentimiento de la persona o según lo exija la ley. La información personal se conservará solo mientras sea necesario para el cumplimiento de esos fines o para los fines establecidos anteriormente.

6- **Precisión**: La información personal deberá ser tan precisa, completa y actualizada como sea necesario para los fines para los cuales se utilizará.

7- **Salvaguardas**: La información personal deberá estar protegida por salvaguardas de seguridad apropiadas a la sensibilidad de la información.

8- **Franqueza**: Una organización debe poner a disposición de las personas información específica sobre sus políticas y prácticas relacionadas con el manejo de la información personal.

9- **Acceso individual**: Previa solicitud, se informará a la persona sobre la existencia, el uso y la divulgación de su información personal y se le dará acceso a esa información. Una persona podrá cuestionar la exactitud e integridad de la información y hacer que se modifique según corresponda.

10- **Impugnación del cumplimiento**: Una persona debe poder presentar una impugnación relativa al cumplimiento de los principios anteriores ante la persona designada o la persona responsable del cumplimiento de la organización.

Barker, Judy and Deborah T. Hodes. 2004. The Child in Mind: A Child Protegerion Handbook. New York: Routledge.

Cobble, James F., Jr., Richard R. Hammar, Steven W. Klipowicz. 2003.
Reducing the Risk II – Making Your Church Safe from Child Sexual Abuse. Matthew: Christian Ministry Resources.

Glover, Voyle A., Esq. 2005. Protegering Your Church Against Sexual Predators. Grand Rapids: Kregel Publications.

Kearney, Timothy R. 2001. Caring for Sexually Abused Children: A Handbook for Families and Churches. Downers Grove: InterVarsity Press.

Morton, Dawn. 2005. Prevention of Child Sexual Abuse Equals Protegerion of a Child's Spiritual Life: How Can Christian Leaders Respond to the Crisis? PhD diss., Southern Baptist Theological Seminary.

Parker, Marv, Burt Manchester, Brenda Philips, and Jonathan Youngman. 2002. Safe Place: Guidelines for Creating an Abuse-Free Environment. Camp Hill: Christian Publications.

Pelzer, Dave. 1995. A Child Called "It". Deerfield Beach: Health Communications Incorporated.

Swagman, Beth. 2003. Preventing Child Abuse: A Guide for Churches. Grand Rapids: Faith Alive Christian Resources.

Swetland, Kenneth L. 2005. Facing Messy Stuff in the Church – Case Studies for Pastors and Congregations. Grand Rapids: Kregel Academic and Professional.

Thornburg Melton, Joy. 1998. Safe Sanctuaries – Reducing the Risk of Child Abuse in the Church. Nashville: Discipleship Resources.

Thornburg Melton, Joy. 2004. Safe Sanctuaries for Children and Youth DVD – Reducing the Risk of Abuse in the Church. Nashville: Discipleship Resources.

Thornburg Melton, Joy. 2003. Safe Sanctuaries for Youth – Reducing the Risk of Abuse in Youth Ministries. Nashville: Discipleship Resources.

York, Frank and Jan LaRue. 2002. Protegering Your Child in an X-Rated World. Wheaton: Tyndale House Publishers.

Zarra, Ernest J. III. 1997. It Should Never Happen Here: A Guide for Minimizing the Risk of Child Abuse in Ministry. Grand Rapids: Baker Books.

Alley, Steven. 1999. In God We Trust — All Others Must Be Screened! Children's Ministry, November/December, 43-8.

Bailey, Judi. 2004. Safety. http://www.childrensministry.com.

Bridges, Barry. 2004. Protegering the Innocent. Children's Ministry, January/February, 78-9.

Bridges, Barry. 2004. Reporting Procedures. Children's Ministry, January/February, 80-1.

Canada Safety Council. 2002. The Member Newsletter of the Safety Council, Vol. 46, No. 1, January.

Centre for Missing and Exploited Children. http://www.safekids.com.

Christianity Today Editorial. 2002. A Preventable Tragedy. Christianity Today, April 22.

Church and Charity Law Seminar. 2006. Child Abuse Policies - A Proactive Approach. Carters Professional Corporation, November 8. http://www.carters.ca.

Clohessy, David. 2003. In the Trenches. American Academy of Religion, November.

Crislip, Drew. 2006. Walking a Legal Tightrope with Screening and Training. http://www.childrensministry.com.

Cutrer, Corrie. 2002. A Time of Justice. Christianity Today, Vol. 46, No. 6, May 21. D'Ambrosio, Bob. 2005. Safety First. Children's Ministry, January/February, 99-102. Davis, Samantha. 2006. It Happened to Us. Children's Ministry, September/October, 56-60.

Draaisma, Muriel. 2007. Lockdowns: How Schools are Coping with the Age of the Gun. CBC News, October 2. http://www.cbc.ca.

Epp Buckingham, Janet. 2004. Weblog: Our Children Are At Risk. The Evangelical Fellowship of Canada. http://christianity.ca.

Evangelical Lutheran Church in America. Safe Haven for Children. http://www.elca. org.

Evangelical Lutheran Church in America. Safebound Youth Helpsheet. http://www. elca.org.

Faith Trust Institute. Child Abuse Awareness Month. http://www.faithtrustinstitute.org.

Fortune, Rev. Marie F. 1985. Confidentiality and Mandatory Reporting: A Clergy Dilemma? Working Together, Vol. 6, No. 1, Fall. http://www.faithtrustinstitute.org.

Freeman, David. 2007. Letter to Pastors. http://www.cmalliance.ca

Hammar, Richard R. 2000. Your Nine Greatest Legal Risks. Leadership, Spring.

Harvey, Bob. 2002. Cleaning Up our Churches from Sexual Abuse. Faith Today, July/August. http://www.christianity.ca.

Hayes, Allie and Nate Wagner. 2004. They Are In Our Midst. Children's Ministry, January/February, 77-82.

Johnson, Martin. 2006. When the Bough Breaks. http://www.childrensministry.com.

Kukla, Sheri. 1999. You're Under Arrest. Children's Ministry, November/December, 49-50.

Leader, Dr. Ermine. 2002. Let's Talk about Child Abuse. Canadian Adventist Messenger, October. http://www.christianity.ca.

McCormick, Rev. Marilyn & Dr. Lois Mitchell. 1999. Preventing Child Abuse. United Baptist Convention of the Atlantic Provinces. http://www.baptist-atlantic.ca.

Magid, Larry. 2003. Child Safety on the Information Highway. National Centre for Missing and Exploited Children. http://www.safekids.com.

Marshall, Diane. 2003. Sexuality and Professional Abuse of Power. Institute of Family Living. http://www.christianity.ca.

Mills, Andrew. 2005. Cases of Child Abuse, Neglect Soar. Toronto Star, October 4. http:// www.thestar.com.
 Mix, Dwight. 2006. Building a First-Rate Facility. http://www.childrensministry.com.

Religion News Service. 2002. Churches Seek Help in Abuse Suits. Christianity Today, March 11. http://www.ChristianityToday.com.

Ryerson University. 2008. Discrimination and Harassment Prevention Policy. http://www. ryerson.ca.

Sidebotham, Dr. Peter. 2003. Child Abuse. Triple Helix, Autumn: 8-19. http://www.cmf. org.uk.

Sidebotham, Dr. Peter. 1997. Child Abuse. Nucleus, July; 6-12. http://www.cmf.org.uk.

Sidebotham, Dr. Peter. 2004. Child Protegerion. Triple Helix, Spring: 11. http://www.cmf. org.uk.

The Free Methodist Church in Canada. Abuse Prevention Position Paper. http://www. fmc-canada.org.

The United Church of Canada. Camping Standards Manual. http://www.united-church.ca.

Trillium Lakelands District School Board. 2008. Violent Incident Emergency Response Plan (Code Red - Lockdown). http://www.tldsb.on.ca.

Van Der Woerd, David. 2004. Love Your Neighbour? Maybe Not. CCCC Bulletin, Issue 2. http://www.christianity.ca.

Volunteer Canada. 2003. Provincial Laws and Screening. http://www.volunteer.ca.
Volunteer Canada. Taking the First Step ... Screening in Faith. http://www.volunteer.ca.

Volunteer Canada. Taking the First Step ... Understanding Volunteer Screening. http://www.volunteer.ca.

Warner, Greg. 2007. The Recycle of Clergy Abuse. The Baptist Standard, June 8. http://www. darkness2light.org.

White, Mervyn F. 2005. Supreme Court of Canada Brings Clarity to Vicarious Liability of Churches in Canada. Charity Law Update, May.

Wideman, Jim. 2006. Predator-Proof Your Flock. Children's Ministry, March/April, 96-100.

Woodruff, Mike and Dennis Kasper. 2001. Confronted with the Shameful: How you Should Respond — Legally and Responsibly — When a Staff Member is Accused of Child Molestation.

Leadership Journal, 23, No. 3, Summer.

www.backcheck.ca
(Canada's largest and leading provider of background checks)

www.canadiancrc.com
(Canadian Children's Rights Council)

www.cccc.org
(Canadian Council of Christian Charities – Ministering to Christian Donors, Ministries and Churches)

www.childrensministry.com

(Children's Ministry Magazine, Group Publishing)

www.churchvolunteercentral.com
(The Association that helps you accomplish big things in your ministry by developing great volunteers.)

www.cmf.org.uk
(Christian Medical Fellowship)

www.faithtrustinstitute.org
(Working together to end sexual and domestic violence)

www.hockeycanada.ca
(Hockey Canada - Provincial Acts on Child Abuse)

www.nonprofitrisk.org
(A source for tools, advice and training to control risks ... so you can focus on your nonprofit's mission.)

www.plantoProteger.com
(Winning the race against abuse.)

www.redcross.ca
(Cyber-Safety Tips for Parents and Caregivers)

www.reducingtherisk.com
(Making your Church safe from child sexual abuse.)

www.robertsonhall.ca
(Insurance coverage for churches and charities.)

www.stopthehurt.ca
(Child Abuse Prevention Council, Windsor – Essex County; It shouldn't hurt to be a child.)

www.volunteer.ca
(Volunteer Canada's site for information on volunteering.)

www.ingramcontent.com/pod-product-compliance
Lightning Source LLC
Chambersburg PA
CBHW080245030426
42334CB00023BA/2706